기독교적
숙고

믿음이란 한 알의 밀알이 땅에 떨어져 죽음으로 많은 열매를 맺음과 같이 진리의 열매를 위하여 스스로 죽는 것을 뜻합니다. 눈으로 볼 수는 없으나 영원히 살아 있는 진리와 목숨을 맞바꾸는 자들을 우리는 믿는 이라고 부릅니다. 「믿음의 글들」은 평생, 혹은 가장 귀한 순간에 진리를 위하여 죽거나 죽기를 결단하는 참 믿는 이들의, 참 믿는 이들을 위한, 참 믿음의 글들입니다.

기독교적 숙고

C. S. 루이스 지음

양혜원 옮김

차례

1장 기독교와 문학 /// 7
2장 기독교와 문화 /// 26
3장 종교: 실재인가 대체물인가? /// 71
4장 윤리에 대하여 /// 83
5장 허무에 대하여 /// 106
6장 주관주의의 독 /// 132
7장 위대한 신화의 장례식 /// 150
8장 교회음악에 대하여 /// 174
9장 역사주의 /// 184
10장 시편 /// 210
11장 종교의 언어 /// 238
12장 청원 기도: 해답 없는 문제 /// 262
13장 현대 신학과 성경 비평 /// 279
14장 보는 눈 /// 307

편집자의 말 /// 325

1 기독교와 문학

이 모임에서 강연해 달라는 요청을 받았을 때 처음에는 거절하고픈 마음이었습니다. 강연을 위해 제시받은 기독교와 문학이라는 주제에 아무런 토론의 여지가 없어 보였기 때문입니다. 문학 작품은 기독교적인 이야기와 정서를 바탕으로 쓸 수 있으며, 반대로 기독교적 정서와 이야기는 문학이라는 수단을 통해 말과 글로 표현될 수 있음을 잘 알고 있습니다. 그러나 기독교와 문학의 이러한 관계 속에서 기독교가 지니는 의미에 대해서는, 사람들이 책으로 써낸 수많은 이야기들에 더 보탤 말이 없어 보였습니다. 물론 우리는 '기독교 예술'이라는 말에 친숙합니다. 이 말은 대체로 성경에 나오거나 성인聖人과 관련한 대상을 표현하는 예술을 뜻하며, 그러한 의미에서 '기독교 문학'이라는 것이 제법 있기는 합니다. 하지만 거기에 고유한 문학적 가치가 있는지는 모르겠습니다. 좋은 수난극이나 경건한 시를 쓰기 위한 규칙은 일반적인 비극이나 시를 쓰는 데 적용되는 규칙과 동일합니다. 즉 세속 문학의 성공을 보장하는 문장 구조, 긴장,

변화, 용어 선택 등의 가치를 따른다면 경건 문학도 성공하기 마련입니다. 만약 기독교 문학의 범주에 경건한 주제를 다루는 문학뿐 아니라 기독교인이 기독교인을 위해 쓴 모든 것을 포함한다면, 기독교적인 요리법이라는 것이 존재할 수도 있다는 의미에서만 기독교 문학이 존재할 수 있다는 것이 제 생각입니다. 기독교적인 요리책을 쓰는 일이 가능할 수 있고 또 그것이 건설적인 일일 수도 있습니다. 지나치게 손이 많이 가는 요리나 동물을 고통스럽게 하는 요리, 지나치게 화려한 요리들은 배제되겠지요. 말하자면 기독교적인 요리들만 책에 수록될 것입니다. 하지만 그런 음식들을 실제로 요리하는 데는 특별히 기독교적이라고 할 만한 것이 없습니다. 계란을 삶는 과정은 기독교인이건 이교도건 똑같습니다. 마찬가지로 기독교인이 기독교인을 위해 쓴 문학은 거짓말, 잔인함, 신성모독, 외설 등은 피해야 할 것이고, 해당 작품에 알맞은 정도의 교화를 목적으로 삼을 것입니다. 하지만 무엇을 쓰고자 하든 모든 문학에 공통적으로 적용되는 수단을 사용해야 합니다. 다른 모든 문학의 경우처럼 동일한 탁월함의 기준에 따라 성공하기도 하고, 동일한 결함으로 실패할 수도 있겠지요. 기독교 문학의 성공 여부는 기독교적인 원칙을 따랐느냐 따르지 않았느냐 하는 문제와 결코 관련이 없습니다.

지금까지 저는 엄밀한 의미의*proprement dite* 기독교 문학에 대해 이야기했습니다. 즉 상상력을 자극하며 우리에게 영향을 미치려는 글을 살펴봤습니다. 하지만 회화와 조각과 같은 시각예술 분야에서는, 주제가 얼마나 신성한가는 별개의 문제로 하더라도 일단 종교적 예술과 순수 도상圖像[1]의 구분이 가능하다고 봅니다. 우선, 종교적 예술이 우리의 상상력과 심미적 욕구에 영향을 주려는 것이라면, 순수 도상의 취지는 단지 신앙과 묵상을 위한 출발점이 되려는 것입니다. 여기서 시각예술에 대해 더 다루고자 한다면, 예술 작품이 한편으로는 도상과 다른 한편으로는 장난감과 어떻게 구분되는지 제대로 밝혀야 할 것입니다. 종교적 상징물과 장난감은 작품으로서의 완성도에 따라 가치가 결정되는 게 아니라는 공통점이 있습니다. 볼품없는 누더기 천이 값비싼 인형만큼이나 아이에게 즐거움을 줄 수 있으며, 십자형으로 묶은 막대 두 개가 레오나르도의 작품만큼이나 신앙심에 불을 붙일 수 있습니다.[2] 게다가 문제를 더 복잡하게 만드는 것은 동일한 물건이 세 가지 방식 모두로[3] 사용될 수 있다는 사실입니다. 그러나 문학에서는 도상과 예술 작품이 분명하게 구분된다고 생각지 않습니다. 형편없는 성화聖畵가 신앙에 별 영향을 안 끼치는 것

---

1) 도상*icon*: 종교나 신화적 주제를 표현한 미술 작품에 나타난 인물 또는 형상, 성상. 도상학*iconography*은 시각예술에서 쓰인 상징, 주제, 소재를 해석하는 학문. 19세기에 도상학은 고고학에서 갈라져 나와 기독교 미술에서 쓰인 종교적 상징의 빈도와 의미를 주로 연구했다.—옮긴이. 이후 별도의 언급이 없으면 옮긴이 주.

2) 루이스의 "소수와 다수의 사람들이 그림과 음악을 다루는 방법",《비평에서의 실험*An Experiment in Criticism*》(Cambridge, 1961), 17~18쪽 참조. "곰 인형이 존재하는 이유는 아이가 인형에 상상의 삶과 인격을 부여하고 그것과 유사 사회적 관계를 맺기 위함입니다. 이것이 바로 '인형을 가지고 논다'는 말의 의미입니다. 이 놀이가 성공적일수록 그 물건의 실제 외양은 덜 중요해집니다. 변하지 않고 표정도 없는 인형의 얼굴을 너무 가까이서 오래 바라보는 것은 놀이를 망치는 일이 됩니다. 십자가는 예배자의 생각과 감정이 그리스도의 수난을 향하도록 하기 위해 존재합니다. 십자가 모형 자체에 우리의 관심을 고정시키는 탁월함, 섬세함, 독창성이 없는 것이 좋습니다. 이러한 이유로 경건한 사람들은 가장 투박하고 단순한 도상을 선호합니다. 도상에 장식이 없으면 없을수록 그 이면의 의미에 젖어 들기가 쉽습니다. 즉 그들은 도상의 물질적 이미지를 통과해 그 너머로 가고 싶어 하는 것입니다."—편집자. 이후 편집자 주는 월터 후퍼의 주를 말함.

3) 예술 작품, 도상, 장난감으로.

은 분명하지만 정말 형편없는 찬송가의 경우도 마찬가지라 할 수 있는지는 잘 모르겠습니다. 찬송가에는 가사가 있으므로, 만약 찬송가가 형편없다면 그 이유는 혼란스럽거나 그릇된 생각과 값싼 감상 때문일 수 있습니다. 그러나 이 어려운 문제를 언급하는 이유는 여기서 그것을 다룰 생각이 없음을 밝히기 위해서일 뿐입니다. 도상학적 가치만 있고 문학적 가치는 전혀 찾아볼 수 없는 문학 작품이 있다 해도, 그것은 제가 여기서 다루고자 하는 대상이 아닙니다. 실은, 다룰 수도 없습니다. 한 번도 그러한 문학을 본 적이 없기 때문입니다.

그렇다면 '문학적 가치를 추구하면서 기독교인을 위해 기독교인이 쓴 작품'이라는 의미의 기독교 문학에 대해서는 정말 할 말이 없고, 할 말 없는 것이 당연하다고 생각합니다. 그러나 문학에 대한 기독교적 접근이라고 부를 만한 것, 즉 기독교 문학 이론 및 비평의 원칙에 대해서는 할 말이 좀 있습니다. 오늘 강연을 위해 요청받은 주제를 생각하다가 발견이라고 할 만한 것이 떠올랐기 때문입니다. 이것을 말로 표현하기란 쉽지 않습니다. 하지만 가장 근접하게 표현해 본다면, 현대 비평에 나타나는 전반적인 사상과 신약성경에 반복해서 나오는 특정 사상 사이에 심기를 불편하게 하는 차이가 있음을 발견했다고 할 수 있습니다. 그 차이가, 분명하게 정의된 개념들 사이에서 발생하는 논리적 모순의 문제는 아니라는 것부터 말씀드립니다. 그렇다고 하기에는 그 차이가 너무 모호합니다. 다시 말해 특정 분위기에 대한 반감이나 부조화, 상반된 기질에 더 가깝다는 말입니다.

현대 비평에서 사용되는 핵심 용어가 무엇입니까? '파생적'에 반대되는 '독창적', '관례'에 반대되는 '즉흥성', '규칙'에 반대되는 '자유'입니다. 위대한 저자들은 혁신가, 선구자, 탐험가들이며, 형편없는 저자들은 학파를 이루고 전형model을 따릅니다. 혹은 일류 저자들은 언제나 '족쇄를 부수고' '속박을 깹니다.' 그들에게는 개성이 있으며, 그들은 '그들 자신'입니다. 우리가 이와 같은 용어들에 내포된 의미를 하나의 일관된 철학으로 여기는 것은 아닌지 모르겠습니다. 하지만 안 좋은 작품이 어떤 관례나 전형을 따르는 데서 비롯되는 반면, 좋은 작품은 어떤 폭발적인 힘—분명 스스로 발생하는 힘—의 중심부에서 뿜어져 나온다는 생각을 우리가 일반적으로 머리에 그리고 있는 것은 확실합니다. 그 중심부에 서 있는 사람을 우리는 천재라고 부르지요.

한편 신약성경은 문학에 대해 아무 말도 해주지 않습니다. 어떤 사람들은 우리 주님을 시인이라 생각하고 그 근거로 예수님의 비유를 즐겨 인용합니다. 성육신을 믿는다는 것은 인간적 탁월함의 모든 양상이 그리스도의 역사적 인성에 내재함을 믿는 것과 같다는 말에 저는 기꺼이 동의하기도 합니다. 물론 그 인성에는 시인의 면모도 포함되어 있겠지요. 그러나 예수님이 그 탁월함들을 모두 드러내셨다면 한 인간이 지닐 수밖에 없는 한계를 뛰어넘으셨을 것이고, 그분은 더 이상 인간이 아니었을 것입니다. 따라서 영적인 능력을 제외한 다른 모든 영역의 탁월함은 다양하게 암시되었을 뿐, 다 드러나지는 않았습니다. 만약 시적인 탁월함이 다른 능력, 말하자면 지적인 능력보다 더 드러났다고 누군가 주장한다면 저는 그러한 주장을 거부할 것입니다. 어떤 비유들은 분명 시적 직유처럼 보입니다. 그러나 철학적 설명처럼 들리는 비유들도 있습니다. 불의한 재판관 비유[4]에 나오는 재판관은 마음 씀씀이나 인격적 특성이 전혀 하나님 같지 않습니다. 그 재판관과 하나님의 상응 관계는 비례식에서 각 항의 대응 관계와 같습니다. 그와 그 과부의 관계는 (한 가지 매우 특별한 측면에서) 하나님과 인간의 관계와 같기 때문입니다. 만약 이런 표현이 가능하다면, 그 비유에서 우리 주님은 셰익스피어보다는 소크라테스에 훨씬 가깝습니다. 예수님의 말씀에서 시적인 요소를 지나치게 강조하는 것은 참으로 두려운 일이기도 합니다. 예수님이 사용하신 풍자, 대인논증對人論證[5], 한층 강하게 표현하신 말, 투박하고 거칠지만 예리한 표현에 너무도 생생하게 드러나는 그분의 인성을 모호하게 하는 경향이 있기 때문입니다. 시인 존 던[6]은 예수님이 웃었다는 얘기를 우리가 들어 보지 못했지만, 복음서를 읽으면서 그분이 미소 지으셨다는 사실을 믿지 않기란 어려우며 그러한 믿음에 전율한다고 말합니다.

거듭 말하지만 신약성경은 문학에 대해 아무 말도 해주지 않습니다. 그러나 신약성경이 다른 주제에 대해 이야기하는 것을 보면, 현대 비평에서 쓰는 언어와 일맥상통하는 논조를 충분히 짚어 낼 수 있습니다. 먼저 인기 없는 본문부터 시작해야겠습니다. 바울은 남자

---

4) 눅 18:1-8.

5) *argumenta ad homines.* 논의되는 사람의 인격, 경력, 사상, 직업 따위를 지적함으로써 자기 주장이 참됨을 주장하는 오류적 논법. "그는 교육자이므로 그의 주장은 바르다" "그는 허풍쟁이이므로 그의 말은 믿을 수 없다" 등의 논리를 일컫는다.

6) John Donne, 1572~1631년. 영국의 대표적인 형이상학파 시인으로, 런던 세인트폴 성당의 참사원장을 지내기도 했다.

가 여자의 '머리'라고 말합니다(고전 11:3). 이 말은 남자에게는 남자의 일이 있고 여자에게는 여자의 일이 있을 뿐이라는 뜻이고, 따라서 시민이나 지적 존재로서 두 성 간의 평등을 바울이 전적으로 반대한 것으로 볼 수는 없다며 그 의미를 완화시킬 수 있습니다. 실제로도 바울은 '주 안에서' 두 성이 나누어질 수 없다고(11절) 했다면서 말이지요. 그러나 여기서 제가 관심을 두는 것은 바울이 말한 머리의 의미를 찾는 일입니다. 3절에서 그는 참으로 놀라운 비례식을 보여 줍니다. 즉 '하나님과 그리스도'의 관계는 '그리스도와 남자' 및 '남자와 여자'의 관계와 같으며, 각 항과 그다음 항의 관계는 '머리 됨'이라는 것입니다. 7절에서 남자는 하나님의 형상이자 영광이며 여자는 남자의 영광이라고 말합니다. 여기서 바울이 '형상'이라는 말을 반복하지 않았지만 그것이 의도적인 누락인지는 확실하지 않으며, 각 항을 이전 항의 '형상과 영광'으로 그려 본다면 하나님부터 여자까지 이어지는 이 일련의 머리 됨의 관계가 퍽 바울다운 그림이 되리라 생각합니다. 그리고 형상과 영광이 되는 그것은 그 대상을 따라하고 모방함으로써 영광스럽게 되는 것이 아닌가 합니다. 다시 강조하지만 저는 바울의 은유를 논리적인 체계로 바꾸려는 것이 아닙니다. 어떤 그림을 그리든 그것이 자기 몫을 다했다면 곧바로 던져 버리고, 진리의 새로운 측면이 떠오르면 꽤나 다른 그림일지라도 그려 나갈 사람이 바로 바울임을 잘 알고 있습니다. 하지만 저는 이 본문이 암시하는 그림을 분명하게 보고 싶습니다. 그것이 얼마나 일시적으로 사용되었건 부분적으로 적용되었건 말입니다. 그 그림은 제가 보기에 퍽 분명합니다. 어떤 근원적이면서도 신성한 미덕이 계급으로 구분된 사다리를 타고 한 계단씩 아래로 내려오는데, 아래쪽 계단이 그것을 받아들이는 방식은 솔직히 말해서 모방이라는 것입니다.

이 그림에서 아마도 가장 놀라운 것은 '여자와 남자' 및 '남자와 하나님'의 관계가 '그리스도와 하나님', 혹은 삼위일체의 용어를 쓰자면 그 두 번째 위격과 첫 번째 위격의 관계와 동등하다는 점입니다. 저는 평신도이고, 배교했다가 비교적 최근에 회심한 자로서 여기서 신학적 체계를 세울 생각이 전혀 없습니다. 니케아 신조[7]나 아타나시우스 신조[8]를 비판하기 위해 신약성경의 은유에 대한 주석 체계를 세울 생각은 더더욱 없습니다. 저는 그 신조들을 전적으로 받아들입니다. 하지만 신약성경이 어떤 종류의 은유를 사용하는지 알아보는 것은 합당하며, 특별히 우리가 찾는 것이 교리가 아니라 일종의 맛 혹은 분위기라면 더욱 그렇습니다. 또한 삼위일체의 첫 번째 위격과 두 번째 위격을 각각 A와 B로 나타낼 경우, A:B=B:C 같은 비례식이 신약성경에서 매우 자유롭게 사용되고 있음은 의심할 바 없는 사실입니다. 그래서 사도 바울은 같은 서신서 초반에 우리는 "그리스도의 것"이며 그리스도는 "하나님의 것"(고전 3:23)이라고 했습니다. 요한복음에서도 우리 주님이 지식(10:15)과 사랑(15:9)이라는 측면에서 아버지와 아들의 관계를 아들과 그의 양떼의 관계에 비유하고

---

7) 삼위일체를 부인하는 아리우스 이단을 단죄하기 위해 로마 황제 콘스탄티누스가 325년 니케아에서 소집한 제1차 공의회에서 채택한 신조.

8) 5세기 중엽 갈리아 남부에서 아우구스티누스의 전승을 이어받아 작성된 신조. 이 신조에는 구원에 필수적인 삼위일체와 그리스도의 성육신 교리가 간결 명쾌하게 진술되어 있다.

있습니다.

따라서 저는 두 번째 위격을 하나의 계단, 단계, 등급으로 보게끔 하는—물론 특정 관점과 차원에만 해당되는 이야기지만—이 계급적 질서의 그림이 신약성경의 정신과 전적으로 일치한다고 봅니다. 또한 그 단계들이 어떻게 서로 연결되어 있느냐는 질문에 언제나 그 대답은 모방, 반영, 동화同化 같은 것이 아닌가 합니다. 그래서 갈라디아서 4장 19절은 믿는 자 속에 그리스도의 "형상이 이루어진다"고 말하는 것입니다. 여기서 사용된 동사 '모르포테*μορφωθῇ*'는 '형체를 만들다', '그림으로 나타내다', 혹은 '스케치하다'라는 뜻입니다. 데살로니가전서(1:6)에서 그리스도인들은 사도 바울과 주님을 본받으라는 권고를 받고 있으며, 다른 본문(고전 11:1)에서는 바울이 그리스도를 본받는 것처럼 이런 바울을 본받으라는 말을 듣습니다. 이처럼 바울은 점진적인 모방의 또 다른 단계를 우리에게 제시합니다. 비유를 바꾸어 살펴보면, 믿는 자들은 그리스도의 향기, 즉 그리스도의 향기 내는 법*redolere Christum*을 습득해야 하고(고후 2:16), 창조 때 빛이 우주에 나타난 것같이 하나님의 영광이 그리스도의 얼굴에 나타났으며(고후 4:6),—논란이 많은 다음 본문을 제가 제대로 이해했다면—그리스도인은 마치 거울이 사물을 비추듯 그리스도를 비추어야 한다(고후 3:18)는 것을 우리는 보게 됩니다.

여러분도 눈치채셨겠지만 이 본문들은 전부 바울이 쓴 것입니다. 그런데 제4복음서에 보면 이보다 훨씬 나아가는 본문이 있습니다. 너무 나아가서 그것이 그리스도가 하신 말씀이 아니었다면 우리는 감히 그런 관점으로 생각하려 들지 못했을 것입니다. 바로, 아들은 아버지가 하시는 일을 보고 그것만을 행한다는 내용입니다(요 5:19). 아들은 아버지가 하는 것을 보고 있다가 그대로 하거나*ὁμοίως ποιεῖ* '모방'합니다. 아버지는 아들을 사랑하기 때문에 자신이 하는 모든 일을 아들에게 보여 줍니다.

제가 신학자가 아니라는 점은 이미 말씀드렸습니다. 우리 주님이 이 말씀을 하실 때, 자신이 하나님으로서 성삼위일체의 어느 측면을 보신 것인지 저는 감히 밝히려 들지 않겠습니다. 하지만 예수님이 이렇게 표현할 때 사용하신 세속적 이미지를 신중하게 알아볼 수 있는 권리, 심지어는 그렇게 해야 할 의무가 우리에게 있다고 생각합니다. 예수님이 제시하시는 그림을 분명하게 보기 위해서 말입니다. 그 그림은 어떤 남자가 일하는 모습을 한 소년이 지켜보면서 그 일을 배우는 모습을 담고 있습니다. 인간의 입장에서 보자면, 예수님이 어떤 추억을 염두에 두셨는지 추측해 볼 수도 있지 않나 싶습니다. 여기서 그분이 자신의 소년 시절을 회상하신 게 아닐까 하고 상상해 보는 건 어려운 일이 아닙니다. 어렸을 때 목공소에서 아버지 요셉이 하는 일을 보면서 그 일을 배우던 자신의 모습을 떠올리셨을 것입니다. 그렇게 본다면 이 본문은 제가 여러 신경信經에서 배운 어떤 내용과도 충돌하지 않으며, 오히려 거룩한 아들 됨의 개념을 그야말로 풍성하게 해줍니다.

제가 인용한 신약성경의 본문과 현대 비평이 가정하는 개념 사이에 논리적으로는 아무런 대립이 없을지도 모릅니다. 그러나 성격상 너무도 큰 차이가 있어서 신약성경을 완전히 받아들이는 사람이라면 오늘날 대부분의 비평가들이 사용하는 언어에 빠져들지도 않을 것이고, 그렇게 될 수도 없을 것입니다. 신약성경에서는 삶이라는 예술 자체가 모방의 예술입니다. 우리가 이 사실을 믿으면서, 확실히 삶에서 파생되는 것인 문학이 '창조성', '독창성', '자생성'을 지향해야 한다고 생각할 수 있겠습니까? 신약성경에서 '독창성'은 분명 하나님만의 특권입니다. 심지어 삼위일체 내에서도 그것은 아버지에게만 국한된 권한으로 보입니다. 다른 모든 존재의 의무나 행복은 거울이 반사된 상을 품듯 다른 근원에서 파생된 것입니다. 어떤 성인의 덕이나 영성이 '창조적'이고 '독창적'인 양 은근히 암시하면서 그를 '도덕적 혹은 영적으로 뛰어난 사람'으로 그리는 사람들의 언어는 성경의 어조와 너무 맞지 않는다고 느끼게 될 것입니다. 제가 만약 신약성경을 제대로 읽었다면, 변형되거나 은유적인 의미에서조차도 '창조성'은 설 자리가 없습니다. 우리의 운명은 그것과 정반대 방향에 놓여 있는 것 같습니다. 우리 자신을 최대한 드러내지 않고, 우리 것이 아닌 빌려온 향기를 입으며, 우리 얼굴이 아닌 다른 얼굴 형상을 가득 비추는 깨끗한 거울이 되는 것에 말입니다. 여기서 저는 전적 타락의 교리를 지지하려는 것도, 신약성경이 그것을 지지한다고 말하는 것도 아닙니다. 단지 피조물에게 해당하는 최고선은 피조물다운, 즉 파생되거나 반사된 선일 것이라는 점입니다. 다시 말해 성 아우구스티누스가 분명하게 지적하듯[9], 교만은 타락의 앞잡이일 뿐만 아니라 타락 자체입니다. 피조물이 자기보다 나은 존재인 하나님

9) 《신국론》, 제12권, 1.—저자.

께 집중하다가 하나님보다 못한 자기 자신에게로 관심 대상을 옮기는 것이 바로 타락입니다.

우리가 이 원칙을 가장 일반적 의미로 문학에 적용해 본다면, 작가는 전에는 존재하지 않았던 아름다움이나 지혜를 자신이 세상에 들여온다고 생각해서는 결코 안 되며, 단지 영원한 아름다움과 지혜가 투영된 대상을 자신의 예술로 구현하려 할 뿐이라고 여겨야 한다는 격언을 모든 비평 이론의 기초로 삼게 됩니다. 따라서 우리의 비평은 처음부터 기존의 어떤 시론詩論들과는 한 무리를 이루고 어떤 것들과는 대립하게 됩니다. 시인은 뮤즈의 삯꾼일 뿐이라는 원시적 이론 혹은 호메로스[10]의 이론과는 친화성을 갖겠지요. 이 세상에서 부분적으로 모방 가능한 초월적 형상Form을 주장한 플라톤 이론과도 친화성이 있을 것입니다. 아리스토텔레스의 미메시스[11] 이론, 자연과 고대 작가의 모방에 관한 아우구스투스 황제 시대의 학설과는 좀더 거리가 있을 것입니다. 일반적으로 이해되는 천재론과는 대립할 것이고, 문학을 자기 표현이라고 주장하는 사상과는 극명하게 대립할 것입니다.

하지만 여기서 다소 구분해야 할 것이 있습니다. 방금 전에 저는 시인을 아폴로나 뮤즈 같은 신들의 시녀일 뿐이라고 보는 고대 사상

---

10) 고대 그리스의 시인. 유럽 문학의 최고最古 서사시 〈일리아드〉와 〈오디세이〉의 작가로 알려져 있다.

11) *μίμησις*. 모방이라는 뜻. 플라톤은 예술을 현실의 모방 혹은 가상이라고 하여 소극적으로 평가했으나 이 이론을 이어받은 아리스토텔레스는 예술을 적극적으로 평가했다.

에 대해 이야기했습니다. 그러나 호메로스의 시에 나오는 페미우스가 자신을 시인이라 확신하며 말한 매우 역설적인 표현을 잊어서는 안 됩니다.

> 나는 스스로 배워 안다. 신이 내 마음속에 온갖 종류의 노래를 불어넣어 주었기 때문이다.[12)]

이 말은 명백한 모순처럼 들립니다. 자신이 아는 모든 것을 신이 가르쳐 주었다면, 어떻게 그 사람이 스스로 배워서 안다고 할 수 있습니까? 그 대답은 신의 가르침이 오감sense을 통해서가 아니라 내면에 주어지며, 따라서 그가 그 지식을 외부적인 도움—이를테면 본이 되는 다른 시인들과 같은—이 아니라 자신의 일부로 여겼기 때문이라는 데 의심의 여지가 없습니다. 이 말은 기독교적 개념인 모방과 현대 비평가들이 찬양하는 '독창성'을 구분 짓기 위해 지금껏 그려 왔던 선을 흐리는 것 같습니다. 페미우스는 자신이 어떤 시인의 제자도 아니라는 점에서 독창적이라고 단언하면서, 초자연적인 스승에 전적으로 의존하고 있음을 인정합니다. 그렇다면 지금껏 사람들이 주장해 온 '독창성'과 '창의성'은 바로 이런 것이 아닐까요?

제 말을 "사람들이 주장했어야 하는"으로 고쳐야 맞다고 하는 분이 있더라도 저는 거기에 동의할 것입니다. 하지만 지금 상태로도 모

12) 《오디세이아》, 제22권, 347.—저자

방과 독창성은 구분된다고 생각합니다. 그 구분이 처음보다 더 미묘해지기는 했지만 말입니다. 만일 모범이 되는 선배 시인들을 거부하고 자기 자신에게서 독특한 재능을 이끌어 낸다면 그리스도인 시인이건 비그리스도인 시인이건 똑같이 독창적일 수 있지만, 이들은 다음과 같은 차이점이 있습니다. 비그리스도인은 자신의 기질과 경험을 있는 그대로 취하고, 그것이 단지 사실이기 때문에, 더 나쁘게는 자기 것이기 때문에 전달할 만한 가치가 있다고 여길 수 있습니다. 하지만 그리스도인에게 자기 기질과 경험은 그저 단순한 사실과 자기 것에 불과할 뿐, 아무런 가치가 없고 전혀 중요하지도 않습니다. 만에 하나 그가 그 기질과 경험을 다룬다면, 단지 그것을 매개로 해서 혹은 바로 그 자리에서 보편적으로 유익이 될 만한 무언가가 보였기 때문입니다.

가령 두 사람이 교회나 극장에서 따로 앉아 있는 모습을 상상해 봅시다. 그리고 거기서 나왔을 때, 모두 자신의 경험을 일인칭 화법으로 이야기해 준다고 합시다. 한 사람은 자신이 앉았던 자리에 신경을 씁니다. "난 그 자리가 너무 불편했습니다"라고 말하겠지요. "믿지 못하겠지만 구석에 있는 문틈에서 바람이 어찌나 심하게 들어오던지. 그리고 사람들 하고는! 내 앞에 앉은 여자한테 한소리 하지 않을 수 없었죠." 그러나 또 한 사람은 자기 자리에서 무엇을 볼 수 있었는지 이야기해 줄 것입니다. 그것이 그가 알고 있는 사실일뿐더러, 각 좌석마다 분명 무엇 하나에 대해서만큼은 최고의 전망을 보여 주기 때문에 기꺼이 이렇게 말하겠지요. "그 기둥의 테두리 장식이 뒤쪽까지 돌아간다는 걸 아시나요? 게다가 뒤쪽 디자인은 앞쪽보다 더 오래된 것 같았어요." 여기서 우리는 자아 혹은 기질에 대한 표현주의자와 그리스도인의 태도를 봅니다. 그렇기 때문에 성 아우구스티누스와 루소 모두 《고백록》을 썼지만 루소는 자기 기질을 일종의 절대적인 것으로 여겼고(적어도 나는 타자이다*au moins je suis autre*), 아우구스티누스는 자기 기질을 '좁은 집'이라며 이렇게 고백합니다. "당신이 들어오시기에는 너무도 협소합니다. 오, 부디 넓히소서. 폐허인 그곳을, 오 다시 세우소서." 결과적으로 유종의 미를 거둔 낭만주의자 워즈워스는 이 두 입장에 각각 한 발씩 담그고 있습니다. 그는 두 관점 모두를 견지하면서도, 인간이 자신에 대해 글을 쓸 때 사용하는 두 가지 방식을 명확하게 구분합니다. 한편으로는 이렇게 말합니다.

> 나는 어둠의 땅을 밟아야 하기에, 깊숙이 침몰해야 하기에
> 높이 오르며 세상들 속에서 숨을 쉰다.
> 그 세상들에 비하면 하늘 위의 하늘도 베일에 불과하리.[13]

또 한편으로는 다음과 같은 특권을 갈망합니다.

> 여기에다 나는 더욱 초라한 것을 섞는다.[14]
> 묵상한 것을 가지고 묵상하는 정신과 인간을 설명하고

---

13) 은둔자*The Recluse*, Part I, Book I 11. 772~774, 《워즈워스의 시작*The Poetical Works of William Wordsworth*》의 부록 A, vol. V. ed. E. de Selincourt and Helen Darbishire(Oxford, 1949).—편집자.

그가 누구이며 무엇이었는지 설명하리라.
이 광경을 바라본
그 덧없는 존재를.[15)]

이러한 의미에서 그리스도인 작가는 스스로 터득하거나 독창적일 수 있습니다. 그는 작품의 뼈대를 작가 자신 곧 '덧없는 존재' 위에 세울 수 있는데, 그것이 가치 있다고 생각해서가 아니라(그는 자기 육신 안에 아무런 선한 것이 거하지 않는다는 사실을 알므로), 다만 그 존재에게 보였던 '광경' 때문입니다. 하지만 그가 이 일을 특별히 좋아하는 것은 아닙니다. 어쩌다 보니 제일 잘하는 일이 그 일이 될 때에만 할 것입니다. 그러나 기존 형식과 인류 공통의 경험을 사용함으로써 좋은 작품을 쓸 수 있는 재능을 지녔다면, 그는 즐거이 그 일을 감당할 것입니다. 어쩌면 생각보다 훨씬 더 기뻐할지도 모르겠습니다. 자신이 본 광경에 '자신의 방식으로만' 전폭적으로 응답해야 한다는 주장은 그에게는 그리 설득력이 없습니다. 또한 생각과 방법이 떠오를 때마다 그는 '이것이 내 것인가'라고 묻지 않고 '이것이 선한가'라고 물을 것입니다.

---

14) 여기서 루이스는 '섞다'에 해당하는 동사로 'mix'를 사용하는데, *de Selincourt and Darbishire* 편집본에 워즈워스가 'blend'라고 쓴 것을 잘못 옮겨 적은 것 같다.—편집자. (둘 다 '섞다'의 의미로, 일반적으로는 'mix'를 사용한다. 'mix'는 특히 결과적으로 각 요소가 대체로 같은 것이 될 때 쓰이고, 'blend'는 다른 종류의 것을 섞어 희망하는 대상을 만들어 낼 때 사용된다—옮긴이.)

15) 같은 책, 11. 829~834.—편집자.

바로 이 점이 그리스도인과 비그리스도인이 문학에 접근할 때 보이는 가장 근본적인 차이인 것 같습니다. 그러나 또 하나의 차이점이 있습니다. 그리스도인은 교양 있는 이교도보다 덜 심각하게 문학을 받아들일 것입니다. 적어도 많은 종류의 작품에 가해지는 순수 쾌락주의적 기준에 대해서도 그리 불편해하지 않을 것입니다. 불신자는 늘 자신의 미학적 경험을 일종의 종교로 만들어 버리는 경향이 있습니다. 그는 윤리적 책임감을 느끼지 않겠지만 또 다른 종류의—그리스도인에게는 환상에 불과해 보이는—책임을 지기 위해 단단히 힘을 모읍니다. 그는 '창조적'이어야 한다고 생각합니다. 소위 예술적 양심, 곧 도덕과는 상관없는 정체 불명의 법을 따라야 한다고 믿습니다. 그리고 그는 그저 재미 삼아 책을 보는 대다수 인류보다 자신이 내내 더 우월하기를 대체로 바랍니다. 그러나 애초부터 그리스도인은 한 영혼을 구원하는 일이 세상의 모든 서사시와 비극 작품을 쓰고 보존하는 일보다 중요하다는 것을 압니다. 우월성에 대해서라면, 대다수 서민은 가난한 사람들이므로 그들 중에 자신보다 우월한 사람들이 많다는 사실도 알고 있습니다. 그는 그저 즐거움만 주는 희극과 기분 전환용 소설에 아무런 이의가 없습니다. 토마스 아퀴나스와 생각이 같기 때문입니다. "때로 이성은 스스로 이성의 사용을 막는다 *ipsa ratio hoc habet ut quandoque rationis usus intercipiatur*." 우리는 하나님의 영광을 위해 먹을 수 있듯, 하나님의 영광을 위해 놀 수 있습니다. 따라서 문학을 대하는 기독교의 관점은 세상 사람들에게 깊이가 없고 경박해 보일 수 있습니다. 그러나 그들은 오해해서는 안 됩니다. 어떤 진지한 주제를 기독교적으로 다룬다면, 그 작품이 도달하지 못할 장엄함, 숭고함이란 없습니다. 그러나 이러한 장엄함과 숭고함은 그 주제에서 비롯될 것입니다. 그렇기 때문에 지속성 있는 장엄함과 숭고함이 될 것입니다. 이 지점에서 진지한 주제라는 강력한 명사가 형용사라 할 수 있는 문학과 결합하여 그저 문학 자체로서 중요해지려 드는 문학의 까다롭고 터무니없는 주장들을 압도할 것입니다. 경험적으로 따져 볼 때, 모든 위대한 시는 다른 무엇—이것이 소떼를 습격한 도둑들을 칼로 베거나 여자와 침대에서 나뒹구는 일일지언정—을 시보다 훨씬 가치 있게 여긴 사람들이 썼다고 주장하는 것은 그리 어려운 일이 아닙니다. 문학을 자존적인 것, 그 자체로 소중히 여겨야 하는 대상으로 보는 자들의 행태야말로 참으로 천박하고 공허한 일입니다. 페이터[16] 같은 사람은 문학에서 쾌락을 순교를 대하듯 받아들였습니다.

여기까지 말하고 보니 한 가지 의문이 저를 엄습합니다. 아주 다른 전제에서 출발하기는 했지만, 지금까지 말한 모든 것이 제가 이전에 했던 말과 같다는 의혹이 듭니다. 저의 고정관념일까요? 어떤 면에서는 그리 덧없지만은 않은 '덧없는 존재'를 그 '광경'으로 착각한 것일까요? 그럴지도 모릅니다. 그게 아니라면 결국 제가 옳을지도 모릅니다. 물론 제가 옳으면 좋겠습니다. 그러나 그게 아니라 이번에도 저 자신의 발자국을 좇은 것에 불과하다면, 이것은 일종의 희비

16) Walter Pater, 1839~1894년. 영국의 비평가. '예술을 위한 예술'을 주창했다. 예술에 도덕적 기준이나 실용적 기능이 끼어들면 안 되며, 예술은 그 자체의 아름다움만을 위해 존재한다고 주장했다.

극이 될 테고 저로서는 이 상황을 저만의 원칙에 따라 즐기려고 애쓰는 수밖에 없겠지요. 《신곡》〈천국편〉(제28곡)에 적합한 예가 있습니다. 그레고리우스 교황이 천국에 도착했는데, 불쌍하게도 자신이 심혈을 기울인 계급 이론이 틀렸다는 것을 깨닫게 됩니다. 우리는 이 구원받은 영혼이 어떻게 반응했는지 알고 있습니다. "그는 혼자 빙긋이 웃었다*di sè momedesmo rise*." 그것은 그가 듣던 중 가장 웃긴 이야기였던 것입니다.

2 기독교와 문화

"하늘에 속한 생명이 당신 안에서 자라나지 않으면, 그 대신에 당신이 선택한 것이 무엇이건, 그것을 선택한 이유가 무엇이건 아무런 의미가 없다."

윌리엄 로William Law

일찍이 저는 문화적인 삶(즉 지적이고 미학적인 활동)이 그 자체로도 매우 선하고, 인간을 위한 최고선이라고까지 믿었습니다. 이십 대 후반에 회심한 뒤에도 저는 이런 신념을 고수한 채, 삶의 목적은 그리스도 안에서 구원받고 하나님을 영화롭게 하는 것이라는 새로운 신앙과 이 신념이 어떻게 조화를 이룰 수 있는지 의식적으로 묻지 않았습니다. 이 같은 혼란스런 정신 상태에서 깨어나게 된 것은 문화계의 동료들에게서 과장된 듯한 모습을 발견하면서입니다. 그에 대한 반발로 저는 정반대의 극단으로 치달았고, 문화를 옹호하는 주장을 내심 과소평가하기 시작했습니다. 하지만 곧바로 다음과 같은 질문에 맞닥뜨렸습니다. "문화가 그토록 보잘것없는 것이라면, 당신이 삶에서 그렇게 많은 부분을 문화에 할애하는 현실은 어떻게 정당화될 수 있는가?"

교양 있는 사람들이 문화를 지금처럼 지나치게 호평하기 시작한 것은 매튜 아널드[1] 때부터인 것 같습니다. 제 추측이 맞다면, 영어의 '영적spiritual'이라는 단어를 독일어의 '정신적*geistlich*'라는 의미로 사용하도록 처음 대중화시킨 사람이 바로 아널드입니다. 이는 그전까지 대체로 구분되던 삶의 다른 수준을 같은 것으로 취급한 것 이상의 일이었습니다.[2] 아널드 이후에는 크로체[3]의 철학이 유행했습니다. 그의 철학에서 미학적이고 논리적인 활동은 윤리적 활동과 대등한, '영혼the spirit'의 자율적 형태가 되었습니다. 그다음으로 리처즈 박사[4]의 시론이 등장했습니다. 이 위대한 무신론자 비평가는, 우리에게 고상한 시적 취향이 있으면 심리적 조절 과정을 거쳐 전반적으로 효과적이고 만족스러운 삶을 더 잘 영위해 갈 수 있는 반면, 시적 취향이 떨어지면 그에 상응하는 손실을 낳는다고 보았습니다. 이러한 가치 이론은 순전히 심리적인 것이기 때문에 시에다 일종의 구원론적 기능까지 부여한 셈입니다. 리처즈 박사가 믿었던 유일무이한 천국을

---

1) Matthew Arnold, 1822~1888년. 영국의 시인이자 문학 비평가. 《교양과 무질서*Culture and Anarchy*》 같은 작품을 통해 '교양'의 옹호자가 되었다.

2) '전시의 학문'에서 루이스는 '영적spiritual'이라는 뜻의 단어를 '정신적*geistlich*'이라는 뜻으로 처음 사용한 아널드가 더없이 위험하고 반反기독교적인 오류를 끌어들인 것으로 보았다.

3) Benedetto Croce, 1866~1952년. 이탈리아의 철학자이자 역사가. 크로체는 자신의 철학을 '정신의 철학'이라고 부르며, 예술과 논리, 경제와 윤리 등에 관해 고찰했다.

4) I. A. Richards, 1893~1979년. 영국의 문예 비평가. 심리학이 문학 비평의 기본 조건임을 주장하며 근대 문예 비평의 기초를 세웠다.

여는 열쇠를 시가 갖게 된 것이지요. 그의 작업(제가 깊이 존중하는)은 늘 그가 의도한 방향은 아니었지만 〈심사숙고*Scrutiny*〉[5]의 편집자들에게 계승되었습니다. 이 편집자들은 "개인이 예술에 반응하는 수준은 일반적으로 그가 인도적인 삶을 살기에 얼마나 적합한지 보여 주게 마련"이라고 믿는 이들입니다.

마지막으로, 우리가 예상할 수 있는 것처럼, 한 그리스도인 작가가 다소 비슷한 관점을 제시했습니다. 바로 1939년 3월호 〈신학*Theology*〉에 그러한 견해를 피력한 에브리 수사입니다. 그는 '〈심사숙고〉의 필요성'이라는 글에서 질문을 던지길, 신학적 지식을 갖춘 듯하면서도 로렌스[6], 조이스[7], 포스터[8]보다 하우스먼[9], 찰스 모건[10], 세이어즈[11]를 선호하는 이들이 모인 교회에 대해 엘리엇[12] 씨를 추

5) 저는 〈심사숙고〉를 에브리 형제Brother Every가 쓴 글에 제시된 대로 시종일관 받아들이고 있음을 밝힙니다. 그 잡지에 대해 독자적인 비평을 하는 것은 전혀 제 의도가 아닙니다.—저자.

6) D. H. Lawrence, 1885~1930년. 영국의 소설가, 시인. 당대에 떠들썩한 논쟁을 불러일으켰으며, 대표작《채털리 부인의 사랑》은 외설 시비로 오랜 재판을 겪었다.

7) James Joyce, 1882~1941년. 아일랜드의 소설가. 실험적인 언어 사용과 새로운 문학 양식을 개척한 것으로 유명하다.

8) E. M. Forster, 1879~1970년. 영국의 소설가. 빅토리아 왕조의 도덕이나 가치관에 반발, 그리스 문명을 동경했다.

9) A. E. Housman, 1859~1936년. 영국의 고전학자, 시인. 절제되고 소박한 문체로 낭만적 염세주의를 표현한 서정시를 써서 유명해졌다.

10) Charles Morgan, 1894~1958년. 영국의 극작가, 소설가. 이상적이고 심미안을 가진 주인공을 통해 낭만적 사랑, 신비주의, 영원함과 숭고함에 대한 갈망을 주로 표현했다.

11) Dorothy L. Sayers, 1893~1957년. 영국의 추리 소설가, 극작가. 대중적 종교론을 집필하기도 하고, C. S. 루이스나 J. R. R. 톨킨과도 교류하며 진지한 저작들도 썼다.

12) T. S. Eliot, 1888~1965년. 미국 태생의 영국 시인, 평론가, 극작가. 여러 희곡을 쓰며 모더니즘 운동을 주도했고, 일련의 평론들을 통해 과거의 정통적 견해를 타파하고 새로운 주장을 내세웠다.

종하는 사람들이 어떻게 생각하겠느냐고 묻습니다. 곧 그리스도인들의 판단력이 다른 "진부한 사람들"과 다를 바 없는 것에 당혹스러워하는 "예민하게 캐묻는 개인"에 대해 (제 생각에는 동정적인 어조로) 말하고 있는 것입니다. 그는 신학생들이 세속적인 주제를 다룬 최신 저작을 평가하는 능력을 "시험" 봐야 한다는 이야기도 했습니다.

이 글을 읽자마자 저는 심히 곤혹스러웠습니다. 제가 에브리 수사의 입장을 제대로 이해했는지 의문이 들었고, 사실 지금도 확실히 알 수는 없습니다. 하지만 일부 독자들이 '예민한 감수성'이나 뛰어난 안목을 진정한 교회의 특징 중 하나라고 여기거나, 거칠고 상상력이 없는 사람들이 세련되고 시적인 사람들보다 구원받을 확률이 적으리라 생각하기 쉽겠다는 생각이 들었습니다. 그 생각에 사로잡힌 나머지 저는 반대의 극단으로 치달았습니다. 어느 정도 영적인 자만심을 느끼며 저는 '예민한 감수성'을 갖춘 상태로부터 아슬아슬하게 구원을 받았다고 생각했습니다. 제가 회심하기를 거부했던 커다란 이유가 많은 찬송가에 나타나는 '감상적이고 값싼 느낌' 때문이었는데, 이제는 그 저급한 찬송가들이 감사하기까지 했습니다.[13] 우리가 소중히 여기는 세련됨을 교회 문 앞에 와서 내려놓아야 하는 것은

13) 교육은 받지 못했지만 거룩한 사람들이 그 찬송가들의 극히 진부한 표현들을 어떠한 의미로 생각할지 우리가 알고 있다고 섣불리 판단해서는 안 됩니다. 성도의 대화에 대해 팻모어 Coventry Patmore*(*1823~1896년. 영국의 시인, 수필가—옮긴이)는 말했습니다. "당신이 열두 살도 되기 전부터 더할 나위 없이 잘 알고 있던 흔한 것들을 그가 반복할 가능성이 크다. 그러나……당신에게는 피상적인 지식이 그에게는 확고한 것임을 기억해야 한다."(《가지와 뿌리와 꽃, 마그나 모랄리아*Magna Moralia*》, xiv.)—저자.

잘된 일이다 싶었고, 정신*psyche*과 영*pneuma*, 자연과 초자연 사이에서 혼란스러워하는 우리의 만성적 질병을 처음부터 치료해야 하는 것은 잘된 일이라고 생각했습니다.

사람이 겸손을 가장할 때만큼 교만한 때가 없습니다. 에브리 수사는 제가 여전히 방금 묘사한 상태에 있다거나, 방금 설명한 터무니없는 신념을 아직도 그의 탓으로 돌리고 있다고는 생각지 않을 것입니다. 하지만 그의 글이 제게 날카롭게 던져 준 진짜 문제는 그대로 남아 있습니다. 고상한 예술적 취향이 구원의 조건이라고 실제로 주장하는 사람은 아무도 없을 것입니다. 반면 하나님의 영광, 그리고 그분을 영광스럽게 하는 우리의 유일한 수단인 인간 영혼의 구원이야말로 삶의 진정한 본분입니다. 그렇다면 문화의 가치는 무엇입니까? 물론 이것은 새로운 질문이 아닙니다만, 생생한 질문으로서 제게는 새롭게 다가왔습니다.

자연스럽게 저는 신약성경부터 살펴보았습니다. 거기서 저는 우선, 자연적인 차원에서 아무리 가치 있는 것이라 할지라도 허용된 것쯤으로만 여기고, 그것이 하나님을 섬기는 일과 마찰을 일으킬 때는 가차 없이 버려야 한다는 요구를 발견했습니다. 감각 기관(마 5:29)과 남성의 생식 기능까지(마 19:12) 희생해야 할 수도 있습니다. 이 말대로라면 자연적인 기준으로 볼 때 불구가 되고 좌절을 겪는 것이 구원의 장애물이 아닐 뿐만 아니라 어쩌면 구원의 조건 중 하나가 될 수도 있다는 것만은 최소한 확실하겠구나 싶었습니다. 아버지와 어머니를 미워해야 한다는 본문(눅 14:26), 어머니 마리아에 대한 자신의 자연적 관계까지도 하찮게 보는 우리 주님의 태도(마 12:48)는 더 낙담

케 합니다. 생각이 제대로 박힌 사람이라면 좋은 비평가보다 좋은 아들이 되는 것을 당연히 더 낫게 여길 텐데, 성경이 자연적인 애정에 대해 말하는 것을 보니 문화에 대해서는 한층 심한 견해를 암시하는 것 같았습니다. 가장 심한 부분은 빌립보서 3장 8절로, 문화보다 더 확실히 영적인 삶과 관련된 활동, 즉 유대인의 법을 '흠 없이' 따르는 것조차도 '배설물'로 묘사하고 있었습니다.

두 번째로 저는 모든 종류의 우월성을 멀리하라는 단호한 경고를 많이 발견했습니다. 어린아이와 같아야 한다(마 18:3), 랍비라 불리지 말아야 한다(마 23:8), 유명해지는 것을 두려워해야 한다(눅 6:26)는 구절입니다. 부르심 받은 사람 중에 육체를 따라 지혜로운 자*σοφοὶ κατὰ σάρκα*—바로 지식인 계급을 일컫는 것 같습니다—가 많지 않으며(고전 1:26), 참으로 지혜 있는 자가 되려면 세속적인 기준으로 볼 때 어리석은 자가 되어야 한다(고전 3:18)는 사실도 떠올리게 됩니다.

이상의 모든 구절과 달리, 문화에 좀더 호의적이라 할 수 있는 몇몇 본문을 저는 발견했습니다. 동방박사는 세속적 배움의 화신이라 볼 수 있고, 예수님의 비유에 나오는 달란트에는 현대적 의미의 '재능'이라는 뜻도 있으며, 갈릴리 가나에서의 기적은 순수하고 감각적인 즐거움을 인정함으로써[14] 문화의 오락적 용도—곧 순수한 '놀이'—만큼은 인정하는 것으로 받아들일 수 있으며, 우리 주님은 백합화를

---

14) 이 기적에 대해 생각해 볼 수 있는 더 깊은 의미는 프랑소와 모리악F. Mauriac의 《예수의 삶 *Vie de Jésus*》(5장 끝까지)을 보시오.—저자.

칭송하심[15]으로 자연을 심미적으로 즐기는 일을 거룩하게 하신 것이 분명합니다. 보이는 것을 통해 보이지 않는 것을 인식해야 한다는 사도 바울의 요구(롬 1:20)는 과학이 적어도 어느 정도는 유용함을 의미합니다. 하지만 그가 "지혜에는 아이가 되지 말라"(고전 14:20)고 권고한 말과 그가 신앙의 초보자들에게 '지혜'를 자랑한 말[16]이 세상의 문화를 뜻하는 거라고는 생각지 않습니다.

전반적으로 신약성경은 문화에 대해 적대적인 정도는 아니어도 명백히 냉랭해 보였습니다. 신약성경을 읽고 나서도 여전히 문화를 순수한 것으로 여길 수는 있다고 생각합니다. 하지만 문화를 중요하게 여기도록 부추기는 인상은 전혀 받지 못했습니다.

그럼에도 문화는 중요한 것일 수 있습니다. 오직 성경만이 중요한 모든 것, 심지어 필요한 모든 것을 담고 있다는 주장에 후커[17]가 결국 답을 주었기 때문입니다. 이런 점을 기억하며 저는 연구를 계속했습니다. 제가 고른 권위 있는 인물들의 명단이 자의적으로 보인다면, 그것은 저의 편견 때문이 아니라 무지 탓입니다. 저는 어쩌다 보니 제가 알게 된 작가들을 다루었습니다.

---

15) 마 6:28.

16) 고후 11:16-29, 빌 3:4-6 참조.

17) Richard Hooker, 1554년경~1600년. 영국의 신학자, 영어 산문과 법철학의 대가. 당시 로마 가톨릭교도들은 성경과 전승을 신앙의 동등한 권위로 삼은 반면, 청교도들은 성경을 유일한 권위로 보았다. 후커는 양극단을 피하고 성경이 단순 명백하게 말할 때는 그 절대 권위를 인정하지만, 침묵을 지키거나 모호하게 말할 때는 교회의 전승에 자문을 구할 수 있다고 보았다. 성경과 전승 모두 명쾌한 해설이 필요하거나 새로운 상황에 답하지 못할 경우는 마지막 세 번째 권위인 인간 이성에 순응해야 한다고 주장했다.

이교도이기는 하지만 위대한 인물인 아리스토텔레스는 우리와 같은 입장입니다. 플라톤은 문화가 선에 대한 지적인 비전이나 공화국의 군사적 효율성에 직접적이든 간접적이든 이바지하지 않으면 용납하지 않을 것입니다. 조이스나 로렌스 같은 사람은 플라톤의《국가론》에서 푸대접을 받았을 것입니다. 제가 틀릴지도 모르지만 석가모니는 문화를 배척했던 것 같습니다.

성 아우구스티누스는 자신이 소년 시절 받은 교양 교육을 어리석은 것이라 여겼고, 그것이 왜 그보다 앞서 받는 정말 유용한 '초등' 교육보다 더 고귀하고 풍성한*honestior et uberior* 것으로 간주되는지 의아해했습니다.[18] 그는 자신이 교회음악을 즐거워한다는 사실을 믿기 힘들어했습니다.[19] (리처즈 박사는 비극을 "위대한 정신 활동"이라 말한 바 있습니다만)[20] 아우구스티누스에게 비극은 일종의 상처였습니다. 관객은 비극을 보며 고통스러워하면서도 그 고통을 즐깁니다. 이는 "가련한 미친 짓"입니다. "내가 당신의 보호하심을 싫어하여 당신의 양떼를 떠나 길을 잃고 돌아다니는 불행한 양 한 마리가 되어 버렸고 또한 더러운 병에 걸리게까지 된 것은 그리 이상한 일이 아니었습니다."[21]

성 제롬은 탕자의 비유를 알레고리로 해석하면서 탕자가 자신의

---

18) 《고백록》, 제1권, 13.—저자.

19) 같은 책, 제10권, 33.—저자.

20) 《문학비평의 원칙들*Principles of Literary Criticism*》, 69쪽.—저자.

21) 《고백록》, 제3권, 2. "*miserabilis insania……quid autem mirum cum infelix pecus aberrans a grege tuo et inpatiens custodiae tuae turpi scabie foedarer.*"—저자.

배를 채울 수밖에 없었던 음식 찌꺼기는 어쩌면 마귀들의 식사…… 시인들의 노래, 세속적인 지혜, 수사적인 말들의 나열[22]을 의미할 수 있다고 합니다.

이 교부들은 다신론이 여전히 위협적이던 시기에 다신론적 문학에 대해 말한 거라는 식으로 대답하지 맙시다. 대부분의 상상 문학이 전제하는 가치 체계는 성 제롬의 시대 이래로 그리 기독교적으로 변하지 않았습니다. 《햄릿》에 보면 모든 것이 의문시되지만 복수의 의무만은 예외입니다. 셰익스피어의 모든 작품에서—등장인물들이 무슨 말을 하건—실제로 적용되는 선의 개념은 순전히 세상적인 것으로 보입니다. 중세의 기사 이야기에서는 명예와 성적인 사랑이, 19세기 소설에서는 성적인 사랑과 물질적 번영이 진정한 가치로 여겨집니다. 낭만주의 시에서는 (범신론적 신비주의에서 순수한 감각주의에 이르기까지 양극단으로) 자연의 향유가 참된 가치로 여겨지거나 아니면 과거의 것, 멀리 있는 것, 상상해 냈을 뿐 믿지는 않는 초자연적인 것 때문에 깨어난 갈망*Sehnsucht*에 탐닉하는 것이 참된 가치로 보입니다. 현대 문학에서는 해방된 본능의 생명이 참된 가치이지요. 물론 예외는 있습니다. 하지만 그러한 예외들을 연구하는 것은 문학 자체, 문학 전반을 연구하는 것이 아닐 것입니다.

뉴먼[23]이 말한 것처럼 "모든 문학은 동일합니다. 있는 그대로의 인

---

22) *cibus daemonum……carmina poetarum, saecularis sapientia, rhetoricorum pompa verborum*, 《서신》, 21, 4.—저자.

간의 목소리입니다. ……만약 문학을 인간 본성에 대한 연구로 보고자 한다면, 기독교 문학이란 있을 수 없습니다. 죄 많은 인간이 죄 없는 문학을 시도하는 것 자체가 모순이기 때문입니다."[24] 게다가 저는 대부분의 문학에 함축된 기독교에 못 미치는 가치나 반反기독교적 가치가 실제로 많은 독자에게 영향을 미친다는 사실을 의심할 수 없었습니다. 불과 며칠 전에도 어느 학술 논문에서 그 예를 목격했는데, 클레오파트라나 맥베스 같은 셰익스피어 작품의 등장인물들의 범죄는 '위대함'으로 묘사되는 그들의 자질 때문에 어느 정도 용서가 된다는 신념입니다. 오늘 아침에는 어느 평론에서 웹스터[25]의 《백마白魔 *White Devil*》에 나오는 사악한 연인이 회개했다면 오히려 우리는 그들을 용서하지 않았을 것이라는 평을 읽었습니다. 키츠[26]가 소극적 수용력에 대해 말한 문구나 "선악에 대한 사랑"이라고 말한 문구로부터 (이 무의미한 말들이 그가 실제 의도한 것이라고 읽을 수 있다면) 확실히 많은 사람들은 경험이 단순히 선한 것이라는 이상한 신조를 이끌어 냅니다. 제 말은 문학을 공감하며 읽으면 반드시 그런 결과가 따라

---

23) John Henry Newman, 1801~1890년. 영국의 신학자, 설교가. 영국 국교회의 옥스퍼드 운동을 이끌었으며, 나중에는 로마 가톨릭교회의 부제 추기경이 되었다. 교회의 교리적 권위를 강조하고, 영국 성공회를 5세기까지의 가톨릭, 즉 보편 교회의 형태로 개혁할 것을 촉구했다.

24) 《대학 교육의 범위와 성질*Scope and Nature of University Education*》, 8강.—저자.

25) John Webster, 1580년경~1625년경. 영국의 극작가. 제임스 왕조 퇴조기의 정신적 불안을 그린 비극을 발표했다.

26) John Keats, 1795~1821년. 영국의 시인. 낭만주의 시 운동을 전개한 대표적 시인으로, 탐미주의적 예술 지상주의를 추구했다. 그의 소극적 수용력Negative capability은 창조적인 부정을 통해 사람이 지적·사회적 제약을 초월할 수 있게 하는 것을 말한다. 이 개념은 20세기 예술, 문학 비평에 영향을 주었다.

온다는 것이 아니라, 그런 결과가 나올 수 있고 실제로 종종 그런 결과가 나온다는 것입니다. 이교도 문학을 공격하는 교부들에게 의미 있는 대답을 하려면, 그들이 살던 시대 이후 문학 전반이 어떤 중요한 의미에서든 더욱 기독교다워졌다는 신념에 기초하여 답변해서는 안 됩니다.

토마스 아퀴나스로부터는 제가 고민하는 문제와 직접 연관 있는 내용을 하나도 찾을 수 없었습니다. 하지만 아퀴나스에 대해서는 아는 것이 별로 없기 때문에, 제 생각이 틀렸다면 기꺼이 다른 견해를 수용하겠습니다.

토마스 아 켐피스는 확실히 반反문화적인 입장에 있다고 봅니다.

《독일 신학*Theologia Germanica*》(20장)에서는 인간 본성이 그리스도의 생명을 거절하는 일은 "무엇보다도 이성이 고유의 뛰어난 재능을 발휘하는 지점에서 일어난다. 그러한 이성은 자신의 빛과 능력으로 높이 솟아올라 자신을 진정으로 영원한 빛이라고 생각하기까지 이르기 때문이다"라는 말을 보았습니다. 하지만 뒤에 가서는(42장) 거짓 빛의 해악이 분별의 대상보다 지식과 분별 자체를 더 사랑하는 경향이 있다는 말을 보았습니다. 이 말은 그와 같은 오류에서 벗어난 지식이 가능함을 지적하는 것 같았습니다.

이 모든 검토 내용을 더한 결론은, 문화에 대해 매우 비호의적이었습니다. 반면, 제가 무지해서 나온 우발적인 결과일지 몰라도, 문화에 호의적인 입장은 그리 많지 않았습니다.

그레고리우스 교황이 말한 것으로 알려진 유명한 격언을 찾아냈는데, 우리가 세속 문화를 사용하는 것은 이스라엘 백성이 칼을 갈러 블레셋으로 내려가는 행위에[27] 비길 만하다는 것이었습니다. 이러한 주장은 그 나름대로 만족스럽고 현대의 상황과도 잘 맞아떨어진다고 생각합니다. 이교도 이웃을 회심시키려면 우리는 그들의 문화를 이해해야 합니다. "그들과 같은 전술로 이겨야" 합니다. 하지만 분명 이 말은 현대의 전통에서 통용되는 문화 옹호론에 비해 턱없이 부족한 주장입니다. 그나마 기독교 문화를 (적어도 이쪽에 자신의 소명을 둔 일부 그리스도인들에게) 정당화해 줄 따름입니다. 그레고리우스의 관점에서 보면 문화는 무기입니다. 그런데 본질적으로 무기는 우리가 안전해지는 순간 치워 버리는 물건입니다.

밀턴에게서는 역시나 저를 불안하게 하는 면을 발견했습니다. 그가 쓴 《아레오파지티카*Areopagitica*》[28]는 에브리 수사의 글마냥 걱정스러웠습니다. 그는 여러 난제들을 너무 가볍게 여기는 것 같았고, 모든 선과 악을 탐구할 자유를 멋지게 옹호하는 그의 모습은 결국 소수의 위인들에게만 관심을 갖고 인류의 대다수에는 경멸 어린 무관심을 견지하는 처사로 보였습니다. 어떤 그리스도인도 묵과할 수 없는 모습이지요.

마지막으로, 앞에서 인용한 뉴먼의 '대학 교육'에 대한 강론집을 보게 되었습니다. 드디어 저는 문제의 양면을 인식하는 듯한 저자를 만났습니다. 뉴먼처럼 설득력 있게 문화 자체의 아름다움을 주장하

---

27) 삼상 13:19-20.
28) 밀턴이 당시의 검열법을 비판하고 언론의 자유를 주장하기 위해 1644년에 출판한 소책자.

면서도 문화를 영적인 것과 혼동하고픈 유혹을 단호하게 내친 사람이 없기 때문입니다. 그에 따르면 지성을 계발하는 것은 "이 세상에 속한 일"[29]이며, "진정한 종교"와 "근본적인 차이"[30]가 있습니다. 문화는 "그리스도인이 아니라……교양인을 만들며", 덕을 "멀찌감치에서만"[31] 바라볼 뿐입니다. 문화가 인간을 더 나은 존재로 만들어 준다는 주장을 "한시도 허용할 수 없다"[32]고 그는 말합니다. "교회의 목사들은" 문화를 무척 환영할지도 모릅니다. 영적인 긴장이 풀어져 죄에 빠지기 쉬운 순간에 죄 짓지 않으면서도 기분을 전환할 수 있는 거리를 문화가 제공하기 때문입니다.

이런 식으로 종종 문화는 "정신을 해로운 것에서 멀어지게 하면서 이성적 존재에 합당한 주제들로 이끌어 줍니다." 그러나 이끄는 과정에서조차 "문화가 자연보다 높은 위치를 차지하는 것은 아니며, 우리가 문화를 통해 창조주를 기쁘게 해드릴 수 있는 것도 전혀 아닙니다."[33] 심지어 어떤 활동은 문화적 가치와 영적인 가치가 반비례하는 경우도 있습니다. 신학을 교양을 위한 지식liberal knowledge이 아니라 목회적인 목적만을 위해 추구할 때 "유익성"은 커지나 포용성은 상실하게 됩니다. 마치 "눈물과 금식으로 상한 얼굴이 아름다움을 상실하는 것처럼"[34] 말입니다. 반면에 뉴먼은 교양 지식이 그 자체로

29) 《대학 교육의 범위와 성질》, 8강, 227쪽, 에브리맨 판본.—저자.
30) 같은 책, 7강, 184~185쪽.—저자.
31) 같은 책, 4강, 112쪽.—저자.
32) 같은 책, 4강, 111쪽.—저자.
33) 같은 책, 7강, 180쪽.—저자.

하나의 목적이라고 확신하며, '대학 교육'에 대한 강론집 제4강 전체를 이 주제에 할애하고 있습니다. 이율배반적으로 보이는 이런 입장에 대한 해결책은 다음과 같은 그의 학설에서 얻을 수 있습니다. 말할 것도 없이 지성을 포함한 모든 것은 "자기 나름의 완전성을 지닌다. 살아 있든 죽어 있든, 가시적이든 비가시적이든, 모든 것이 그 나름대로 선하며 최선의 모습을 지니는데, 이것이 우리가 추구할 만한 목적이다."[35] 정신을 완전케 하는 일은 "덕을 수련하는 일처럼 명확한 목적이 되지만, 다른 한편 그 둘은 완전히 별개의 것이다."[36]

제가 신학에 무지한 탓에 여기 암시된 은혜와 자연의 교리를 이해할 수 없어서였는지, 아니면 다른 이유 때문인지 몰라도, 저는 뉴먼의 결론에 동의할 수 없었습니다. 도덕과 무관한 선함 같은 것이 존재한다는 점은 충분히 이해할 수 있습니다. 마치 잘 자란 건강한 두꺼비가 다리가 셋인 두꺼비보다 '낫거나' '더 완전하며', 천사장이 천사보다 '나은' 것처럼 말입니다. 이러한 의미에서 똑똑한 사람은 멍청한 사람보다, 모든 사람은 침팬지보다 '낫습니다'. 우리가 이런 의미에서 '더 낫고' '더 완전한' 존재가 되기 위해 얼마만큼의 시간과 정력을 쏟길 하나님은 원하실까요? 이 같은 질문을 던질 때 문제는 시작됩니다. 우리가 문화를 통해 창조주를 조금도 기쁘게 해드릴 수 없다는 뉴먼의 주장이 맞다면, 아마도 질문에 대한 답변은 "조금도 쏟

34) 같은 책, 4강, 100쪽.—저자.
35) 같은 책, 4강, 113쪽.—저자.
36) 같은 책, 4강, 114쪽.—저자.

지 않길 원하신다"가 될 것입니다. 이는 유효한 견해입니다. "네 본래의 완전한 정도, 존재의 사슬에서 네가 서 있는 위치는 나의 관할이다. 너는 내가 분명하게 맡겨 놓은 일, 곧 의의 일이나 잘해라" 하고 하나님이 말씀하신 것처럼 볼 수 있겠지요. 그러나 뉴먼이 이렇게 생각했더라면 아마도 '그 자체가 목적인 교양 지식'에 대해 쓰지 않았을 것입니다. 반면 (사람들이 꽤나 일반적으로 생각하듯) 도덕과 상관없을지라도 자신이 할 수 있는 가장 높은 수준의 완전성에 도달하는 것이 이성적 존재가 해야 할 도덕적 의무 중 하나라는 주장도 가능합니다. 그러나 상황이 이러하다면, (a) 정신을 완전케 하는 일은 덕과 '완전히 별개의' 것이 아니라 그 일부가 될 것이며, (b) 성경과 교회의 전통이 이 의무에 대해 거의 혹은 전혀 아무런 말도 하지 않는 것은 매우 이상한 일입니다.

안타깝게도 뉴먼은 처음 이 문제를 고민하던 지점에서 크게 벗어나지 않았나 싶습니다. 그는 문화가 도덕과는 상관없는 '완전성'을 제공한다고 설명함으로써 우리의 생각을 정리해 주었습니다. 그러나 진짜 문제, 즉 이처럼 도덕과 상관없는 가치들이 매순간 천국 아니면 지옥으로 가고 있는 인간 존재들의 의무나 관심과 어떤 관련이 있는지에 대해서는 별로 도움을 주지 못하는 것 같습니다. 어떤 대상에 대한 '예민한 감수성'이 완전한 수준에 이를 수도 있습니다만, 그럼으로써 하나님을 기쁘게 해드리지도, 내 영혼을 구원하지도 못할 바에는 내가 왜 예민한 감수성을 갖춰야 합니까? 내가 창조된 목적을 모두 잃어도 여전히 유효한 '완전성'이라는 것이 대체 무엇을 뜻합니까?

여러 가지 연구 끝에 제가 회심 전에 문화에 부여했던 높은 지위를 다시 부여할 수는 없겠다는 인상을 받았습니다. 문화를 옹호하는 건설적인 논거를 마련코자 한다면, 그것은 그보다 훨씬 겸허한 논거여야 할 것입니다. 매튜 아널드에서 〈심사숙고〉에 이르기까지 지식인들이 불신앙을 지니게 된 전통은, 제가 볼 때 일반적으로 18세기부터 시작된 하나님에 대한 전반적인 반역의 한 국면일 뿐이었습니다. 이런 분위기를 감안하고 문화 옹호론을 펼쳐 보겠습니다.

1. 우선 가장 낮고 만만한 수준에서 시작합니다. 제가 몸담고 있는 직업은 비록 기호가 맞고 재능이 있어야 한다는 조건이 붙지만 당장 생계를 유지해야 한다는 동기 부여가 됩니다. 그런데 생계 유지에 대해 기독교가 혁명적이고 종말론적인 요소가 있기는 하지만 다행히도 평범한 견해를 지니기에 안도감을 느꼈습니다. 세례 요한은 세리와 군인들에게 구시대의 경제와 군사 체제를 당장 뒤엎어야 한다고 설교하지 않았습니다. 도덕법을—그들이 아마도 어머니나 유모에게서 그것을 배운 대로—따라야 한다고 말하고는 그들을 일터로 돌려보냈습니다. 사도 바울은 데살로니가의 교인들에게 자기 일에 충실하고(살전 4:11) 여기저기 참견하고 다니지 말라고 합니다(살후 3:11). 따라서 어떠한 직업이든 돈이 필요해서 일한다는 것은 결코 근사하지는 않더라도 소박하고도 순수한 동기입니다. 에베소의 교인들은 "선한" 일을 업으로 하라는 권고를 받습니다(엡 4:28). 저는 여기서 '선하다'라는 말이 '무해하다'라는 의미에 지나지 않기를 바라면서, 특별히 고상한 무엇을 암시하지는 않는다고 확신했습니다. 그래서 일단 문화에 대한 수요가 있고 실제로 문화가 심신에 해로운 것

이 아니라면, 내가 그와 같은 수요를 채워 줌으로써 생계를 유지하는 것은 정당하다고 결론 내렸습니다. 그리고 저와 같은 위치에 있는 다른 모든 사람들(연구원, 교장, 전문 작가, 비평가, 서평가)도 마찬가지라 생각했습니다. 그들도 저처럼 다른 직업에 재능이 거의 없거나 전혀 없다면—다시 말해 문화와 관련한 직업을 '천직'으로 여기는 이유가 다른 일에 전혀 적합하지 않다고 하는 엄연한 사실 때문이라면—더욱 정당할 것입니다.

2. 하지만 문화를 정말로 무해하다고 볼 수 있을까요? 문화는 분명 해로울 수 있고 실제로도 그런 경우가 많습니다. 만일 어떤 그리스도인이 현실과 유리된 진공 상태에 새로운 사회를 세우는 위치에 있다면, 남용하기도 너무 쉽고 어쨌거나 꼭 필요하지도 않은 무언가를 도입하지 않기로 하는 것은 당연한 일입니다. 하지만 우리가 처한 상황은 다릅니다. 문화는 이미 남용되고 있으며, 그리스도인들이 문화를 향유하건 말건 계속 남용될 것입니다. 그렇기 때문에 남용에 대한 해독제로서 '문화 판매자' 계층에 일부 그리스도인들을 포함시키는 것이 나을지 모릅니다. 이 같은 역할은 심지어 그들의 의무일 수도 있습니다. 그렇다고 제가 합법적으로 문화를 사용하는 것마저 무척 고상한 행위라고 말하는 것은 아닙니다. 합법적인 사용이라고 해봐야 그저 무해한 쾌락을 얻는 정도에 지나지 않을지 모릅니다. 그러나 남용이 만연해 있다면, 그러한 남용에 저항하는 일은 합법적일 뿐만 아니라 의무일지도 모릅니다. 그렇다면 저와 같은 위치에 있는 사람들은 앞의 문단에서 도달한 결론보다 더 강력한 의미에서 "선한 일을 하고 있다"고 말할 수 있을 것입니다.

오해를 피하기 위해 "문화의 남용에 저항해야 한다"는 말이 뜻하는 바를 덧붙여야겠습니다. 이것은 그리스도인이 무언가(문화)를 공급하는 대가로 돈을 받고는 그렇게 얻은 기회를 이용해 사뭇 다른 것(설교법과 변증론)을 공급해야 한다는 의미가 아닙니다. 그것은 도둑질입니다. 그리스도인들은 문화 판매자의 자리에 그저 있기만 해도 불가피하게 해독제 역할을 할 것입니다.

지금까지 제가 도달한 논의는 문화를 무기로 보는 그레고리우스의 관점과 흡사해 보일 것입니다. 그렇다면 여기서 한 걸음 더 나아가 문화 자체의 본질적 선함을 찾을 수 있을까요?

3. 개인적으로 문화가 제게 무엇을 해주었는지 자문해 볼 때, 그 대답으로 가장 명백한 진실은 상당한 즐거움을 선사해 주었다는 것입니다. 즐거움은 그 자체로 선하고 고통은 그 자체로 악하다는 사실을 저는 전혀 의심하지 않습니다. 그렇지 않다면, 천국과 지옥에 대한 기독교의 모든 전통과 우리 주님의 수난은 아무런 의미도 없을 것입니다. 그렇다면 즐거움은 선한 것입니다. 그리고 '죄가 되는' 즐거움이란, 도덕법을 위반하는 상황에서 선한 것을 제의받고 받아들였음을 의미합니다. 그러나 문화가 주는 즐거움은 도덕법을 위반하는 상황에서만 누릴 수 있는 것이 아닙니다. 물론 문화를 즐기다 그런 상황이 발생하기가 매우 쉽기는 하지요. 뉴먼이 관찰한 바와 같이, 그 즐거움은 죄가 되는 즐거움과 달리 탁월한 오락인 경우가 많습니다. 따라서 우리도 그것을 누릴 수 있으며, 다른 사람도 누리도록 합법적으로, 심지어는 관대하게 가르칠 수 있습니다.

이런 관점은 〈심사숙고〉의 편집자들을 만족시키기에는 역부족이겠지만, 우리의 근심은 어느 정도 덜어 줍니다. 예술의 영역에서 교양 있는 즐거움은 저속하거나 '통속적인' 즐거움보다 더 다양하고 강렬하며 지속적이라는 근거로 예술적 안목을 갖춰야 한다고 말하는 것은 실로 정당합니다.[37] 그러나 예술적 안목 자체가 어떤 가치를 지닌다고 생각해서는 안 됩니다. 사실 우리는 전반적으로 가치 문제와 관련해 벤담[38]과 입장을 달리해야 하지만, 압핀과 시 중에서 선택해야 한다면 벤담주의자가 되어야 합니다.

4. 문학에서 당연시하는 가치들이 기독교적인 경우는 드물다는 점은 이미 살펴보았습니다. 유럽 문학에서 실제로 암시되는 주요 가치들은 (a) 명예, (b) 성적 사랑, (c) 물질적 번영, (d) 자연에 대한 범신론적 관조, (e) 지나간 것, 멀리 있는 것, 그리고 (상상의 산물인) 초자연적인 것으로 인해 일깨워진 갈망, (f) 충동의 해방입니다. 이른바 '기독교에 못 미치는' 가치들이지요. 이 가치들을 기독교적 가치와 비교해서 그렇게 부르는 거라면, '기독교에 못 미치는'이라는 표현은 부정적인 용어일 것입니다. 그러나 그 표현을 '기독교에 조금 못 미치는'(다시 말해 영적인 가치의 가장 낮은 수준 바로 아래, 순전히 자연적인 가치 중에서는 가장 높은 수준)이라는 의미로 받아들인다면 상대적으로 긍정적인 용어가 될 것입니다. 제가 열거한 여섯 가지 가치 중 몇 개는 이처럼 (상대적으로) 좋은 의미에서 '기독교에 못 미치는' 것일 수 있

37) 이것이 사실이라면 저는 기쁘게 받아들이겠으나 지금껏 증명된 것을 본 적이 없습니다.—저자.
38) Jeremy Bentham, 1748~1832년. 영국의 철학자, 법학자. 삶의 목적이 최대 다수의 최대 행복을 실현하는 데 있다고 하는 공리주의를 주장했다.

습니다. (c)와 (f)에 대해서는 아무런 변호도 할 수 없습니다. 독자가 '불신하며 유보하기'보다는 적극적인 태도로 이 가치들을 수용할 때마다, 독자의 상태는 분명 더 나빠질 것입니다. 그러나 나머지 네 개의 가치들은 모두 양면성이 있습니다. 이 가치들에 대한 저의 생각은 다음 격언으로 상징적으로 표현할 수 있겠습니다. "예루살렘에서 나오는 길은 모든 예루살렘으로 들어가는 길이기도 하다." 그럼 하나씩 살펴보겠습니다.

(a)의 경우, 명예라는 이상理想은 완성된 그리스도인에게 그저 유혹일 뿐입니다. 그의 용기는 명예보다 더 나은 기반에 뿌리를 두고 있어, 겟세마네에서 가르침을 받았다는 것에 아무런 명예심도 느끼지 않을 것입니다. 그러나 낮은 차원에서 올라오는 사람에게는 기사도라는 이상이 순교라는 이상으로 인도해 주는 선생이 될 수도 있습니다. 아서왕의 전설에도 보면 갤러해드는 랜슬럿의 아들로 나오고 있지요.[39]

(b)의 경우, 단테와 팻모어가 묘사한 길은 위험한 길입니다. 그러나 인간에게 영혼이 없다는 단순한 인간 동물설은, 그것이 아무리 '정직함', '솔직함', 혹은 그 비슷한 무엇으로 가장한다 하더라도 위험한 정도가 아니라 치명적입니다. 그리고 모든 사람이 정서적으로라도 하나님 나라를 위해 고자가 될 자격이 있는 것은 아닙니다. 어떤

39) 지상의 사랑에 고취된 아버지와 달리, 갤러해드는 성배를 통해 신을 체험하며 영적인 열정에 따라 움직인다.

영혼들에게는 낭만적 사랑 역시 몽학선생이 되기도 합니다.[40]

(d)의 경우, 유신론에서 범신론으로의 전환은 쉽게 이루어지지만, 그 반대 방향으로 가는 복된 경우도 있습니다. 워즈워스 식의 관조라는 방식으로 어떤 영혼들은(제 경우에도 그랬던 것으로 기억하는데) 우리가 경의를 표해야 할 대상으로 우리 바깥에 무언가가 존재한다는 사실을 처음이자 가장 낮은 수준에서 인식하게 될 수 있습니다. 그리스도인이 그 무엇의 본질을 범신론적으로 파악하는 오류로 돌아간다면 아주 안 좋은 일일 것입니다. 그러나 앞서와 마찬가지로 '낮은 차원에서 올라오는 사람'에게는 워즈워스 식의 경험이 진보에 해당합니다. 비록 그가 그 단계에서 더 나아가지 못한다 할지라도 유물론이라는 최악의 교만은 피한 것입니다. 만약 거기서 계속 나아간다면 그는 회심하게 될 것입니다.

(e)의 경우, 낭만적 갈망은 매우 위험합니다. 에로티시즘과 심지어 신비주의도 그 속에 숨어 우리를 노리고 있습니다. 이 주제에 대해서는 저 자신의 경험을 이야기할 수 있을 뿐입니다. 우리가 처음 회심할 때는 대개 그 당시 지은 죄를 생각하는 것 같습니다. 그러나 시간이 지날수록 자신의 끔찍한 과거를 점점 더 많이 떠올리게 됩니다. 이 과정을 거쳤지만 저는 솔직히 낭만적 갈망에 대한 저의 초기 경험들을 회개해야 할 필요를 (아직) 느끼지 못하겠습니다. 제가 회개한 많은 일들은 분명 그 경험들이 계기가 되어 일어난 것들입니

---

40) 찰스 윌리엄스, 《하늘에서 오신 분*He Came Down from Heaven*》을 보시오.—저자.

다. 하지만 제가 그 경험들을 남용한 것이 문제지, 그 경험들 자체는 애초부터 전적으로 선한 요소를 안고 있다는 생각을 여전히 떨칠 수 없습니다. 그것들이 없었다면 저의 회심은 더 어려웠을 거라 생각하며 말이지요.[41]

지금까지 저는 몇몇 문학 작품들을 주로 살펴봤는데, 문학 작품들이 문화에서 몽학선생 역할을 맡은 유일한 요소라고 생각해서가 아니라, 제가 가장 잘 아는 대상들이기 때문입니다. 미술이나 다른 학문 대신 문학을 이야기한 것도 같은 이유입니다. 저의 전반적인 주장은, 리카도[42]식 용어로 말하자면, 문화는 (기독교에 못 미치는) 최고의 가치를 담고 있는 창고라고 표현할 수 있습니다. 이러한 가치들은 혼soul에 속한 것이지 영spirit에 속한 것은 아닙니다. 그러나 혼은 하나님이 창조하신 것입니다. 따라서 혼의 가치는 영의 가치를 부분적으로 반영하거나 그 전조가 되리라 기대할 수 있습니다. 혼의 가치가 사람을 구원하지는 못할 것입니다. 그 가치는 애정이 사랑과 유사한 정도, 명예가 덕과 유사한 정도, 달이 해와 유사한 정도로만 거듭난 생명과 닮았습니다. 그러나 "비슷한 것이 곧 같은 것은 아니더라도" 비슷하지 않은 것보다는 낫습니다. 모방이 새로운 것을 만들어 낼 수도 있습니다. 어떤 사람에게 모방은 좋은 시작입니다. 그러나 또 어떤 사

41) 저는 갈망을 기꺼이 '흘러넘친 종교'라 부르겠습니다. 그 흘러넘친 방울들은 회심하지 않은 사람이 핥았을 때 은총으로 가득해서 방울들이 들어 있던 컵을 찾기 시작할 수도 있다는 사실을 잊지 않는다면 말입니다. 그러한 방울들은 온전히 한 잔을 다 마실 수 있을 만큼 건강한 위장을 아직은 갖고 있지 않은 사람들이 맛볼 것이기 때문입니다.—저자.

42) David Ricardo, 1772~1823년. 영국의 경제학자. 노동가치설, 비교우위론, 차액지대론을 주장.

람에게는 그렇지 않습니다. 문화는 모든 사람이 예루살렘으로 들어갈 수 있는 길은 아니며, 어떤 사람에게는 예루살렘에서 나오는 길이 되기도 합니다.

문화가 우리를 회심으로 이끄는 또 다른 방식이 있습니다. 오늘날 교육받지 못한 사람을 회심시키기 어려운 이유는 그의 자기만족 때문입니다. 통속화된 과학, 소속 집단의 관행 혹은 '관행으로부터의 탈피성', 정당의 강령 등에 이끌려 그는 창문도 없는 자그마한 세계에 갇히고 그곳을 세계의 전부로 잘못 인식합니다. 멀리 보이는 수평선도, 신비도 없습니다. 그는 모든 것이 해결되었다고 생각합니다. 반면에 교양 교육을 받은 사람은 실재란 매우 이상하며 궁극적인 진리는 그것이 무엇이든 낯설음의 성격을 지닌 것이 분명하다고—교육받지 못한 사람에게는 동떨어지고 기상천외하게 보일 무언가임에 틀림없다고—인식하지 않을 수 없습니다. 믿음을 가로막는 장애물이 이미 몇 개는 치워진 셈이지요.

이런 근거에서 저는 문화가 어떤 영혼들을 그리스도께로 인도하는 데 분명한 역할을 한다고 결론짓게 됩니다. 모든 영혼에게 해당되는 말은 아닙니다. 단순한 성정을 지닌 수많은 사람들이 언제나 따랐던 더 짧고 안전한 길이 있습니다. 그들은 우리가 종착점이 되기를 바라는 지점, 즉 그리스도의 인격에 헌신하는 데서 출발합니다.

그렇다면 회심한 사람들의 삶에서 문화의 역할은 없는 것일까요? 저는 있다고 생각하며, 두 가지 면에서 그렇습니다. (a)우리가 기독교로 가는 도상에서 모든 문화적 가치들을 진리의 희미한 전조이자 모형으로 인식했다면, 지금도 여전히 그럴 수 있습니다. 또한 우리는 쉬기도 하고 놀기도 해야 하므로, 예루살렘의 변두리인 이곳보다 놀고 쉬기에 더 좋은 곳이 어디 있겠습니까? 달빛을 보며 우리 눈을 쉬게 하는 것은 정당한 일입니다. 그 빛이 어디서 비롯되는지, 곧 햇빛이 간접적으로 전해지는 것임을 아는 이상 더욱 그렇습니다. (b) 관조에 전념하는 삶이 누군가에게는 바람직하든 그렇지 않든 확실한 것은 그것이 모든 사람에게 주어진 소명은 아니라는 점입니다. 대부분의 사람들은 자신의 행위 자체가 하나님의 영광이 되지는 않아도 그 행위를 하나님께 바침으로써 하나님께 영광을 돌릴 수밖에 없습니다. 제가 지금 바라는 바처럼 문화적인 활동이 무죄하고 심지어 유용하기까지 하다면, (허버트[43]의 시에 나오는 방을 청소하는 일처럼) 주께 바치는 행위가 될 수 있습니다. 가정부의 일과 시인의 일이 같은 방식, 같은 조건하에서 영적인 일이 되는 것입니다. 아놀드나 리카도의 관점으로 돌아가서는 안 됩니다. 더는 우리가 뭐라도 되는 양 뽐내지 맙시다.

에브리 수사가 추구하는 '감수성'이 제가 말한 '문화'나 '예술적 안목'과 다르다고 한다면, '재치', '올바름', '상상력' 그리고 (오늘날의) '감수성'처럼 세대마다 다르게 인식되는 그 무엇을 표현하기에 가장 일반적인 단어를 선택한 것이라고 답할 수밖에 없습니다. 물론 이와 같은 명칭들은 그 대상에 대한 견해가 정말로 달라졌음을 의미합니다. 그러나 최근의 개념이 이전의 모든 개념과 너무도 달라서 현재 우

---

43) George Herbert, 1593~1633년. 영국의 시인.

리는 근본적으로 새로운 상황에 처해 있다는 주장이 받아들여지는 상황이라면, 즉 17세기의 그리스도인에게는 '재치'가 필요하지 않은 반면 20세기의 그리스도인에게는 '감수성'이 필요하다고 한다면, 저로서는 그러한 주장을 믿기 힘들 것입니다. '감수성'은 잠재적인 것이고, 따라서 중립적입니다. 그것은 '경험'과 마찬가지로 그리스도인들이 추구할 목적이 될 수 없는 것입니다. 제 주장에 반대하기 위해 빌립보서 1장 9절을 인용한다면, 여기서 말하는 예민한 통찰력의 출발점은 책을 비평적으로 읽는 경험이 아니라 사랑이라고 답하겠습니다. 모든 미덕은 우리 몸에 익은 **습관**입니다. 즉 **건전**한 표준적 반응입니다. 리처즈 박사가 "**자신의 미덕**이나 악덕에 시달리는"[44] 사람들에 대해 이야기한 것은 이 사실을 매우 솔직하게 인정한 것입니다. 그런데 우리는 그렇게 시달리길 원합니다. 탐욕이나 비겁함으로 이끄는 각각의 유혹이 바로 직전의 그런 유혹과 얼마나 다른지, 일반적인 규칙에 비해 얼마나 기괴하고 어긋나는지 보여 줄 감수성을 저는 원하지 않습니다. 표준적인 반응이야말로 내가 습득해야 하는 태도입니다. 도덕 신학자라면 믿음이나 순결을 위협하는 유혹이 다가오거든 그냥 피하라고 말해 줄 것입니다. 바로 이것이 (리처즈 박사의 표현대로) "표준적"이고, "전형적"이며, "관습적"인 반응이 아니고 무엇이겠습니까? 사실 '감수성'이라는 새로운 이상이 그리스도인들에게 제시하는 문화의 모습은 이전 세대의 경우보다 그리 호의적이지 않

44) 《문학비평의 원칙들》, 52쪽, 강조체는 제가 표기한 것입니다.—저자.

은 것 같습니다. 오히려 시드니 경[45]의 시론이 더 나을 것입니다. 리처즈 박사의 비판 사상을 이어받은 학파 전체에 그 반기독교적 기원의 영향이 너무 강하게 남아 있기에 과연 그것에 세례를 줄 수 있을지 의문입니다.

II

〈신학〉 편집자께

편집자 님,

베델 씨의 주된 입장은 너무도 중요해서 언젠가 모든 내용을 다룰 수 있는 기회를 주시길 바랍니다. 지금으로서는 다음 내용만 말씀드리겠습니다. (1) 그가 최근에 쓴 논문을 제가 참조하지 않은 것은 그것을 그만 잊어버렸기 때문입니다. 가장 확실한 원인이지만 말도 안 되는 변명이지요. 이 같은 부주의에 대해 베델 씨에게 용서를 구합니다. 그 글과 관련한 내용이 있는 〈신학〉을 다시 펼쳐 보니, 본문 가장자리에 제 손으로 쓴 글씨로 미루어 그의 기고문을 상당히 관심 있게 읽었음이 분명합니다. 제 건망증에 대해서는 그때 이후 우리 모두에게 실로 많은 일이 일어났기 때문이라는 말로 변명

---

45) Sir Philip Sidney, 1554~1586년. 영국 르네상스를 대표하는 인물, 시인, 정치가. 주요 저서로 《시의 변호*The Defence of Poesie*》가 있으며, 시란 독자에게 교훈과 즐거움을 동시에 주어야 한다고 주장했다.

을 삼을 수밖에 없습니다. 베델 씨가 자신이 고의적인 무시를 당했다고 여기는 것이 저는 괴롭습니다. 그에게 무례하고자 한 의도는 전혀 없었습니다. (2) 제 입장이 "논리적으로…… 전적 타락을 암시한다"는 말은 사실 무근입니다. 어떻게 논리학자가 "문화적인 활동 자체는 우리의 영적인 조건을 개선시키지 못한다"라는 명제에서 "인간 본성은 전적으로 타락했다"라는 명제를 이끌어 낼 수 있는지 저로서는 이해할 수 없습니다. 심지어 제가 (실제로는 이렇게 말하지 않았지만) "인간의 미적 본성은 전적으로 타락했다"고 말했다 하더라도, 어떤 측면에서*secundum quid* 바라본 대상을 단순하게*simpliciter* 일반화하지 않고서는 "인간의 모든 본성은 전적으로 타락했다"는 명제를 추론해 낼 수 없습니다. 베델 씨가 말한 "논리적으로 암시한다"는 표현은 "크게 불친절하고자 하는 의도는 없으나 이러이러한 의혹을 불러일으킬 수 있다"는 의미로 여겨지는데, 이런 식으로 말을 사용해서는 안 된다고 생각합니다.

캐릿 씨에게는 저의 논거가 그리스도의 신성, 교의의 진실성, 기독교 전통의 권위를 가정한 것이라고 답변 드립니다. 왜냐하면 제가 성공회의 정기간행물에 싣고자 글을 썼기 때문입니다. 이런 까닭에 그리스도와 교부의 말은 제게 고전에 대한 관심 이상의 의미가 있습니다. 그러나 그리스도와 교부들에게 권위를 부여하는 저의 이런 견해가 캐릿 씨가 받아들이지 않는 전제에 근거한다 하더라도, 저 자신의 추론과 권위자의 말을 결부시키는 것은 정당하다고 믿습니다. 그 신념은 '권위 있는 자란 어떤 사람인가'라는 질문에 답하기에 앞서 다른 근거에서 비롯됩니다. 이성이 제게 말해 주는 것 중 하나는 지혜로운 자들의 견해로 내 사고의 결과를 점검해야 한다는 점입니다. 제가 권위자에게 주목하는 이유는 이성이 그렇게 하도록 시키기 때문입니다. 이것은 마치 캐릿 씨가 일련의 수를 더한 후 계산을 잘한다고 알려진 친구에게 확인을 부탁하고는 그 친구가 다른 결과를 내놓았을 때 자신의 결과를 의심해 보는 것과 같습니다.

저는 문화를 창고에 비유하면서 '기독교에 못 미치는' 최고의 가치를 담고 있다고 했지, '기독교에 못 미치는' 최고의 미덕을 담고 있다고 하지 않았습니다. 이 말은 문화가 인간이 추구해야 할 진정한 목적(하나님의 기쁨이 되는 결실)은 아니더라도 어느 정도 이와 유사하며, 육체적 쾌락이나 돈처럼 인간 본성에 크게 어긋나지 않는 여러 목적을 위해 인간이 얼마나 노력했는지를 그대로 담고 있다는 의미였습니다. 물론 이 유사성 때문에 그 안에 머무는 행위 자체는 덜 악해지는 반면, 지속적으로 머물 때 발생하는 위험은 더 커지고 미묘해집니다.

영혼을 구원하는 일은 하나님을 영화롭게 하는 수단입니다. 구원받은 영혼만이 진정한 의미에서 하나님을 영화롭게 할 수 있기 때문입니다. 제가 보기에 문화는 미덕에 종속되기 보다는(물론 관련은 있습니다만), 우리의 모든 의지와 열망이 (모든 가치를 내포한다고 여겨지는) 초월적 인격을 향해 의식적으로 나아가는 방향과, 우리가 늘 생각하고 행동하면서 그분과 맺는 관계에 종속되어야 합니다. 바로 그 인격이 '의로움을 사랑하시기' 때문에 그분께 전적으로 굴복하는 것은 캐릿 씨가 말한 "성실함"을 뜻하기도 합니다. 따라서 '우리가 잘못이라 생각하는 바를 행함으로써 하나님을 영화롭게 하는 것'은 불가능합니다. 그렇다고 우리가 옳다고 생각하는 바를 행한다 해서 반드시 하나님을 영화롭게 하는 것은 아닙니다. 무엇이든 '선한' 것을 생산하는 것이 우리의 의무 중 하나라고 우리가 선험적으로 예상할 수 있다는 캐릿 씨의 말에 저도 충분히 동의합니다. 하나님이 인간에게 아무 말씀도 하지 않으셨다면, 인간의 모든 행위가 그와 같은 선험적 근거에 전적으로 기초한다고 보는 주장은 타당할 것입니다. 그러나 하나님이 인간에게 말씀하셨다고 생각하는 사람들은 '선함'을 언제, 어떻게, 어느 정도까지, 어떠한 정신으로 추구해야 하는지에 대해 그분이 하시는 말씀에 자연스레 귀 기울일 것입니다. 이 말은 우리 자신의 '양심'이 인정받지 못함을 의미하지 않습니다. 오히려 이성이 저를 권위자에게 주목하게 하듯, 양심은 제가 순종을 바라보게 합니다. 양심이 제게 말해 주는 것 중 하나가 바로, 절대적으로 지혜롭고 선한 인격(아리스토텔레스의 현자*fronimos*가 극도로 승격된 존재)이 존재한다면 그분께 마땅히 순종해야 한다는 것이기 때문입니다. 특히 그 인격이 내가 존재할 수 있는 근거로서 나에 대해 아버지와 같은 자격을 지니며, 은혜를 베푸는 분으로서 내게 감사를 요구하실 때는 더욱 그분께 순종해야 한다고 말합니다. 만약 하나님의 뜻과 나 자신의 양심이 명백히 충돌한다면, 다시 말해 하나님이 악하거나 내가 치료 불가능한 도덕적 백치거나 둘 중 하나라면 어떤 일이 일어나게 될지 저는 당연히 모릅니다. 캐릿 씨가 두 명제 사이에 존재하는 모순을 말끔히 해소하는 증거를 발견한다면 어떤 일이 일어날지 모르는 것처럼 말입니다.

제가 후커를 언급한 이유는 없어서는 안 될 모든 것을 성경이 담고 있다는 주장을 그가 단순히 부인해서가 아니라, 성경이 그럴 수 없다는 증거를 그가 제시했기 때문입니다. 그 증거가 무엇인지는 〈신학〉의 독자라면 대부분 기억하리라 저는 생각했습니다. "텍스트 사냥"은 물론 "청교도적"입니다만, 학자적이고 교부적이고 사도적이고 그리스도적이기도 합니다. 저에 대한 그와 같은 비난에 대해서는 캐릿 씨가 거의 20년 동안 너그럽게 저를 참아 준 것을 생각하며 흔한 속담으로 답변 드리고자 합니다. 사나운 여자는 간지럼 태운다고 넘어오는 게 아니지요. 그리고 제가 사는 동네에서는 간지럽히기보다 두 배는 더 뛰어난 술수를 알고 있답니다. 청교도라니, 나 원 참!

C. S. 루이스 드림.

III

에브리 수사와 베델 씨에게 보내는 평화적 제안

저를 비판하는 분들(에브리 수사와 베델 씨)과 제가 서로 정말로 동의하지 않는 부분은 거의 없다고 생각합니다. 캐릿 씨는 기독교적 전제를 받아들이지 않기 때문에 여기서 제외될 수밖에 없지만, 나의 옛 교사이자 친구인 그분에 대해 진심으로 존경과 애정을 느낍니다.

〈신학〉 1940년 3월호에서 제가 내린 결론은 문화가 그 자체로 가치 있는 것은 아니지만 무죄하고, 즐거움을 주며, 어떤 사람들에게는 직업이 될 수 있고, 특정 영혼을 그리스도께로 인도하는 데 도움을 주며, 하나님을 영화롭게 하기 위해 사용될 수 있다는 것이었습니다. 제가 이런 입장을 넘어서기를 에브리 수사와 베델 씨가 정말로 원한다고는 생각하지 않습니다.

〈신학〉 1939년 7월호에 베델 씨가 쓴 논문의 요지는 (지금 우리의 관심사가 아닌 역사적인 부분을 제외하고 볼 때) 가장 깊고 대개 무의식적인 저자의 신념이 작품 속에 잠재해 있고, 부차적인 요소라 볼 수 있는 문체에까지 내재하며, 우리가 크로체[46]의 사상을 따르지 않는 이상 작품의 가치를 평가하는 데 그러한 저자의 신념을 참작해야 한다는 것이었습니다. 〈신학〉 1940년 5월호에서 베델 씨는 이 같은 원칙을 재확인하면서 많은 현대 소설에 잠재적으로 깔려 있는 신념들은 자연주의적이며, 널리 확산된 이러한 영향으로부터 그리스도인 독자들을 경계시키려면 훈련된 비평가들이 필요하다는 말을 덧붙였습니다.

에브리 수사는 〈신학〉 1940년 9월호에서 우리의 취향은 우리가 가치를 평가하는 진짜 기준들을 보여 주며, 그 기준들은 우리가 표방하는 기준들과 다를 수 있다고 했습니다. 그리고 문학에 잠재되어 있는 진정한 기준을 우리에게 보여 줄—"우리에게 읽는 법을 가르쳐 줄"—훈련받은 비평가들이 필요하다고 주장했습니다.

저를 비판하는 사람들의 주장을 살펴보면, 어떤 지점에서든 제

---

46) 인간의 의식은 미리 결정된 구조 없이 완전히 자발적으로 움직이며, 역사는 자유와 자유로운 개인들의 작품이라고 주장했다.

주장과 직접 대치되는 면이 있다고는 생각지 않습니다. 제가 우려한 것은 글에 대한 탁월한 해석과 글쓰기 능력이 영적인 가치, 곧 그 자체로 가치를 지니는 무엇으로 격상되지 않을까 하는 것이었습니다. 부부간의 사랑(에로스의 의미에서)이나 육체적인 청결같이 본래 훌륭하고 건전한 것들이 때로 어떤 영역에서 미덕과 혼동되거나 미덕의 필수 요건으로 간주되었던 것처럼 말입니다. 그런데 이제 보니 저를 비판하는 사람들은 그런 주장을 하려던 것이 결코 아니었습니다. 그들이 말하는 저속한 취향이란 그 자체로 영적인 악이 아니라, 영적인 악을 드러내는 징후거나 영적인 악을 퍼뜨리는 '매개체'입니다. 그리고 그렇게 나타나거나 전달된 영적인 악은 딱히 문화적이거나 문학적인 악이 아니라 잘못된 신념이나 기준, 즉 지적인 오류나 도덕적 결함이라는 것입니다. 그러한 오류와 결함은 악이며 문학을 통해 암시되고 전달될 수 있다는 사실을 제가 결코 부인하지 않은 이상, 우리 세 사람 모두 악수하며 뜻을 같이한다고 할 수 있다고 저는 생각합니다. 저를 비판하는 사람들이 저를 포함해 다른 누구도 문제 삼은 적이 없는 평범한 사실을 재진술했을 뿐이라고 말하려는 것이 아닙니다. 진정한 신념이 표방된 신념과 다를 수 있고, 특정 묘사 방식이나 형용사 선택에 그 신념이 숨어 있을 수 있으며, 그렇기 때문에 무지한 사람들에게는 단순히 '취향의 문제'로 비치는, 여러 작가들이 선호하는 특정한 표현들이 훈련받은 비평가들의 눈에는 선과 악 혹은 진리와 오류 사이의 선택일 수 있다고 주장한 데 그들이 기여한 바가 있습니다. 제가 1940년 3월호에 쓴 에세이에서는 이 같은 중요한 점을 간과했음을 전적으로 인정합니다. 이제 저는 그 점을 밝

혔고, 기꺼이 수용하는 바입니다. 저는 이것이 동의라고 생각합니다.

하지만 우리가 얼마나 동의하는지 알아보기 위해 저를 비판하는 분들이 다음과 같은 입장을 고려해 보셨으면 합니다. 여기서의 동의란 주된 원칙에만 뜻을 같이한다는 것을 말합니다. 크리스천 비평가들마다 기질과 강조점이 다른 것은 불가피한 일이며 어쩌면 바람직한 일일 것입니다.

1. "훈련받은 비평가"의 역할이 책에 숨어 있는 신념과 기준을 발견하는 것입니까, 아니면 발견했을 때 그것을 판단하는 것입니까, 아니면 둘 다입니까? 제 생각에 에브리 수사는 비평가의 역할을 발견에 한정하는 것 같습니다. 베델 씨의 경우는 확실히 모르겠습니다. 우리에게 소수의 훈련받은 비평가가 필요한 것은 "현대 문화의 거짓 가치들을 낱낱이 드러내기 위함"이라고 그가 말할 때(《신학》 1940년 5월호, 360쪽), 이 말은 두 가지를 의미할 수 있습니다. (a) "현대 문화의 가치가 거짓됨을 폭로하기 위해", (b) "현대 문화의 가치가 진정 무엇인지 밝히기 위해. 그런데 개인적인 생각으로 그 가치들은 거짓인 것 같다." "훈련받은 비평가"가 무엇을 의미하는지 알아보기 전에 이 문제부터 분명히 할 필요가 있습니다. 무엇에 훈련되었다는 말입니까? 문학적인 훈련을 받은 사람이라면 문학 작품에 숨어 있는 신념과 가치들을 파헤치는 데 전문가일 수 있습니다. 그러나 그러한 신념과 가치들에 대한 판단(즉 인간이 할 수 있는 모든 사고와 덕행에 대한 판단)은 문학과는 상당히 다른 부류의 전문가들(신학자, 철학자, 결의론자決疑論者, 과학자)이나, 그렇지 않으면 비전문적인 "선하고 지혜로운 사람", 즉 현자가 할 일입니다. 저로서는 우리가 비평을 할 때, 발견하

는 일이나 판단하는 일 모두 할 수 있다는 주장에 이견이 없습니다만, 두 작업을 구분하는 것은 매우 중요하다고 생각합니다. 숨어 있는 신념을 발견하는 일에 대해 우리는 특별히 훈련받았고 전문가로서 이야기합니다. 일단 발견된 신념을 판단하는 일에서는 성령의 인도를 받으며, 사는 내내 다른 모든 사람들처럼 이성과 무르익어 가는 경험으로 훈련받기를 겸손히 바랄 뿐입니다. 우리가 그런 신념에 대해 말할 때는 단지 인간으로서, 우리와 동등한 모든 그리스도인과 같은 수준에서 말하는 것일 뿐, 우리의 말에는 배운 것은 없어도 우리보다 나이가 많거나 지혜롭거나 순결한 사람보다 권위가 없습니다. 이러한 판단에 "훈련받은 비평가"로서 우리에게 있을 수 있는 전문가적 권위를 조금이라도 얹는 것은, 의식적으로 그렇게 했을 경우 허풍이고 그렇지 않다면 혼동입니다.

만약 에브리 수사가 "영국의 자유주의"가 암시되었다고 해서 어떤 책을 비난한다면(《신학》 1940년 9월호, 161쪽을 보시오) 그가 실제로 말하는 바는 두 가지입니다. (a) 이 책에는 영국의 자유의주의가 암시되어 있다. (b) 영국의 자유주의는 악하다. 첫 번째 말에는 권위가 있습니다. 왜냐하면 그는 훈련받은 비평가이기 때문입니다. 두 번째 말은 옳을 수도 있고 틀릴 수도 있습니다. 여기서 그의 말에는 다른 사람들이 지닌 정도의 권위밖에 실려 있지 않습니다. 이와 같은 구분을 하지 못한다면 문학 비평은 위장술에 지나지 않을 수 있습니다. 모든 주제에 개인적 견해를 쏘아 대면서 상대방의 변호에는 전혀 대응하지 않고 쟁점과 전혀 무관하게도 문학 분야에서 전문가적 훈련을 받았다고 하는 가면을 쓰는 것입니다. 에브리 수사가 이렇게 했다고 비난하는 것이 아닙니다. 하지만 현대의 비평을 언뜻 보기만 해도 그런 위험이 늘 있음을 알 수 있을 것입니다.

2. 〈신학〉 1940년 5월호(359쪽)에서 베델 씨는 오늘날 대부분의 대중 소설에는 "어느 정도 생물학적 또는 경제학적인 자연주의"라는 입장이 무의식적으로 깔려 있다고 하면서, 이런 흐름의 조짐으로 "충동"과 "억제하기 힘든 열정"의 인기를 언급합니다. 다행히도, 자연주의가 잘못된 철학이라는 생각에 저는 베델 씨와 동의합니다. 그리고 "충동"에 대해 이야기하는 사람들이 그렇게 하는 것은 무의식적으로 자연주의적이기 때문이라는 점도 이 논의를 전개해 나가기 위해 언제든 인정할 수 있습니다. 그러나 이 모두를 인정한다 하더라도, 우리가 "충동"을 싫어하는 이유가 자연주의에 동의하지 않는다는 사실 하나로 남김없이 설명된다고 정직하게 말할 수 있을까요? 결코 그렇지 않습니다. 우리는 다른 이유에서도 그와 같은 글쓰기 방식에 반감을 표합니다. 너무 상투적이라거나, 너무 쉽다거나, 너무 강하게 인상을 남기려 한다거나, 지루하고 과장된 생각[47]을 줄곧 떠올리게 한다고 하면서 말입니다. 다시 말해 우리의 반응에는 두 가지 요소가 있습니다. 하나는 교육받은 그리스도인이자 아마추어 철학자로서 우리가 찬성하지 않는 태도를 작가에게서 감지하는 것이며, 다른 하나는 사실 엄격히 말해서 취향의 문제입니다. 이 두 가지도 마찬가

47) 화려함은 때로 문학적 미덕이 되기도 합니다. 물론 (화려함을 시도하다 실패한) 거만하고도 과장하는 태도는 악(교만)에서 비롯될 수 있지만, 겸손한 작가가 자신이 정직하게 위대하다고 느끼는 주제를 '부각하고자' 하는 어설픈 노력일 수도 있습니다.—저자.

지로 서로 구분되어야 합니다. 타락한 피조물인 우리는 자신의 취향이 모욕당하면 화를 내는 경향이 있습니다. 최소한 자신의 양심이나 이성이 모욕당했을 때만큼, 혹은 그보다 훨씬 더 분개합니다. 그리고 화를 낼 수 있는 그럴 듯한 꼬투리를 찾을 수만 있다면, 나쁜 냄새처럼 거슬리는 글(아마도 선과 악과는 아무 관련이 없는 이유로)을 쓴 사람에게 거짓말과 악한 말을 한 사람에게나 쓸 수 있는 정죄를 퍼부을 수 있기를 간절히 바랍니다. 이런 성향은 어린아이들에게서 쉽게 찾아볼 수 있습니다. 지금껏 믿었던 놀이 친구가 실은 말린 자두를 좋아한다는 사실을 알게 되는 순간 우정이 흔들리고 마는 것입니다. 하지만 어른들조차 자신이 특별히 싫어하는 것을 표현할 때마다 그 끝에 "주께서 이렇게 말씀하셨다"고 넌지시 말하고픈 "달콤하고도 달콤하고도 달콤한 독"을 경험합니다.

이런 끔찍한 위험을 피하려면 진정한 악으로서 정직하고 자신 있게 정죄할 수 있는 작가의 특정 태도와, 예술을 아는 우리를 짜증나고 불쾌하게 하는 글의 특성을 구분하려고 끊임없이 노력해야 합니다. 여러 사실들이 미묘하고 복잡하며 우리의 열정이 은밀하고 끈질기게 우리를 다그쳐 아무리 문제가 서로 꼬여 있다 하더라도 말입니다. 이것은 매우 어려운 일입니다. 왜냐하면 우리의 취향에 거슬려 그저 불쾌하게 여겨지는 특성들이 선악의 문제보다 훨씬 명백해 보이고 격렬한 반응을 일으키는 경우가 많기 때문입니다. 제가 볼 때 안전한 길은 하나뿐입니다. 성경 및 세계 교회의 전통과 일치하는 기독교적 양심에 따라 보편적으로 나쁘다고 인정되는 태도에 대해서만 정죄하는 태도를 허용하는 것입니다. 그렇게 되면 나쁜 책이 정말로 악하다고 간주되는 경우는 그 책이 음탕함과 교만과 살인을 부추기거나, 신의 섭리가 담긴 교리와 갈등을 일으키는 등 이와 비슷한 사례를 보여 줄 수 있을 때뿐입니다. 이 외에 비평가들이 좋아하는 비난의 용어들(통속적인, 독창적이지 않은, 값싼, 지나치게 다듬은, 인습적인, 가식적인, 부르주아 같은, 빅토리아풍의, 조지풍의, '문학적인' 등)은 취향의 측면에 단단히 묶어 두는 게 좋을 것입니다. 어떤 태도들이 존재하는지 알아볼 때는 마음껏 까다롭게 굴어도 좋습니다. 하지만 (자신의 취향에 거슬린다는 것과 구별되는) 신학적이고 윤리적인 정죄를 할 때는 까다롭게 굴지 않는 것이 좋습니다. 정죄의 대상을 명백하게 치명적인 죄, 분명한 무신론과 이단으로 한정하는 것이 좋습니다. 우리의 열정은 언제나 그 반대 방향으로 우리를 몰아가기 마련이라, 조심하지 않으면 자칫 비평을 구실로 우리가 싫어하는 냄새가 나는 책들에 대한 기질적인 반감을 사이비 도덕적 판단으로 승격시켜 그런 책들에 복수할 수 있기 때문입니다.

3. 실생활에서는 어느 정도 '행간을 읽는 것'이 필요합니다. 모든 문자와 모든 말을 액면 그대로만 받아들이면 우리는 곧 어려움에 처할 것입니다. 이와 반대로 '행간을 읽는 것'에 광적으로 매달린 나머지 상황마다 명백하게 드러나는 진실은 간과한 채 별것도 아닌 것만 끊임없이 찾아내며 사는 사람들을 우리 대부분은 알고 있습니다. 의사들에 따르면 모종의 정신병에 걸린 환자에게는 그 앞에서 내뱉은 아주 단순한 말이 음모의 증거가 되며, 방에 있는 가구도 엄청나게 불길한 의미로 다가온다고 합니다. 책에 숨어 있는 신념과 가치를 파헤치는 미묘하고도 어려운 일이 아무리 필요하다 해도, 그 일을 하

다가 책의 곳곳에 명백히 드러난 사실—숨어 있는 사실보다는 중요하지 않을지라도 전혀 중요하지 않다고는 결코 볼 수 없는 사실—을 간과할 위험이 따른다는 점을 저를 비판하는 분들이 인정할지 궁금합니다. A와 B라는 두 권의 책이 있다고 해봅시다. 그리고 A라는 책에 대해 "이 책의 문체는 대단한 감수성과 정직함, 자신의 모든 것을 걸고 투신하려는 자세를 보여 준다. 저자가 회심할 경우 감화를 줄 탁월함이 보이는 원색적인 원고다"라고 진심으로 말할 수 있다고 해봅시다. B라는 책에 대해서는 "이 책의 문체는 선명하지 않고 타협의 여지가 있는 마음 상태를 보여 준다. 저자는 본인이 유물론적 가치를 거부했다고 여기지만 실상 유물론에 깊이 빠져 있음을 알 수 있다"고 합시다. 하지만 A라는 책에 대해 이렇게 말하는 것도 맞지 않을까요? "탁월한 덕목들이 잠재되어 있지만, 이 책의 표면상 목적(이것이 수많은 독자들을 타락시킬 것이다)은 치명적인 죄를 계속 미화하는 것이다." B라는 책에 대해서도 "유물론이 잠재되어 심히 우려되긴 하지만, 이 책은 용기와 충실함을 매력적인 것으로 제시하고 있고, 수많은 독자들이 읽고 교훈(그들이 기대하는 만큼은 아니겠지만)을 얻을 것이다"라고 말할 수 있지 않을까요? 행간의 의미에 치중하려는 시도가 이와 같은 두 번째 진실을 간과하는 위험을 초래하지 않겠습니까? 우리는 명백한 지식에 덧붙여 심오한 지식도 얻고 싶은 것이지, 명백한 지식 대신 그것을 바라는 것이 아닙니다.

4. 단순하고 무지한 사람들은 자신이 읽는 책에 숨어 있는 악의 영향에 이성적으로 맞설 능력이 떨어진다는 사실은 분명합니다. 하지만 무지하다 보니 오히려 일종의 보호를 받음으로써 종종 균형을

이루는 것도 사실이 아닐까요? 제게 세 가지 근거가 있습니다. (a) 어른들은 작품이 아이들에게 미치는 영향에 대해 곧잘 불안해합니다. 《피터 팬》에서 어른이 되기 싫은 마음이나 웬디에게 있는 지나치게 감상적인 모습 등의 나쁜 요소들을 예로 들 수 있습니다. 그러나 제 기억력이 믿을 만하다면, 어린 시절에는 그러한 영향을 도대체 받지 않습니다. 어린아이들은 (극장에 간다는 사실만으로 기뻐하는 것은 말할 것도 없거니와) 하늘을 날아다니고, 인디언과 해적이 나타나는 것을 당연히 원하고 즐기며, 그 나머지 부분들은 책이나 연극에 으레 있는 무의미하고 '지루한 대목' 정도로 받아들입니다. 그 나이에는 어떤 예술 작품도 처음부터 끝까지 내내 재미있으리라 결코 기대하지 않기 때문입니다.(저는 어린 시절 연습장에 처음 이야기를 쓰기 시작했을 때 정말로 하고 싶은 말은 적어도 두 번째 페이지에 가서야 꺼내려고 애를 썼습니다. 처음부터 단번에 재미있으면 실제 어른들이 쓰는 책 같지 않을 거라고 생각했던 것입니다.) (b) 제 학생들이 제출하는 에세이에서 저는 상당한 양의 잠재적 오류와 악을 암시하는 듯한 표현을 흔히 발견합니다. 그러나 악이건 오류건 어쨌거나 잠재적인 것이기 때문에 학생들을 추궁해 봤자 그들이 순순히 인정하리라 기대하지 않습니다. 대신 이 부분을 탐구해 가다 보면 그와 같은 표현이 나오게 된 정신적인 분위기는 알게 될 거라고 예상합니다. 하지만 제 경험에 따르면 그런 탐구의 결과 학생들의 생각 속에서는 그러한 표현이 악과 관련이 없다는 사실을 종종 확신하게 됩니다. 다른 어떤 것과도 관련이 없기 때문입니다. 학생들은 그런 표현이 생각을 '문학적 영어'로 풀어내는 통상적인 방법이라 생각했을 뿐입니다. 많은 사람들은 '세속의' '자선' '플라토닉'

을 암시하는 글로 별다른 교화를 입지 못하는 것처럼, '충동' '활력' '진보적' 등이 암시된 내용으로 그다지 타락하지 않습니다.[48] 좋은 언어에서 미덕을 없애는 과정은 결국 나쁜 언어에서 상당 분량의 악을 비워 내는 과정과 같습니다.[49] (c) 교육받지 못한 사람 앞에서 어떤 영화나 책의 최악의 면들에 대해 말하면, 그는 무심한 어투로 이렇게 대답하는 경우가 종종 있지 않습니까? "아, 네……영화에서는 늘 그런 내용을 조금씩 집어넣더군요"라고 하거나 "마무리를 지으려고 그랬나 보지요"라고 말입니다. 이 말은 그가 예술과 현실의 차이를 지나칠 정도로 인식하고 있다는 뜻이 아니겠습니까? 그는 어느 정도의 무의미한 난센스를 예상하는 것입니다. 문화적인 관점에서 보면 매우 유감스럽지만, 그러한 예상은 우리가 순진하게 고심하며 불안해하는 결과로부터 그를 상당 부분 보호해 줍니다.

5. 끝으로 저는 우리의 여가, 심지어는 우리의 놀이가 매우 중요한 문제라는 에브리 수사의 말에 동의합니다. 이 우주에 중립지대란 없습니다. 모든 공간과 시간의 아주 미세한 단위까지도 하나님이 권리 주장을 하시는데, 사탄도 자기 것으로 권리 주장을 합니다. 그러나 단순한 기분 전환용 독서(여기에 모든 종류의 독서를 포함시키는 것이

---

48) 예를 들어, 베델 씨가 "구식이다"라는 말을 비난의 용어로 사용했다고 해서(1940년 5월호, 361쪽) 그 말이 암시하는 대로 그가 정말로 최신 유행을 좇는 철학을 가졌다고 즉시 결론 내려서는 안 됩니다. 그 말은 일종의 실수로 흘러나온 것이고 그러한 실수에 대해서는 우리가 은혜를 구할 따름입니다*veniam petimus damusque vicissim.*—저자.

49) 이 과정은 음담이나 불경한 말과 같은 대중적 의미의 '나쁜 언어'에도 그대로 적용됩니다. 이러한 언어 관습은 죄에서 기원하지만, 화자 개인에게는 의미 없는 소음에 지나지 않을 수 있습니다.—저자.

아닙니다)가 놀이만큼 실제로 어렵다는 점을 에브리 수사도 인정하고 동의할지 모르겠습니다. 그러니까 제 말은 놀이란 진지한 문제인데, 놀이를 제대로 하려면 어떻게든 마치 그것이 진지하지 않은 양 해야 한다는 뜻입니다. 건전한 오락을 선택하는 것은 진지한 문제입니다. 하지만 우리가 그것을 진지하게 추구한다면 오락은 더 이상 오락이 아니게 됩니다. 베델 씨가 비평가의 "노동 시간"에 대해 한 말(1940년 5월호, 360쪽)이 독서하는 시간이 아니라 비평하는 시간을 의미하길 바랍니다. (전부는 아니지만) 상당 양의 문학이 오락을 위해, 가볍게 읽히고자 썼기 때문입니다. 어떤 의미에서 우리가 벽난로 주위에 편안한 자세로 앉아 '재미로' 읽지 않는다면, 문학을 원래 의도된 대로 사용하는 것이 아니며, 문학에 대한 우리의 모든 비평은 순전히 환상이 될 것입니다. 사람이 만든 물건은 원래 의도대로 사용하지 않는 한 제대로 판단할 수 없기 때문입니다. 버터 바르는 칼이 나무토막을 자를 수 있는지 살펴봄으로써 그 칼을 판단하는 것은 아무 의미가 없습니다. 실로 형편없는 비평들이 쏟아져 나오는 이유는 그저 즐거움을 줄 목적으로 만들어진 대상으로부터 비평가들이 노동 시간에 나올 법한 결과를 이끌어 내려고 하기 때문입니다. 이것은 참으로 심각한 문제이며, 저로서는 여기서 빠져나갈 길이 보이지 않습니다. 하지만 저를 비판하는 분들이 이 같은 문제가 존재한다는 사실을 부인한다면 저는 실망할 것입니다.

우리가 서로 정말로 동의하지 못하는 사안이 있다면, 제가 세 번째 지적한 부분일 것 같습니다. 책이 전하거나 무심코 드러내는, 진정으로 영적인 악과 단순한 취향 상의 결함을 구분한 부분 말입니다. 고백하건대 이 주제에 대해서라면 저를 비평하는 분들은 아주 곤란한 딜레마를 제시할 수 있을 것입니다. 그들은 "이것은 천박한 글이다"라는 진술이 어떤 책의 나쁜 점, 즉 참이나 거짓으로 판명될 수 있는 점을 묘사하는 객관적 진술인지, 아니면 단순히 말하는 사람의 감정을 나타내는 진술 곧 문장 형식은 다르지만 근본적으로는 "나는 굴을 싫어한다"라는 명제와 같은 진술인지 물을 수 있습니다.

제가 만약 후자를 택한다면 대부분의 비평은 단순히 주관적인 것이 되는데, 이것은 제가 바라는 바가 아닙니다. 만약 제가 전자를 택한다면, 그들은 이렇게 물을 수 있습니다. "어떤 의미에서는 선하거나 악하다고 당신이 인정하면서도, '정말로' 또는 '영적으로' 선하거나 악한 것은 아니라고 우리에게 계속 경고하는, 책 속의 그 특징이라는 것이 무엇입니까? 선하지 않은 모종의 선이 존재합니까? 선한 것인데도 하나님이 기뻐하시지 않는 것이 있고, 악한 것인데도 하나님이 싫어하시지 않는 것이 있다는 말입니까?" 그리고 이 같은 질문으로 저를 계속 밀어붙인다면 저는 의혹에 빠지게 될 것입니다. 그러나 이미 제 안에 담겨 있는 작은 빛을 부정함으로써 그러한 의혹을 없애지는 않겠습니다. 그 작은 빛에 따른다면, 선과 악에는 두 가지 종류가 있다고 할 수밖에 없는 것 같습니다. 첫 번째 종류는 미덕과 악덕이나 사랑과 증오처럼 그 자체로 선하거나 악할 뿐만 아니라 그것을 소유한 사람까지 선하거나 악하게 만듭니다. 두 번째 종류는 그렇지가 않습니다. 거기에는 육체적인 아름다움과 추함, 유머 감각의 유무, 힘과 약함, 즐거움과 고통 등이 포함됩니다. 그러나 우리와 가장 관련 있는 것은 이 에세이 서두에 제가 언급한 두 가지, 즉 부부간의 에로스(이는 아가페와 구별되며, 아가페는 당연히 최상의 선입니다)와 육체적인 정결입니다. 말할 때는 두 번째 부류가 경건함과는 별개라고 하면서도 무의식적으로는 그것을 경건함의 한 부분, 그것도 상당히 큰 부분인 양 대하는 사람들을 분명 우리 모두 만나 본 경험이 있습니다. 게다가 나름의 수준에서 얼마나 선한 것이건, 이 두 번째 부류에 속한 선이 악마가 신이 되려 했던 것처럼 유사 영적인 가치로 자신을 격상시킬 때 적이 된다는 사실에 우리는 확실히 동의하고 있습니다. 루즈몽 씨M. de Rougemont가 최근에 말한 것처럼, 부부간의 에로스는 "신의 자리에서 내려올 때에만 악마의 자리에서도 내려옵니다." 제 전체 논점은, 문학에는 그것이 전하는 영적인 선과 악 외에 이와 같은 두 번째 부류의 선과 악, 그야말로 문화적이거나 문학적인 선과 악도 있으며, 이것이 첫 번째 부류의 선과 악처럼 행세하게 해서는 안 된다는 것입니다. 저를 비판하는 분들이 이 같은 위험을 다소나마 인식하고 있다면, 다시 말해 그들과 나, 그리고 우리와 비슷한 교육을 받은 모든 사람들이 날마다 일종의 우상숭배의 유혹을 받는다는 사실을 어느 정도 인정한다면 우리 사이에 놓인 모든 사소한 차이점을 저는 기쁘게 받아들일 것입니다.

선과 악에 두 종류 혹은 단계가 존재하는 이처럼 당혹스러운 현상을 일관성 있는 가치 철학에 어떻게 담아낼 수 있는지 저는 감히 안다 말하지 못합니다. 그러나 어떤 현상을 설명할 수 없는 것과 그것을 무시하는 것은 다른 문제입니다. 그리고 저는 이처럼 낮은 단계의 선이 빠짐없이 전부 장려되어야 한다는 사실을 인정합니다. 학생들을 행복하고 빼어나게 만들며 그들에게 품위 있는 습관과 고상한 취향을 심어 주려 애쓰는 것이 교육자 된 우리의 의무라는 것을 인정합니다. 그와 같은 의무를 이행하는 것은 당연히 첫 번째 부류에 속하는 선입니다. 이 두 번째 부류에 속하는 악이 대개 진정한 영적인 악의 결과이자 징후라는 사실도 인정합니다. 더러운 손톱, 제 기능을 못하는 간肝, 권태로움, 형편없는 문체는 대체로 상황에 따라 불순종, 게으름, 교만, 무절제에서 기인합니다. 하지만 가난이나 다른 불행이 원인일 수도 있습니다. 심지어 미덕에서 생겨날 수도 있습니다. 어떤 사람이 귀 뒤쪽을 씻지 않았거나 일간지에서나 볼 수 있는 문체를 차용해 사용하고 있다면, 그것은 다른 사람들이 고상한 생활습관이나 세련된 언어를 습득하기 위해 들이는 시간과 에너지를 선한 일을 하는 데 썼기 때문일 수 있습니다. 교황 그레고리우스 1세는 자신의 조잡한 문체를 오히려 자랑했다고 저는 알고 있습니다. 우리 주님도 손을 씻지 않은 채 식사를 하셨습니다.[50)]

저는 지금 문제를 풀고 있는 것이 아니라 제시하는 것입니다. 저를 비판하는 분들이 토론을 이어 가고 싶다면, 문학과 예술이 아닌 다른 영역, 곧 이 신비로운 '낮은 단계의 선'으로 관심을 돌림으로써 충분히 만족스러운 이야기를 해나갈 수 있으리라 생각됩니다. 아마도 그곳에서는 우리의 정신이 좀더 냉정하게 작동할 것입니다. 에브리 수사나 베델 씨가 부부간의 에로스나 개인적 청결에 대한 에세이를 써준다면 좋겠습니다. 문학에 대한 저의 딜레마는, 저급한 취향이

50) 마 15:20, 막 6:41; 7:5.

어떤 의미에서 '나쁜 것'이라 인정하지만 본질적으로 '악'은 아니라고 생각한다는 것입니다. 저를 비판하는 분들은 신체적인 불결함에 대해 같은 말을 할 것입니다. 우리가 이 문제를 손가락의 더러움과 깨끗함 같은 중립 지대로 가져갈 수 있다면, 새로운 빛을 머금은 채 문학이라는 전장戰場으로 돌아올 수 있을 것입니다.

'취향'이 영적인 가치라는 점을 제가 부인한다고 해서, 베델 씨가 생각하는 것처럼 그것이 "하나님의 임의적인 정죄 아래" 있다고(1940년 5월호, 357쪽) 한시라도 주장하는 것이 아님을 따로 말씀드릴 필요가 이제는 없기를 바랍니다. 오늘 아침 식사를 저는 맛있게 했는데, 그것은 선한 일이었으며, 하나님으로부터 정죄받을 일이 아니라고 생각합니다. 하지만 아침 식사를 즐겼다고 해서 제가 선한 사람이라고는 생각하지 않습니다. 제가 보기에 그 구분이 그다지 까다로운 것 같지는 않습니다.

3 종교: 실재인가 대체물인가?

"율법은 장차 올 좋은 일의 그림자일 뿐이요"

히브리서 10장 1절

우리는 모두 옛 유대교의 제사장 제도는 상징일 뿐이며 기독교가 그 상징의 대상이 되는 실체라는 생각에 익숙합니다. 그러나 예루살렘에 성전이 서 있었던 동안에는 그 주장이 얼마나 충격적이고 심지어 뻔뻔스럽게 보이기까지 했을지 우리는 알아야 합니다. 성전에서는 희생 제물을 드리는 모습을 생생히 볼 수 있었습니다. 살아 있는 동물의 목을 정말로 땄으며, 동물의 살과 피가 의식에 사용되었습니다. 기독교 집회에서는 포도주와 빵 조각으로 의식이 행해졌습니다. 그때는 유대교 예배가 실체이고 기독교 의식은 단순한 대체물에 불과하다는 확신을 떨치기가 거의 불가능했을 것입니다. 포도주는 피, 빵은 살의 대체물인 것이 너무도 분명하지 않습니까! 그러나 그리스도인들은 대담하게도 그 반대라고, 불쾌감을 주지도 않고 딱히 종교적 의식이라 할 수도 없는 집 안에서의 식사가 진정한 희생이고 성전에서 이루어지는 온갖 도살과 향냄새와 음악과 고함소리는 그림자에 불과하다고 주장했습니다.

이 문제를 생각할 때 우리는 기독교에 대한 모든 의심이 자리 잡고 있는 매우 핵심적인 영역을 건드리게 됩니다. 우리의 신앙 전체가 마치 이 땅에서 성취하지 못한 진정한 행복의 대체물처럼 보인다는 사실 말이지요. 우리가 세상을 거부하는 것은, 신맛 때문에 포도를 안 먹는 거라고 애써 스스로를 설득시키는 실망한 여우의 모습일 뿐이라는 말은 정말 그럴듯해 보입니다. 어쨌거나 이 세상에서 우리가 품은 희망이 대부분 사라지기 전까지는 다음 세상에 대해 별로 생각하지 않는 것이 일반적인 경향입니다. 그리고 다시 이 세상에 대한 희망이 살아나면 우리는 번번이 우리의 종교를 저버립니다. 천상의 사랑을 이야기하는 사람들은 주로 수도사나 수녀들, 즉 보상이 될 만한 환상으로 스스로를 위로하는 굶주린 독신주의자들이 아닌가요? 아기 예수를 숭배하는 것도 외로운 노처녀들의 오랜 관습에서 전해 내려오는 것이 아닌가요? 이와 같은 불편한 생각들은 무시해도 소용없습니다. 심리학자들의 주장이 일단은 그럴 듯하다는 점을 인정하고 시작하는 편이 좋습니다. 우리의 종교가 대체물이라는 이론은 상당히 그럴듯한 주장입니다.

이 문제에 직면해서 먼저 하게 되는 일은 일반적으로 내가 대체물에 대해 무엇을 알고 있는지, 대체물로 바뀐 실체에 대해서는 무엇을 알고 있는지 생각해 보는 것입니다. 그런데 생각보다 제가 아는 바가 없음을 깨닫게 되었습니다. 제가 이 문제를 깊이 생각해 보기 전에는, 정말로 정직하다면 누구나 면밀히 살피는 것만으로 그 차이를 알아낼 수 있을 거라 막연히 생각했습니다. 그 맛만 보아도 대체물은 어떻게든 정체가 드러나서 거짓으로 밝혀질 거라고 말입니다. 사실 이러한 생각이 앞서 언급한 의심들을 짙게 만드는 한 요인이었습니다. 종교가 정말 대체물처럼 보이는 것은 하나님이라는 존재에 대한 일반적인 철학적 논거 때문이 아니라, 대체로 우리의 경험상 영적인 삶이라는 것이 자연적인 삶과 비교할 때 너무 싱겁거나 무미건조하게 느껴진다는 사실 때문이었습니다. 저는 대체물이 그런 맛일 거라고 생각했던 것입니다. 그러나 심사숙고한 끝에 이것이 자명한 진리가 아닐뿐더러, 내가 경험했던 몇몇 사례와 대립되기까지 한다는 점을 발견하게 되었습니다.

아버지의 담배를 훔쳐다가 몰래 피웠던 못된 소년 둘을 저는 알고 있습니다. 아버지에게는 자신이 피우는 담배와 손님들을 위해 아껴 두는 시가가—아주 많은 시가가—있었습니다. 두 소년은 시가보다 담배를 훨씬 좋아했습니다. 그런데 이따금씩 아버지가 담배를 얼마 남겨 두지 않아서 한두 개만 훔쳐도 들통 날 것 같아 보이는 때가 있었습니다. 그런 날에는 담배 대신 시가를 훔쳤습니다. 그러면서 한 소년은 "오늘은 할 수 없이 시가로 만족해야겠네"라고 했고, 다른 소년은 "아무것도 없는 것보다는 낫겠지"라고 대답했습니다. 이 이야기는 지어 낸 것이 아니라 실제 있었던 일이라고 장담할 수 있습니다. 실체와 대체물에 대해 처음 성급히 든 생각과 거기에 부여한 가치가 어떻게 잘못될 수 있는지 분명히 보여 주는 매우 좋은 예이기도 합니다. 이 아이들에게 시가는 담배를 대체하는 열등재, 일종의 응급책에 불과했습니다. 물론 그 단계에서 소년들이 느꼈던 바는 꽤 옳습니다. 그러나 이런 경험에 따라 시가는 본래 담배의 임시 대용품에 불과하다는 결론을 내린다면 그들은 참으로 우스꽝스러운 오류를 범하게 되는 것입니다. 이 문제에 대해서는 그들 자신의 유치한 경험이 아무런 증거도 되지 못합니다. 그들은 그 해답을 아주 다른 출처에서 배우거나 아니면 미각이 어른스러워질 때까지 기다려야 합니다. 이 이야기가 주는 중요한 교훈을 하나 덧붙여도 된다면, 그중 한 소년은 시가의 맛을 평생 모르고 지내는 영구적인 벌을 받았습니다.

또 다른 예가 있습니다. 제가 어렸을 때는 축음기 음반이 오늘날만큼 좋지 못했습니다. 그 옛날 녹음된 오케스트라 연주를 들으면 개별 악기 소리는 거의 들리지 않고, 구분되지 않는 하나의 소리만 들렸습니다. 저는 그런 음악을 들으며 자랐습니다. 그러다 좀 늦은 나이에 실제로 오케스트라 연주를 듣기 시작했을 때 사실 실망스러웠습니다. 하나로 합쳐진 소리를 듣지 못했기 때문입니다. 공연장에서 들은 음악은 내가 자라면서 기대하게 된 통일성이 부족한 듯했고, 무대 모습은 관현악단이 아닌 개별 음악가 여럿이 같은 단 위에 모여 있는 것으로밖에 보이지 않았습니다. 사실 저는 이러한 상황이 '진짜가 아니다'라고 느꼈습니다. 이것은 앞의 예보다 훨씬 적절한 예입니다. 음반이 바로 대체물이고 오케스트라가 실체이기 때문입니다. 그러나 음악 교육을 잘못 받은 탓에 실체가 대체물로 보이고 대체물이 실체로 보였던 것입니다.

'대체물'은 전시의 식량 배급을 떠오르게 합니다. 이와 관련해서도 이야기할 수 있는 예가 있습니다. 지난 전쟁 동안에는 지금과 마찬가지로 버터 대신 마가린을 먹어야 했습니다. 처음에 저는 그 차이를 느끼지 못했습니다. 첫 주 정도까지는 '마가린을 대체물이라고 부를 수는 있겠지만, 사실은 실체만큼이나 맛있다'고 했을 것입니다. 그러나 전쟁이 끝나갈 무렵이 되자 다시는 그 둘을 혼동할 수 없었고, 마가린이라면 다시는 보고 싶지도 않았습니다. 이것은 앞의 두 예와는 다릅니다. 여기서는 어느 것이 대체물인지 제가 알고 있었기 때문입니다. 그러나 그 순간 맛본 것만으로 마가린이 대체물이라는 사실을 바로 인지하지 못했다는 것이 요점입니다. 오랫동안 경험한 후에야 저의 감각은 마가린이 더 맛없다는 사실을 알게 된 것입니다.

제 경험은 그만 말씀드리겠습니다. 이제 저보다 나은 밀턴의 예를 들어, 전에는 가장 기괴하다고 생각했지만 지금은 《실낙원》에서 가장 심오한 장면 중 하나라고 생각하는 내용을 살펴보겠습니다. 그것은 이브가 창조된 지 몇 분 후 연못에 비친 자신의 모습을 보고는 자신과 사랑에 빠지는 장면입니다. 그때 하나님이 이브의 고개를 들게 하시자, 그녀는 아담을 보게 됩니다. 그런데 재미있는 것은 아담에 대한 첫인상이 실망스러웠다는 것입니다. 아담은 이브 자신보다 첫눈에 반할 만한 매력이 훨씬 적었습니다. 신의 인도를 받아 이브는 이 어려운 문제*pons asinorum*를 극복하고, 아담과 사랑에 빠지는 것이 자기 자신과 사랑에 빠지는 것보다 더 무궁무진하고 풍성하며 훨씬 재미있다는 것을 알게 됩니다. 그러나 이브가 우리 같은 죄인이었다면 그렇게 쉽게 변하지는 않았을 것입니다. 그녀는 또한 자기 외부에 있는 실제 연인이 차선에 불과하다고 생각하는 단계를 거쳤을 것입니다. 다음 예는 제가 말하려는 주제를 무엇보다도 잘 설명해 줍니다. 정상적인 사랑은 성도착자에게는 이미 '실체'가 되어 버린, 끔찍하게도 현실에서는 이룰 수 없는 환상 세계에 대한 시시한 대체물에 불과해 보입니다. 정상적인 사랑이 그에게 역겹게 보이지 않을 때에도 말입니다. 사실 삶의 모든 영역에서 이런 예를 볼 수 있습니다. '고전 음악'은 재즈를 즐겨 듣는 귀에 (제 친구 바필드Owen Barfield의 말을 인용하자면) 일종의 "앙꼬 빠진 재즈" 정도로만 들립니다. 위대한 문학은 기호가 통속적인 사람에게는 그가 선호하는 '스릴러'나 '삼각관계 드라마'의 희미한 반영으로 보입니다.

이 모든 예로부터 저는 다음 결론을 이끌어 내고 싶습니다. 두 가지 경험 중 어느 것이 대체물 혹은 차선인지 결정하고자 할 때는 내적 성찰이 아무 소용이 없습니다. 근본적인 필요를 제대로 만족시켜 주면 자연스럽게 따라오리라 예상했던 모든 감각들이 특정 단계에서는 대체물을 경험할 때 따라오며, 그 반대 경우도 나타납니다. 일단 이런 원리에 대한 확신이 생겼으면 이 순간부터 죽을 때까지 이 확신을 굳게 붙들어야 한다고 주장하고 싶습니다. 어떤 증인이 일단 믿을 수 없는 자로 판명되었다면 그를 법정에서 쫓아내십시오. 그가 제시한 증거로 은밀히 돌아가서 '어쨌거나' '그래도 그가 말하기를' 하는 식으로 생각하는 것은 시간 낭비일 뿐입니다. 이 문제에서 즉각적인 감정이 별 쓸모가 없음이 드러났다면, 다시는 그 즉각적인 감정의 말을 듣지 않기로 합시다. 진정한 만족과 대리 만족을 구분하는 기준을 다른 곳에서 찾아야 한다면, 제발 그렇게 합시다.

'다른 곳'이라고 말한다 해서 벌써부터 믿음이나 초자연적 은사에 대해 이야기하려는 것은 아닙니다. 제 말이 무슨 뜻인지 예를 들어 보여 드리겠습니다. 앞에서 말한 두 소년이 시가와 담배에 대한 자신들의 생각이 옳은지 정말로 알아내고 싶었다면, 그들은 몇 가지 일들을 해볼 수 있었습니다. 우선 어른에게 물어볼 수 있었습니다. 그 어른은 시가가 담배보다 사실은 더 고급스러운 것이라고 말해 주었을 것이고, 그럼으로써 권위에 따라 자신들의 오류를 바로잡았을 것입니다. 아니면 스스로 조사해서 알아냈을 수도 있습니다. 그러니까 담배나 시가를 훔치는 것이 아니라 직접 사봄으로써, 시가가 담배보다 더 비싸며 따라서 시가가 실제로는 담배의 단순한 대체물일 수 없다는 사실을 추론해 냈을 것입니다. 이것은 이성을 통해 오류를 수정하는 것입니다. 마지막으로 그들은 흡연이 허용되는 나이까지 순종, 정직, 진실함으로 기다렸을 수도 있습니다. 이 경우 경험을 통해 그들은 이 두 가지 흡연 방법에 대해 좀더 합리적인 관점에 도달했을 것입니다.

권위, 이성, 경험. 다양한 비율로 서로 결합되는 이 세 가지에 우리의 지식이 좌우됩니다. 다양한 시대와 장소에서 살았던 여러 지혜로운 사람들의 권위에 따르면 저는 영적인 세계를 환상으로 여길 수 없습니다. 또한 제 이성은 물질주의가 지닌 명백히 해결 불가능한 난제를 보여 주고, 영적인 세계에 대한 가설이 훨씬 적은 가정하에서도 월등히 많은 사실을 설명한다는 것을 증명해 주기에 영적인 세계를 환상으로 여길 수 없습니다. 영적인 삶을 살고자 미약하게나마 시도해 본 결과 환상을 추구할 때 일반적으로 도달하게 되는 결말에 이르지 않음을 경험했기에 또다시 저는 영적인 세계를 환상으로 여길 수 없습니다. 저는 지금 다른 사람의 이성과 경험도 모두 똑같은 결과를 낳을 거라 말하는 것이 아닙니다. 이 문제 전체를 올바른 곳에 놓으려 할 뿐입니다. 즉 어떤 감정이 말하는 바에 얼마나 가치를 부여할지 우리의 철학 전체로 판단해야지, 우리의 철학 전체를 감정으로 판단해서는 안 된다는 점을 분명히 해두려는 것입니다. 영적인 세계를 부인하는 사람들이 일반적인 근거를 들어 자신들의 주장을 증명한다면, 우리가 영적인 경험이라고 생각하는 것들은 당연히 환상일 수밖에 없습니다. 그러나 반대로 우리가 옳다면, 영적인 경험이 제일의 실재이고 우리의 자연적 경험은 차선이 됩니다. 우리가 어떤 관점을 받아들이건, 단순한 감정은 우리의 신념을 계속 뒤엎으려 할 것이라는 점을 염두에 둡시다. 눈에 보이고 귀에 들리는 이 세상의 소란이 너무도 집요하고 영적인 세계의 속삭임은 한없이 희미해서 믿음과 이성이 자신의 입장을 고수하기가 거의 불가능할 때가 그리스도인에게 있는 것과 마찬가지로, 무신론자도 오싹할 정도로 불안한 순간, 신이 존재한다는 옛 이야기가 결국 사실일 수도 있으며 외부에 있는 무엇 혹은 누군가가 어느 때건 이 깔끔하고 설명 가능하고 기계적인 우주를 뚫고 들어올 수도 있다는 의혹을 떨칠 수 없는 순간을 맞이한다는 것을 저는 잘 기억하고 있습니다. 하나님을 믿는다면 이 물질세계가 명백히 유일한 실체인 듯 보이는 시간에 직면할 것입니다. 하나님을 믿지 않는다면 이 물질세계가 당신을 향해 이것이 전부가 아니라고 외치는 듯한 시간에 직면할 것입니다. 종교적이건 비종교적이건 그 어떠한 확신도 영혼 속에 자리 잡고 있는 이 배반자를 제 스스로 없애 버릴 수 없을 것입니다. 믿음의 습관을 낳는 믿음의 실천만이 그것을 점차 없앨 수 있습니다.

이제야 우리가 오해받지 않으면서 믿음을 이야기할 수 있는 지점에 도달한 것일까요? 일반적으로 우리는 믿음을 하나의 미덕으로 내놓고 이야기하는 것을 부끄러워하기 때문입니다. 마치 반대 증거를 눈앞에 두고도 자신이 믿고 싶은 것만 줄기차게 믿으려는 듯 보인다고 생각합니다. 옛 이야기에서 어느 미국인은 믿음을 "사실이 아니라고 알고 있는 것을 믿는 능력"이라 정의한 바 있습니다. 이제 저는 다음과 같이 정의합니다. 믿음이란 우리의 생각을 정직하게 변화시킬 만한 설득력 있는 이유가 제시되기 전까지는 우리가 정직하게 생각해서 일단 진리라고 여긴 바를 계속 믿는 능력이라고 말입니다. 이 주제에 대해 논할 때, 그렇게 지속적으로 믿는 것이 매우 어렵다는 사실은 늘 무시되거나 오해됩니다. 흔히 믿음에 대한 어려움은 지적인 문제라 생각합니다. 곧 특정 입장을 한번 받아들인 사람은 그것을 믿지 못하게 할 참된 근거가 나타나기 전까지는 자동적으로 계속해서 믿을 거라 가정하는 것입니다. 그러나 이것만큼 피상적인 견해도 없습니다. 종교적인 집안에서 자라 옥스퍼드 대학에 들어와서 처음 일 년 안에 기독교 신앙을 잃어버리는 학생들 중 진지하게 논리적으로 설득되어 그렇게 되는 경우가 얼마나 되겠습니까? 우리가 갑작스레 일시적으로 신앙을 잃어버릴 때, 이성이 잠시 동안의 추론을 뒷받침해 주지 못해서 그렇게 되는 경우가 몇 번이나 되겠습니까? 다른 사람은 어떤지 모르겠지만, 저의 경우 단순한 환경 변화만으로 믿음이 적어지는 경향을 보게 됩니다. 캠퍼스 내에서 기도할 때보다 낯선 호텔 방에서 기도할 때 하나님을 믿기가 더 어렵습니다. 불신자들의 사회에서도 그렇습니다. 그들의 의견이 다른 주제에 대해서조차 쓸모없는 것으로 알려진 경우라 해도 말입니다.

종교적인 믿음만 비합리적으로 흔들리는 것이 아닙니다. 우리의 모든 믿음이 하루 종일 그러한 동요를 겪습니다. 전쟁에 대한 우리의 생각도 그렇다는 것을 여러분은 눈치 채셨습니까? 물론 어떤 날에는 우리의 낙관주의나 비관주의를 부추길 만한 합리적인 근거가 되는 정말로 좋거나 나쁜 소식을 듣기도 합니다. 그러나 그 어느 쪽에 대해서도 새로운 근거가 전혀 주어지지 않았음에도, 대단한 확신에 사로잡히다 불안의 나락으로 떨어지는 날들을 누구나 경험해 보았을 것입니다. 물론 일단 그런 기분이 들면 우리는 여러 근거를 서둘러 찾습니다. 우리는 '곰곰이 생각해 보았다'고 하지만, 기분이 여러 근거를 만들어 낸 것이지 반대로 근거가 기분을 만든 것이 아님이 분명합니다.

그러나 이보다도 기독교적인 문제에 더 가까운 예들이 있습니다. 수영이나 절벽타기를 배운다고 할 때, 위험해 보이지만 실은 그렇지 않은 요소들이 있습니다. 가르치는 사람은 그것이 안전하다고 말해 줍니다. 여러분은 과거의 경험으로 미루어 그 사람을 신뢰할 만한 충분한 근거가 있습니다. 어쩌면 여러분 스스로 이성을 통해 그것이 안전하다는 것을 알기까지 할 수 있습니다. 진짜 문제는 자기 발아래 절벽을 실제로 바라보거나 물속에서 자신을 지탱해 주는 것이 아무것도 없음을 정말로 느끼면서도 계속해서 그것을 믿을 수 있는가 하는 것입니다. 그 안전한 요소를 믿지 않을 합리적인 근거는 하나도 없습니다. 믿음을 공격하는 것은 바로 우리의 감각과 상상력인 것입니다. 여기서 서로 갈등하는 것은 믿음과 이성이 아니라 신약성경에서 말하는 것처럼 믿는 것과 보는 것의 갈등입니다.[1] 우리는 어떤 것이 지나치게 위험해 보이지 않거나 위험하게 들리지 않으면 위험한 줄 알면서도 그것을 대면할 수 있습니다. 우리가 진정으로 겪는 어려움은 안전한 줄은 알지만 겉으로 끔찍해 보이는 것들에 대해서 발생합니다. 그리스도에 대한 우리의 믿음은 그것에 반대되는 객관적인 논증이 제시될 때보다는 오히려 그 믿음이 그럴듯해 보이지 않을 때 흔들립니다. 그러니까 온 세상이 황량해 보일 때 말입니다. 하지만 세상이 그렇게 보이는 것은 보통 실체와는 관련이 없고 우리의 감정 상태나 소화 상태 때문일 경우가 훨씬 많습니다.

사람들에게 믿음을 미덕으로 권할 때, 다시 말해 특정한 것들을 계속 믿으려는 의도를 확고하게 다지라고 할 경우, 이것은 이성에 대항해 싸우라고 하는 것이 아닙니다. 계속해서 믿고자 하는 의도가 필요한 이유는 절대 이성Reason은 신성하지만 인간의 이성은 그렇지 않기 때문입니다. 일단 감정이 끼어들면 인간의 이성은 신의 은총이 없는 한 불타는 아궁이 앞에 놓인 눈송이가 순식간에 사라지듯 자신이 이미 알고 있는 진리를 놓치고 맙니다. 유혹에 넘어가는 순간 우리의 이성은 기독교를 반대하는 주장들을 받아들이도록 설득당할 수 있지만, 사실 그 주장들은 대부분 터무니없는 것들입니다. 이성은 진리를 얻을 수 있지만 믿음이 없을 때 사탄이 마음만 먹으면 언제라도 그것을 빼앗고 말 것입니다. 우리는 무엇이든 믿거나 믿

---

1) 요 20:29; 고후 5:7.

지 않도록 설득당할 수 있습니다. 만약 우리가 가끔 합리적인 정도가 아니라 한결같이 합리적이길 바란다면, 반드시 믿음의 은사를 달라고 기도해야 합니다. 이성이나 권위나 경험에 이끌려 혹은 이 세 가지 모두에 이끌려 우리가 한때 진리라고 믿게 된 것을 계속 믿을 수 있는 힘을 구하라는 것입니다. 그리고 그러한 믿음을 가로막는 장애물은 이성이 아니라 탐욕과 공포와 질투와 권태와 무관심입니다. 그 기도에 대한 응답이 주어질 때 어쩌면 우리는 놀라게 될 것입니다. 우리 믿음이 연약한 것은 결국 우리 스스로 믿음이 그다지 크지 않았으면 하고 은밀하게 바라고 있어서일지도 모르기 때문입니다. 우리 마음에 약간의 유보하는 측면이 있는 것은 아닙니까? 기독교가 상당히 실제적인 것이 되어 버리면 어쩌나 다소 두려운 것은 아닙니까? 그렇지 않기를 바랍니다. 하나님, 우리 모두를 도와주시고 용서해 주십시오.

4 윤리에 대하여

오늘날 영국에서는 문명을 보존하기 위해, 심지어 인간이라는 종족이 멸망하는 것을 막기 위해 세상이 기독교 윤리로 돌아가야 한다는 주장을 종종 합니다. 이에 대한 답변으로, 인간의 진보에 가장 큰 걸림돌이 되었던 것이 바로 기독교 윤리이며 따라서 우리가 너무나 다행히도 드디어 탈피한 과거의 속박으로 다시는 돌아가지 않도록 주의해야 한다는 말들도 가끔 들립니다. 각각의 관점을 지지해 주는 흔한 논거를 이 글에서 반복함으로써 여러분을 지루하게 하지는 않겠습니다. 제 임무는 다른 곳에 있습니다. 저 자신도 기독교인이며, 회의적인 현대주의에 물들지 않고 엄격한 의미에서 초자연주의를 신봉하며 교리에 충실하기까지 하지만, 첫 번째 관점을 지지하는 사람들 편에 서는 것은 불가능한 일처럼 여겨집니다. 기독교 윤리로 돌아갈 것을 주장하는 사람들과 이러한 주장에 반대하는 사람들이 벌이는 논쟁 전체가 제가 허용할 수 없는 전제를 담고 있는 것 같습니다. 양측의 질문 자체가 잘못된 것입니다.

우선 윤리 체계라고 할 수 있는 것들의 의미를 구분하고 그 둘의 차이점을 이야기하는 것에서부터 시작해야겠습니다. 윤리 체계라고 할 때, 한편으로 그것은 윤리적 명령의 집합체를 의미합니다. 이러한 의미에서 우리가 스토아주의의 윤리라고 할 때는 (특정 조건하에서) 자살을 부추기고, 전문적 의미로 아파테이아[1] 즉 감정의 사멸을 명령하는 체계를 뜻합니다. 그리고 아리스토텔레스의 윤리를 말할 때는 모든 덕을 전제하고 포괄하는 덕을 고결한 긍지나 도량에서 찾는 체계를 뜻합니다. 기독교 윤리를 말할 때는 겸손, 용서, (특정 상황에서는) 순교를 명령하는 체계를 뜻합니다. 이런 관점에서 볼 때 각 윤리 체계의 차이점은 내용에서 나타납니다. 그러나 이따금 우리는 도덕적 경험에 대한 체계적인 분석과 설명을 의미할 때도 윤리 체계를 말합니다. 따라서 '칸트의 윤리'라는 표현은 명령의 집합체를 의미하기보다는—윤리의 내용 면에서 칸트는 다른 사람들과 크게 다르지 않았습니다—정언定言명령[2]의 체계를 뜻합니다. 이런 관점에서 스토아주의의 윤리는 자연, 전체, 섭리—스토아학파 사상에서 이 용어들은 상호 교환이 가능합니다—와의 일치 여부로 도덕적 태도를 정의하는 체계입니다. 아리스토텔레스의 윤리는 행복주의의 체계입니다. 기독교 윤리는 행위보다 믿음을 우위에 두고 사랑이 율법을 완성한다고 주

1) Apathy. 정념情念이나 외부 세계의 자극에 흔들리지 않는 초연한 마음의 경지. 스토아학파는 이것을 인간 생활의 이상으로 삼았다.
2) Categorical Imperative. 칸트 철학에서 행위의 결과에 구애되지 않고 행위 그 자체가 선善이기 때문에 무조건 수행해야 하는 도덕적 명령.

장하며 거듭남을 요구함으로써, 의무를 자기를 초월하는 개념으로 여김으로 단순한 도덕 영역에서 탈피하려는 체계입니다.

한 의미에서의 윤리 체계와 또 다른 의미에서의 윤리 체계가 깊은 연계성이 없다고 하는 것은 물론 순진한 생각일 것입니다. 철학자나 신학자의 윤리 이론은 자신이 이미 마음에 품고 있고 따르고자 하는 실천적 윤리로부터 나오는 것입니다. 그 이론이 일단 형성되고 나면 마땅히 해야 할 일에 대한 그의 판단에 다시 영향을 미칩니다. 이는 지금 우리 시대처럼 역사주의[3]에 그토록 깊이 매몰되어 있는 시대로부터 무시당할 위험이 전혀 없는 진리입니다. 우리는 시대감각에 너무 깊이 물든 편이며, 윤리적 실천과 윤리적 이론, 그리고 한 사회의 경제, 제도, 예술, 의상, 언어에 공통적으로 나타나는 정신을 추적하는 일에 지나친 열심을 냅니다. 그러나 한 의미에서의 윤리 체계와 또 다른 의미에서의 윤리 체계의 차이점이 정비례하는 것은 아니라는 점도 강조되어야 합니다. 아무튼 스토아주의자, 아리스토텔레스주의자, 아퀴나스주의자, 칸트주의자, 실용주의자가 동의할 수 있는 윤리적 특성을 지닌 행동들은 매우 많습니다. 다양한 윤리 이론들을 이론으로서 연구할 때는 이론들 사이의 실제적 차이점을 과장하는 법입니다. 우리가 이러한 관점으로 윤리 이론들을 연구하는 동안, 이론의 차이로 윤리적 명령들 사이에 대립이 따르는 지엽적인 사례들에 주목하는 것은 자연스러운 일이며, 연구 목적상 정당하기도

3) '역사주의'에 대한 루이스 글 참조. 이 책 184쪽 이후.

합니다. 왜냐하면 그것이 여러 이론들을 비교 연구할 수 있는 결정적 실험법[4]이기 때문입니다. 그러나 한 연구에서 유용했던 과장을 다른 연구들로 끌고 가서는 안 됩니다.

현대 작가들이 우리에게 기독교 윤리로 돌아가라고, 혹은 돌아가지 말라고 할 때, 저는 그들이 첫 번째 의미에서의 기독교 윤리, 즉 명령들의 근원, 구속력, 궁극적 의미에 대한 이론이 아닌 명령의 집합체를 말하는 것이라고 생각합니다. 그들이 의미하는 바가 명령의 집합체가 아니라면, 그들은 기독교 윤리가 아니라 단순히 기독교로 돌아갈 것에 대해 이야기해야 합니다. 어쨌거나 이 논쟁에서 기독교 윤리란 명령의 집합체를 의미한다고 가정하겠습니다.

이제부터 저의 어려움이 시작됩니다. 기독교 윤리를 채택하는 것이 과연 바람직한가를 두고 사람들은 두 개의 전제 아래서 논쟁을 벌이는 것처럼 보입니다. (1) 기독교 윤리는 우리가 선택할 수 있는 몇 가지 윤리적 명령들 중 하나인데, 이 명령들은 서로 너무도 분명하게 구분되어 이 지구에 사는 우리 종種의 전全 미래는 그 명령들 중 무엇을 선택하느냐에 달려 있다. (2) 우리는 논쟁자들의 주장을 듣는 입장으로서 잠시 이 모든 체계로부터 벗어나 일종의 윤리적 진공 상태에 있으며, 그것들 중 가장 설득력 있게 다가오는 체계로 들어갈 준비가 되어 있다.

---

4) experimentum crucis. 과학에서 이 용어는 특정 가설이나 이론이 맞는지 결정적으로 정할 수 있는 실험을 말한다. 특히 이런 실험에서 특징적인 것은 기존 가설이나 이론이 산출할 수 없는 결과를 일반적으로 예상하여 산출할 수 있어야 한다는 점이다.

그런데 제가 보기에 이 두 전제 중 어느 것도 현실에 근접하거나 부합하지 않는 것 같습니다.

첫 번째 전제를 살펴봅시다. 정말로 기독교 윤리가 신기하고 새롭고 독특한 명령 체계로 이 세상에 들어왔습니까? 그래서 인간이 그 명령 체계로 개종이라는 것을 할 수 있었던 걸까요? 제가 여기서 말하는 것은 실제적인 윤리로의 개종입니다. 사람은 당연히 기독교 신앙으로 개종할 수 있으며, 영원부터 감추어진 신비, 즉 예수님의 신성과 부활, 속죄, 죄에 대한 용서를, 단순히 새로운 것이 아니라 초월적인 새로운 것으로 받아들일 수 있습니다. 그러나 이러한 새로움 자체가 우리가 윤리적 강령들에 대해 가정할 수 있는 새로움에 엄격한 한계를 긋습니다. 개종자는 죄에 대한 용서를 받아들인 자입니다. 그러나 어떤 율법을 위반한 죄입니까? 그리스도인들이 새롭게 선포한 법입니까? 이것은 터무니없는 말입니다. 용서가 선포되기 직전까지는 결코 금지되지 않았던 행위를 용서한다는 것은 폭군이 우리를 놀리는 것과 다를 바 없습니다. 기독교가 이 세상에 새로운 윤리적 규범을 가져왔다는 생각(적어도 가장 천박하고 대중적인 형태의 생각)은 매우 심각한 오류입니다. 만일 그것이 사실이라면 처음에 기독교를 전파한 사람들은 모두 자신이 전하는 메시지를 전적으로 오해했다고 결론지을 수밖에 없습니다. 왜냐하면 그들—기독교의 창시자, 그의 예고자, 그의 사도들—모두 회개할 것을 요구하고 용서를 선언했기 때문입니다. 사람들이 이미 어떤 도덕법을 알고 있고 이미 그것을 어겼다고 가정하지 않고서는 그와 같은 요구와 선언은 모두 무의미할 것입니다.

도덕적 규범이 기독교 윤리 안에서 더 깊어지고 내면화되고 강조점이 약간 변할 수 있음을 제가 부인하는 것이 결코 아닙니다. 그러나 유대교와 이방 문화에 정말로 무지하지 않고서야 기독교 윤리가 근본적으로 새로운 것이라고 결론 내릴 수는 없을 것입니다. 본질적으로 기독교는 도덕을 발견했다고 선포하지 않습니다. 기독교는 오직 회개하는 사람들, 이미 알고 있는 도덕법에 순종하지 않았음을 인정하는 사람들을 대상으로 합니다. 기독교는 도덕법을 어긴 것을 용서해 주고, 그 법을 지킬 수 있도록 초월적인 도움을 주며, 그렇게 함으로써 그 법을 다시 확인시켜 줍니다. 예수님이 명령하신 말씀은 모두 랍비들이 먼저 말했던 것들입니다. 자신의 종교를 이해하는 그리스도인은 단호히 이 점을 들어 불신자들의 공격을 비웃습니다. 정말이지 예수님이 하신 말씀 중에는 고대 이집트, 니느웨, 바벨론, 혹은 중국에서 발견된 원문 내용과 유사하지 않은 것이 거의 없습니다.[5] 우리는 이미 오래 전에 기뻐하며 그 진실을 받아들였습니다. 그리고 우리의 믿음은 변덕쟁이의 손에 달려 있지 않습니다.

두 번째 전제, 즉 우리가 어떤 규범을 선택할지 결정하는 동안 일종의 윤리적 진공 상태에 있는 것이라는 점은 그리 쉽게 다룰 수 있

---

5) 독자들은 이 글의 주제를 이미 알아보았을 것이다. 루이스가《인간 폐지》에서 다루는 주요 논거를 연상하며 말이다.《인간 폐지》는 루이스 작품 전체에 꼭 필요한 서문 격이라 생각한다. 이 에세이가 쓰인 날짜는 정확히 알 수 없지만《인간 폐지》보다 1, 2년 앞선 것으로 추정된다. 다양한 윤리적 체계의 유사성을 보려면,《인간 폐지》 부록에 있는 '도*Tao*(길 혹은 자연법)의 실례'를 참조하라.—편집자.

는 문제가 아닙니다만, 결국 첫 번째 전제와 마찬가지로 우리를 오도하게 되리라 생각합니다. 물론 역사상으로나 연대기적 차원에서 봤을 때, 누군가 기독교 윤리를 택하라는 말을 듣는 순간 모든 윤리적 규범의 외부에 있는 것이라고 여길 필요는 없습니다. 지도교수나 담당 의사가 있는 사람이 그들을 다른 사람으로 바꿔 보라는 조언을 받을 수도 있으니까요. 그러나 결정을 내리기 위해서는 먼저 결정하지 않는 순간이 있어야 합니다. 자신이 어느 것에 대해서도 마음을 정하지 않았다고 느끼면서 각각의 경쟁적 이점을 저울질하는 시점은 있을 수밖에 없습니다. 둘 중 어느 하나에 이미 마음이 가 있다면 선택이라는 것 자체가 성립되지 않기 때문입니다. 마찬가지로, 기독교의 윤리 규범을 다시 받아들여야 한다거나 그래서는 안 된다는 요구는 먼저 그 어느 것에도 매이지 않은 상태로 우리를 이끕니다.

어떤 사람들은 때로 아무런 윤리적 체계도 택하지 않은 윤리적 진공 상태에 있을 수 있다는 사실을 저는 물론 부인하지 않습니다. 그러나 그러한 상태에 있는 사람들은 대부분 어떤 체계를 택할지 결정하는 상태에 있는 것이 결코 아닙니다. 그들은 어떤 체계를 택하려고조차 하지 않기 때문입니다. 그들은 대체로 감옥이나 보호 시설에서 빠져나오는 일에 더 관심이 많습니다. 우리가 다루는 문제는 그런 사람들을 대상으로 하지 않습니다. 문제는 기독교 윤리로 돌아가야 한다고 (혹은 돌아가서는 안 된다고) 하거나 그 호소를 주의 깊게 듣는, 이러한 유형의 사람들이 윤리적 규범을 택해야 한다는 생각을 지닌 채 윤리적 진공 상태에 들어갈 수 있느냐 하는 것입니다. 이 질문에 답하는 최상의 방법은 (가끔 있는 일이지만) 우선 또 다른 질문을 던져 보는 것입니다. 우리가 진공 상태에 들어가 모든 윤리적 체계를 그 바깥에서 살펴볼 수 있다고 칩시다. 그렇다면 여러 체계 중 어떤 것으로든지 들어가게 하는 동기, 우리가 찾길 기대하는 그 동기는 대체 무엇입니까?

한 가지는 분명합니다. 그 체계들 가운데 하나라도 택하게끔 하는 윤리적 동기는 있을 수 없다는 점입니다. 윤리적 진공 상태에 있는 동안에는 그곳에서 빠져나오는 것이 의무가 될 수 없습니다. 의무를 이행하는 것은 도덕법에 순종하는 행위입니다. 하지만 현재 우리는 모든 도덕법의 규범 외부에 있다고 가정하고 있습니다. 충성할 윤리적 의무가 없는 사람은 어떤 규범을 택할 윤리적 동기도 있을 수 없습니다. 만약 그에게 그러한 동기가 있다면, 이는 사실상 그가 윤리적 진공 상태에 있지 않음을 입증하는 것입니다. 그렇다면 우리가 모든 도덕 체계의 외부에 존재하면서 마치 여자가 모자를 고르듯 그 체계들 가운데 하나를 선택할 수 있는 것인 양 말하는 사람들이, 그럼에도 (종종 열정적인 어조로) 우리에게 특정 선택을 권하고 있으니 어찌 된 일일까요? 그들에게는 늘 준비된 대답이 있습니다. 특정 윤리 규범, 오직 그 규범만이 문명과 인류를 보존해 줄 것이기 때문에 권한다는 것입니다. 그러면서 인류의 보존 자체가 의무인지, 또는 우리가 인류의 보존을 다른 근거로 추구해야 한다고 생각하는 것인지 여부는 좀체 이야기해 주지 않습니다.

만약 인류의 보존이 의무라면, 그것을 우리에게 권하는 사람들은 실제로 윤리적 진공 상태에 있지 않으며, 우리가 윤리적 진공 상태에 있다고도 진지하게 믿고 있는 것이 아닙니다. 적어도 그들은 한 가지 도덕적 명령은 받아들이고 있으며, 우리도 그것을 받아들이길 기대하는 것입니다. 사실 그들의 도덕률은 이상할 정도로 내용이 빈약합니다. '인류를 보존하라'는 그 도덕률의 하나뿐인 명령은 여러 명령이 풍부하게 들어 있는 아리스토텔레스, 공자, 아퀴나스의 도덕률과 비교하면 잔여물에 불과하다는 생각이 듭니다. 일부 야만인들의 예술을 보면 사라진 문명의 마지막 자취임을 짐작할 수 있는 것과 같습니다. 그러나 광신적이고 편협한 도덕 체계라도 있는 것과 아무런 도덕 체계도 없는 것은 전혀 다릅니다. 그들이 정말로 윤리적 진공 상태에 있었다면, 단 하나의 그 의무 개념을 어디서 끌어올 수 있었겠습니까?

이 난제를 피하기 위해, 인류 보존은 도덕적 명령이 아니라 본능이 명하는 바 우리가 추구해야 할 목적이라고 주장할 수도 있습니다. 이런 주장에는 우선 그런 본능이 있는지 매우 의심스러우며, 설령 존재한다 해도 지금 이 맥락에서 본능을 들먹이는 사람들 뜻대로 그 본능이 작용하지는 않을 거라 대답하고 싶습니다.

우리에게 정말 그런 본능이 있습니까? 여기서 우리는 그 단어의 의미에 주의해야 합니다. 영어에서 본능instinct이라는 단어는 욕구appetite라고 불러야 하는 대상에 막연하게 사용되는 경우가 많습니다. 그래서 우리는 성적 본능이라는 표현을 씁니다. 이런 의미에서 본능은 의식에서 욕망으로 나타나는 충동을 뜻하며, 그것이 충족되면 쾌감을 맛보게 됩니다. (이러한 의미에서) 우리에게 인류를 보존하려는 본능이 없다는 것은 저에게 자명해 보입니다. 욕망은 구체적인 것을 대상으로 합니다. 내 앞에 있는 여자, 여기 놓인 수프 한 접시, 맥주

한 잔처럼. 그러나 인류 보존은 무분별한 사람들의 마음은 건드릴 수조차 없을 만큼 지극히 추상적인 개념이며, 교양 있는 사람들마저도 본능과 가장 거리가 멀 때 비로소 인류 보존에 주목하게 됩니다. 그러나 본능은 알고 하는 것처럼 보이지만 모르고 하는 행동을 나타낼 때도 쓰이며, 그것이 더 올바른 사용법입니다. 일부 곤충들은 알고 하는 것처럼 복잡한 행동들을 해서 알이 부화하고 유충이 영양분을 섭취하는 결과를 낳습니다. (옳든 틀리든) 우리는 개체가 의도적으로 계획을 세운다거나 선지식이 있다고 생각하지 않기 때문에, 그것이 '본능에 따라' 행동했다고 말합니다. 그런 행동이 주관적인 측면에서 그 곤충에게 어떤 의미가 있는지, 그것이 그 곤충에게 어떻게 보일는지, 어떤 식으로 보이기나 할는지 우리는 알지 못합니다. 이런 의미에서 우리에게 인류를 보존하려는 본능이 있다고 하는 것은, 어찌된 일인지는 모르지만(우리에게 그럴 의도가 없는데도) 인류 보존에 보탬이 되는 행동들을 할 수밖에 없는 우리의 모습을 발견한다는 말일 것입니다. 하지만 이 말은 전혀 그럴 듯하게 들리지 않습니다. 그 행위들이란 대체 무엇입니까? 그리고 그 행위들이 존재한다면, 기독교 윤리를 택(혹은 회피)함으로써 종족을 보존해야 한다고 하는 이유는 또 무엇입니까? 그 일은 그냥 본능에 맡기는 것이 낫지 않겠습니까?

또한 본능이라는 말은 이런저런 욕구처럼 구체적인 육체적 쾌락을 지향하지는 않지만, 욕구처럼 거부하기 힘든 강한 충동을 표현하기 위해 사용될 수 있습니다. 사람들이 인류를 보존하려는 본능에 대해 이야기할 때 사실상 바로 이런 의미로 한 말이라고 생각합니다. 그들은 우리가 인류를 보존하려는 자연스럽고 무분별하며 자발적인 충동이 있다고 말합니다. 우리가 자손을 보존해야 한다고 느낄 때처럼 말입니다. 이 지점에서 우리는 논쟁의 여지가 있긴 하지만 내적 성찰이라는 증거에 의지할 수밖에 없습니다. 저 자신을 들여다보았을 때 그와 같은 충동은 없었으며, 다른 사람들에게 그런 충동이 있다는 증거 역시 발견할 수 없습니다. 오해하지 말아 주시길 바랍니다. 저는 괴물이 아닙니다. 저는 저 자신의 생명과 행복이 인간의 보존을 추구하는 일에 달려 있음을 인정합니다만, 강력하고도 자발적인 본능이 나에게 그 일을 지시했다는 것은 받아들일 수 없습니다. 우리에게는 분명 자녀와 손자들을 보존하려는 충동이 있는데, 그 후손이 미래 세대로 멀어져 갈수록 그 충동은 점차 약해지며, 그런 추세로 그냥 두면 얼마 못 가서 완전히 소멸해 버린다는 것이 진실 같습니다. 여러분 가운데 아버지인 분이 있다면 평소 인류 전체를 위해 아들을 희생시키고자 하는 자발적 충동을 느끼는지 한번 물어보고 싶습니다. 저는 그렇게 자기 아들을 희생시키겠는지 묻는 것이 아닙니다. 만약 그렇게 아들을 희생시키게 된다면 그것이 자발적 충동에 따른 결과이겠는지 묻는 것입니다. 만약 그런 희생을 치러야 한다면, 그리고 실제로 그런 희생을 치른다면, 이는 자연적 충동을 따른 것이 아니라 오히려 그 충동에 맞서 힘겹게 싸워 이겼기 때문이라고 모든 아버지가 답하지 않겠습니까? 자기 자신을 희생 제물로 바치는 것과 다를 바 없는 그런 행위는 본성을 넘어선 승리입니다.

하지만 이와 같은 난제는 한편으로 제쳐 둡시다. 그리고 우리가 밝히려는 논점으로 돌아가 문명 혹은 인류를 보존하려는 '본능'(이것이 어떤 의미이든)이 정말로 있다고 해봅시다. 그렇다면 우리의 본능은 갈등 상황에 있는 것이 분명합니다. 한쪽을 만족시키려면 다른 한쪽을 부인해야 합니다. 인류를 보존하려는 본능이 존재한다면, 그 본능을 채우다 보면 나머지 본능들을 최대한 좌절시키는 결과가 따를 것이 확실합니다. 나의 배고픔과 갈증, 성적 욕구, 가족애 모두 방해받을 것입니다. 게다가 지금 우리는 여전히 모든 윤리적 체계의 외부 곧 진공 상태에 있는 상황을 가정하고 있습니다. 윤리가 빠져 버린 공간에서, 또한 인류 보존이 도덕이 아니라 본능이 추구하는 목적에 불과하다는 전제 하에서, 하나의 도덕 규범을 택함으로써 인류 보존의 본능을 만족시키라고 저에게 요구할 수 있는 근거가 무엇입니까? 왜 이 본능을 다른 본능보다 선호해야 한단 말입니까? 인류 보존의 본능은 분명 나의 본능들 중 가장 강력한 본능이 아닙니다. 만약 그렇다 하더라도, 알코올중독자에게는 자신을 좌지우지하는 욕망과 싸우도록 조언하면서 왜 저는 그 본능에 맞서 싸워서는 안 된단 말입니까? 제게 조언하는 사람들은 왜 처음부터, 아무 논거도 없이, 내 영혼에서 이 본능에 독재 권력을 부여해야 한다고 하는 것입니까? 말에 속지 맙시다. 이 본능이 나의 가장 깊은, 가장 높은, 가장 근본적인, 가장 고상한 본능이라고 말하는 것은 쓸데없는 일입니다. 이런 말들은 결국 그 본능이 나의 가장 강력한 본능임을 뜻하거나—그렇다면 이는 거짓이며, 만약 사실이라 하더라도 그 본능을 따라야 하는 이유는 되지 못합니다—아니면 윤리적 진공 상태라는 이론적 전제에도 불구하고 윤리적인 것을 은밀히 재도입하려는 시도를 은폐하는 말일 뿐입니다.

그런데 사실 윤리적인 것이 재도입된 것이 맞습니다. 아니, 좀더 정확히 말하면 그것은 한 번도 추방당한 적이 없습니다. 도덕적 진공 상태라는 것은 처음부터 허구에 불과했습니다. 인류 보존 수단으로 우리가 하나의 도덕 규범을 택하길 바라는 사람들은 이미 도덕 규범이 있는 것이며, 우리도 그럴 거라고 암묵적으로 가정하는 것입니다. 그들의 출발점은 '인류를 보존해야 한다'는 순전히 도덕적인 준칙입니다. 본능을 끌어들이는 것은 헛된 일입니다. 상대적 가치에 따라 본능들의 서열을 매기지 않은 채 본능에 충실하라고 하는 것은 무의미한 말입니다. 본능들은 서로 교전 중이기 때문입니다. 만약 본능들에 서열을 매긴다면, 그것은 도덕적 원칙에 따라 본능들을 배열하고 각각에 윤리적 판단을 내리는 일입니다. 만약 본능이 당신의 유일한 판단 기준이라면, 어떤 본능도 다른 본능보다 선호될 수 없습니다. 각각의 본능이 다른 모든 본능을 희생해서라도 자신을 채워 달라고 요구할 것이기 때문입니다. 하나의 도덕적 규범을 택하라고 하는 사람들은 이미 도덕주의자입니다. 전적으로 비윤리적인 사람이 선택 가능한 여러 규범들 앞에서 그중 하나를 자유롭게 고른다는 터무니없는 그림은 이제 집어던져도 될 것 같습니다. 이런 일은 결코 일어나지 않습니다. 사람이 전적으로 비윤리적이라면 그는 여러 윤리 규범 가운데 하나를 택하지 않습니다. 그리고 윤리 규범들 중에서 고르고 있다고 하는 사람들은 이미 어떤 규범을 받아들이고 있는 것입니다.

그렇다면, 처음부터 존재했던 것으로 판명된 '인류를 보존해야 한다'는 준칙을 어떻게 보아야 할까요? 그 준칙을 우리는 어디서 얻었을까요? 좀더 구체적으로 말해, 저는 그 준칙을 어디서 가져온 것일까요? 제가 처음 그 준칙을 받아들인 시점을 꼭 집을 수 없는 것은 확실합니다. 제가 추정해 낼 수 있는 한도 내에서 말씀드리면, 그것은 제가 받았던 모든 도덕적 가르침으로부터 뒤늦게, 추상적인 일반화를 거쳐 나온 산물입니다. 제가 지금 그 준칙을 뒷받침하는 권위를 찾고자 한다면 제가 믿는 종교에 호소할 필요도 없습니다. 고대 이집트에서 발견된《죽은 자의 책*Book of the Dead*》에 나오는 의인의 고백을 인용하면 됩니다. "나는 어떤 사람도 죽이지 않았다." 바벨론의 찬가Babylonian Hymn에서는, 압제를 꾀하는 자는 집안이 망하는 꼴을 볼 것이라는 말을 찾을 수 있습니다. 핵심에 좀더 가까운 예를 찾아보면, 옛 에다[6]에 "인간은 인간의 기쁨이다"라는 말이 있습니다. 공자의 말 가운데서는 사람들은 우선 번식해야 하고, 그다음에는 풍요로워야 하며, 그다음에는 배워야 한다는 주장을 찾을 수 있습니다. 이 모든 격언에 담긴 정신을 일반화하려 한다면 저는 "근본적인 자연법에 따라 인간은 최대한 보존되어야 한다"라는 로크의 말을 찾을 수 있습니다.

따라서 제가 보기에 이 준칙에는 특별히 신비로울 게 하나도 없습니다. 그것은 나의 유모, 나의 부모, 나의 종교, 그리고 내가 알고 있는 모든 문화의 현자나 시인들로부터 명시적으로나 암묵적으로 배워 온 내용이니까요. 이 준칙에 도달하기 위해 저는 많은 윤리 규범 가운데 하나를 골라 그것을 택해야 할, 말도 안 되는 동기를 생각해

---

6) Elder Edda. 1200년경에 만들어진 고대 북유럽 신화와 전설의 시집. 에다에는 산문 에다(또는 새 에다)와 시 에다(또는 옛 에다)가 있다.

낼 필요가 없습니다. 오히려 이 준칙에 모순되는 규범들을 찾기가 어려울 것입니다. 제가 그런 규범들을 발견했을 때는 그것들이 이 준칙과 근본적으로 다른 것이 아니라, 어떤 이유로건 동일한 원리가 제한되거나 일부 삭제된 규범들이라는 사실이 드러날 것입니다. 종족, 계급, 혹은 가족, 국가의 보존과 완성으로 축소되어 버린 규범들일 것입니다. 그 모든 규범들은 일반적인 규범으로 보이는 준칙에서 내용을 빼는 것만으로도 얼마든지 얻을 수 있습니다. 그 둘의 차이점은 인간과 황소의 차이가 아니라, 인간과 난쟁이의 차이와 같기 때문입니다.

지금까지는 저에게 해당하는 이야기였습니다. 하지만 모든 윤리 규범의 바깥에 서 있다고 주장하는 사람들은 어디서 그 준칙을 가져온 것일까요? 답은 분명합니다. 제가 발견한 근원과 같다는 것입니다. 그들은 (엄밀하게 보편적이라 할 수 없다면 적어도) 일반적인 인간의 전통으로부터 물려받은 유산과 교육을 통해 자신의 입장을 견지합니다. 만약 그들이 정말로 윤리적 진공 상태에서 출발했다면 그들이 내세우는 단 하나의 명령에 결코 도달할 수 없었을 것입니다. 그들은 적어도 하나의 준칙을 물려받을 만큼은 일반적인 인간 전통을 신뢰한 것입니다.

하지만 그러한 전통에는 이 준칙 하나만 있는 것이 아닙니다. 저는 그 외에도 다른 많은 명령들을 발견했습니다. 부모와 연장자에 대한 특별한 의무, 아내와 자식에 대한 각별한 의무, 신실하고 진실해야 할 의무, 약자와 가난한 자와 홀로 된 자에 대한 의무(이 마지막 의무는 일부 사람들이 생각하는 것처럼 유대 기독교 경전에 국한된 것이 아닙니다)

등이지요. 그리고 이번에도 제게는 문제될 것이 없습니다. 저는 동일한 근거로 이 모든 명령들을 받아들입니다. 그러나 이중에서 딱 하나만 남기고 나머지는 다 폐기해 버리려는 사람에게는 분명 큰 어려움이 있지 않겠습니까? 이제야 우리는 주제의 심장부에 도달했습니다.

오늘날 우리에게 소위 '새로운 도덕'을 제시해 주겠다는 사람들이 많습니다. 그러나 이제 막 우리가 살펴본 것처럼 새로운 도덕 체계로 들어가게 하는 도덕적 동기는 기독교적이거나 이교도적이지도, 동양적이거나 서양적이지도, 오래되거나 현대적이지도 않은, 일반적인 전통적 도덕 체계에서 빌려올 수밖에 없습니다. 그렇다면 이제 하나의 준칙은 취하고 나머지는 버리는 것이 과연 정당한지 묻게 됩니다. 나머지 준칙들이 아무런 권위도 없다면, 여러분이 보유하고자 선택한 그 준칙의 권위는 어떻게 생겨난 것입니까? 만약 그 준칙이 권위를 지닌다면 다른 것들은 왜 권위가 없는 것입니까? 예를 들어 과학적 휴머니스트는 우리가 물려받은 금기성 도덕이라 할 만한 것은 폐기해 버리고 후대의 안녕과 안전을 위해 자연을 철저히 착취하는 것만이 우리가 추구해야 할 바임을 깨달으라고 말할 수 있습니다. 그런데 그의 윤리 체계는 노인이나 사회적 부적합자를 의무적으로 안락사시켜야 한다고 주장하는 지점에서 저의 윤리 체계와 충돌합니다. 그러나 후대를 돌볼 의무, 곧 그가 자신의 모든 체계의 토대로 삼고 있는 이 명령은, 부모를 존경하고 살인하지 말라고 제게 지시하는 전통과 같은 곳에 뿌리를 두고 있습니다.(이 금지 조항은 십계명뿐만 아니라 '뵐루스파*Voluspa*'[7]에서도 찾아볼 수 있습니다.) 만약 그가 저를 설득하고 싶어 하는 것처럼 부모에 대한 의무를 가르친 전통이 저를 오도했다면, 그 전통이 후대에 대한 의무를 명할 때도 똑같이 저를 오도하지 않았는지 제가 어떻게 알겠습니까? 마찬가지로 어떤 광신적인 민족주의자가 우리더러 보편적 정의와 자비에 대한 낡은 양심의 가책을 던져 버리고 조국의 부와 권력만을 중시하는 체계를 받아들이라고 할 수 있습니다. 그러나 문제는 똑같습니다. 인간에 대한 일반적 의무를 가르쳐 준 그 전통을 통해 저는 조국에 대한 특별한 의무도 배웠습니다. 한 가지 의무에 대해 그 전통이 잘못되었다면, 다른 의무에 대해서는 옳다는 것을 믿으라고 제게 요구하는 근거가 무엇입니까? 공산주의자도 마찬가지 입장에 있습니다. 착취는 악이며 노동자가 보상을 받아야 한다는 말에 저는 충분히 동의합니다. 그러나 제가 이것을 믿는 이유는 다만 정의에 대한 특정한 전통적 개념들을 받아들이기 때문입니다. 그가 한걸음 나아가 정의를 나의 부르주아적 이데올로기의 일부라며 공격한다면, 그의 새로운 공산주의적 규범을 제게 받아들이라고 합리적으로 요구할 수 있는 바로 그 기반을 치워 버리는 꼴이 됩니다.

어떤 의미에서 새로운 윤리를 만들어 낸다는 것은 하늘에 새로운 태양을 띄울 수 없는 것처럼 불가능한 일이라는 사실을 우리는 분명하게 알아야 합니다. 새로운 윤리는 언제나 전통적 도덕에서 가져온 교훈이라고 보아야 합니다. 우리는 결코 백지 상태에서 시작하는 것이 아닙니다. 만약 백지 상태에서 시작한다면, 윤리적으로 말해

---

7) 옛 에다의 내용 가운데 가장 먼저, 가장 잘 알려진 시.

백지 상태로 끝나야 합니다. 새로운 도덕은 이미 주어진 무언가가 축소되거나 확장된 것일 수밖에 없습니다. 그리고 새로운 도덕을 만들기 위한 현대의 모든 시도는 축소 행위라 보면 분명합니다. 이러한 시도는 전통적 교훈의 일부를 보존하고 나머지는 거부하는 방식으로 진행됩니다. 그러나 그들이 보존하는 교훈을 떠받치는 유일하고도 진정한 권위는 그들이 나머지 교훈들을 거부할 때 조롱했던 바로 그 권위와 동일합니다. 물론 이 같은 일관성 없는 실상은 은폐됩니다. 우리가 앞서 살펴본 것처럼 대개 그들이 보존하기로 한 교훈도 실은 도덕적 교훈이라는 것을 결코 인정하지 않는 것이 은폐의 방법입니다.

그러나 이 외에도 다른 많은 원인들이 그와 같은 은폐를 돕습니다. 개인의 삶에서처럼 집단의 삶에서도 특정한 상황에 따라 한 목표에 일시적으로 과도한 가치를 부여하게 됩니다. 사랑에 빠졌을 때는 연인이, 아플 때는 건강이, 가난할 때는 돈이, 두려울 때는 안전이 있으면 다른 것은 없어도 될 것처럼 여겨집니다. 따라서 어떤 열정에 휩싸여 어떤 계급, 민족, 혹은 사회에 발언하는 사람이 어떤 대가를 치르더라도 유한한 한 가지 선을 이루고 그 토대 위에 기이한 윤리 체계를 세운다는 치명적인 생각을 그들의 마음에 불어넣는 것은 어렵지 않을 것입니다. 물론 그 체계는 진정으로 새로운 것이 아닙니다. 선택된 목표가 무엇이건 나 개인의 만족을 희생하고라도 나의 계급, 사회, 민족을 위해 그 목표를 추구해야 한다는 생각은 전통적 도덕에서 비롯된 권위 말고는 다른 권위를 확보할 수 없습니다. 그러나 당장에는 순간의 감정에 휩싸여 그 사실을 간과하는 것입니다.

이에 덧붙여 현대의 사상이 서로 다른 문화들 간의 윤리적 차이를 매우 심각하게 과장하는 것이 보이지 않습니까? 우리를 지배하고 있는 이 같은 생각이 이데올로기라는 단어에 고스란히 담겨 있습니다. 이 단어는 한 민족의 생산 방식, 경제 조직, 지리적 위치가 그들 전체의 도덕관과 철학관을 모조리 설명할 수 있다는 견해를 함축합니다. 이런 견해에서는 민족마다 언어와 옷차림이 다른 것처럼 이데올로기도 때로는 상당한 정도까지 다르리라 예상할 수 있습니다. 그러나 우리가 실제로 발견하는 바도 그러합니까? 많은 인류학적 지식에 따르면 일단은 그렇다고 해야 할 것 같습니다. 그러나 제가 결코 전문가라 할 수 없는 영역에 대해 과감히 견해를 밝혀 본다면, 인류학이 주는 그와 같은 인상은 어느 정도 착각이라고 말씀드리고 싶습니다. 제가 보기에 그런 인상은 각 문화에서 가장 변하기 쉬운 바로 그 요소들(성 관습이나 종교적 의식)에 초점을 맞추고 미개인에게 초점을 맞추어 얻은 결과입니다. 심지어 일부 사상가들은 그 미개인을 표준적이거나 원형적인 인간으로 다루려는 경향을 보입니다. 하지만 그 미개인은 분명 예외적인 인간입니다. 우리가 한때는 아기였던 것처럼 우리 모두가 한때 미개인이었다는 것은 분명한 사실일 수 있습니다. 하지만 어른이 되어서도 그 (지적) 상태가 요람에 있었을 때 그대로라면 우리는 그를 정상인으로 보지 않습니다. 미개인에게도 문명인만큼이나 많은 세대의 선조들이 있었습니다. 그는 같은 세월을 거쳐 오면서도 나머지 인류가 알고 있는 것을 배우지 못했거나 잊어버린 사람입니다. 미개인의 규범이 갖는 다양성과 독특성—이 또한 종종 과장됩니다—에 우리가 왜 그토록 많은 의미를 부여해야 하는지 저는 모르겠습니다. 그리고 만약 우리의 관심을 문명인으로 돌린다면 윤리적 명령들 간의 차이가 현재 사람들이 널리 믿는 바보다 훨씬 크지 않음을 보게 될 거라고 생각합니다. 문화의 페이지를 넘길 때마다 없어서는 안 되는 똑같은 진부한 명령들이 위압적으로 단조롭게 펼쳐지는 것을 보게 될 것입니다. 지금 우리에게 제시되는 새로운 도덕은 그것이 무엇이든, 이미 무한할 정도로 다양하게 존재하는 도덕들에 또 하나 추가된 것일 뿐이라는 생각은 사실과 다릅니다. 우리가 서로 다른 언어나 종교를 이야기하는 것처럼 서로 다른 도덕을 이야기하는 것은 확실히 정당화될 수 없습니다.

제가 지금 스토아학파나 중세 시대처럼 엄격한 자연법 교리를 본격적으로 재도입하려 한다는 의혹은 갖지 마시기 바랍니다. 이와 같은 본질적인 윤리적 합의의 근원으로 직관이나 본유 관념 같은 것을 주장하는 것은 더욱 아닙니다. 또한 저는 유신론자이지만 여기서 유신론을 위한 어떤 논거도 은근슬쩍 제시하지 않았습니다. 제 목적은 훨씬 소박합니다. 부정否定하는 것이라 할 수도 있습니다. 저는 확연히 구분되는 윤리 체계들 사이에서 우리가 어떤 선택을 할 수 있다고 생각지 않습니다. 새로운 윤리 체계를 만들어 낼 능력이 우리에게 조금이라도 있다고 생각지도 않습니다. 언제 어디서든 윤리적 논쟁이 시작되면 어떤 윤리적 규범이 이미 우리 앞에 존재하며 그 유효성이 전제되어야 비로소 비판조차 가능해진다고 단언하는 바입니다. 어떤 전통적 교훈이든 이에 대한 윤리적 공격은 또 다른 전통적 교훈이라는 근거 위에서만 가능하기 때문입니다. 정의의 개념을 대중을 먹여 살리는 일에 방해된다는 이유로 공격할 수는 있지만, 대중을 먹여 살려야 할 의무는 보편적 규범에서 가져온 것입니다. 자비를 희생시키고라도 애국심을 찬양할 수는 있지만, 조국을 사랑하라고 말해 준 것은 바로 그 오래된 규범입니다. 손자의 암을 치료하기 위해 할아버지를 생체 해부할 수는 있으나, 전통적 도덕을 치워 버리면 손자를 신경 쓸 이유가 무엇이란 말입니까?

하지만 이와 같은 부정적 측면들로부터 불쑥 떠오르는 긍정적 요소가 있습니다. 사람들은 묻습니다. "이제 우리는 더 이상 그리스도인이 아닌데 어떻게 행동해야 하고 아이들에게는 무엇을 가르쳐야 합니까?" 이 질문에 제가 어떻게 대답할지 여러분, 이제 아실 것입니다. 여러분 아버지 세대의 도덕이 기독교에 기초한 것이라는 생각은 여러분을 기만하는 생각입니다. 오히려 그 반대로 기독교가 그 도덕을 전제로 삼은 것입니다. 도덕은 원래 있던 자리에 그대로 있으며, 그 기초는 한 번도 치워진 적이 없습니다. 어떤 의미에서 도덕에는 기초가 아예 없었기 때문입니다. 궁극적인 윤리적 명령들은 언제나 전제이지 결코 결론이 아니었습니다. 칸트는 적어도 이 부분에 대해서는 분명하게 옳았습니다. 도덕적 명령은 정언적인 것이 맞습니다. 윤리적인 명령을 처음부터 가정하지 않는 한, 어떤 논증을 통해서도 윤리적인 명령에 이를 수 없습니다.

이처럼 사람들에게 전통적 도덕을 상기시킨다고 해서, 그것이 우리가 맞닥뜨릴 수 있는 모든 특정 도덕적 문제들에 해답을 줄 거라 주장하는 것은 물론 아닙니다. 일반적 도덕규범이 모든 구체적인 행위의 문제에 명확히 적용되지 못할 수도 있다는 이유로 그러한 도덕 규칙의 개념을 거부한 사르트르[8]는 특이한 오해에 사로잡힌 희생자라고 생각합니다. 어떤 도덕규범을 받아들임으로써 결의법[9]의 모든 문제로부터 벗어나게 될 거라 생각하는 사람이 누가 있겠습니까? 사실 결의법의 문제가 생겨나는 것이 바로 도덕규범 때문입니다. 체스의 규칙 때문에 체스의 문제가 생겨나는 것과 같지요. 도덕규범이 없는 인간은 짐승처럼 도덕적 문제로부터 자유롭습니다. 숫자 세는 법을 배우지 못한 사람은 수학적 문제로부터 자유롭습니다. 잠자는 자는 모든 문제로부터 자유롭습니다. 일반적인 인간 윤리의 틀 안에서 문제는 일어나기 마련이며 때로 그 문제가 잘못 해결되기도 하는 법입니다. 이와 같은 오류는 우리가 잠든 것이 아니라 깨어 있으며 우리가 짐승이나 신이 아니라 인간이기 때문에 나타날 수 있는 증상일 뿐입니다. 제가 여러분에게 만병통치약을 강매한다면, 다시 말해 특정 목적을 위한 수단으로 전통적 윤리를 추천한다면, 여러분에게 아무런 오류도 일어나지 않을 거라고—저는 그렇게 생각하지 않으면서도—약속하고픈 유혹을 받을 것입니다. 그러나 여러분도 아시다시피 그것은 제 입장이 아닙니다. 저는 여러분을 여러분의 유모와 아버지, 모든 시인과 현인과 법 제정자들에게로 돌려보냅니다. 인식하든 못하든 여러분은 어떤 의미에서 이미 그 자리에 있기 때문입니다. 진실로 우리에게는 아무런 윤리적 대안이 없기 때문입니다. 우리에게 새로운 도덕을 채택하라고 하는 사람들은 우리가 이미 원본을 보유하고 있는 책에서 일부가 훼손되거나 삭제된 파본을 제시할 뿐이기

---

8) Jean-Paul Sartre, 1905~1980년. 프랑스의 소설가, 철학자. 무신론적 실존주의를 제창했다.
9) 決疑法. 보편적인 도덕 법칙을 개개의 행위와 양심 문제에 적용하는 법.

때문입니다. 그들은 우리가 그 원본 대신 파본에 의존하길 바라며, 우리에게서 온전한 인간성을 박탈하길 원합니다. 그리고 결국 언제나 우리의 자유와 맞서는 방향으로 자신들의 생각을 실행해 갑니다.

5 허무에 대하여

여러분에게 강연을 해달라는 부탁을 받았을 때 헨리 티저드[1] 경은 여러분 가운데 많은 사람들이 허무futility의 감정에 시달리고 있을지도 모른다는 말을 꺼냈습니다. 지난 번 전쟁이 끝나면서 품었던 모든 희망이 무너지는 경험을 했고, 현 전쟁의 결과도 실망스러울 거라는 불편한 감정이 그와 같은 허무감을 불러일으켰을 거라고 하시더군요. 제 기억이 맞다면 그는 허무감에 이보다 더 깊은 원인이 있을 수 있다는 점도 넌지시 알려 주었습니다. 좀더 오래 전에 살았던 그리스도인 선조들을 지탱해 주던 종말론적 희망, 그리고 지난 세기의 혁명가들이나 심지어 자유주의자들을 지탱해 주던 세속적 희망 모두 상당히 퇴색해 버렸다는 것입니다. 지금은 어떤 공허감이 남아 있

---

1) Henry Tizard, 1885~1959년. 영국의 화학자. 옥스퍼드 모들린 칼리지에서 수학과 화학 연구에 집중했다.

는 상태인데, '이렇게 부산하고 북적대는 인생은 대체 무엇을 위한 것인가' 혹은 '그것이 무엇을 위한 것이기는 한가' 하는 의문이 넓게 펴져 있습니다.

어떤 의미에서 보면 저는 여러분에게 이 주제에 대해 강연하기엔 최악의 사람입니다. 그다지 행복하지 못했던 소년 시절 탓인지 아니면 기질 문제인지 저는 허무감에 너무도 친숙하며, 그래서 이 주제를 다루는 훌륭한 강연자라면 마땅히 느껴야 할 만큼 허무감이 주는 충격을 민감하게 느끼지 못합니다. 이 전쟁 초기에, 저는 한밤중에 한 노동자와 배울 만큼 배운 남자와 함께 국토방위군 순찰을 한 적이 있습니다. 그때 우리는 이 전쟁이 궁극적으로 무력 충돌을 종식시킬 거라고 기대하지 않으며, 전반적으로 인간의 불행은 사라지지 않을 거라는 이야기를 했습니다. 그 노동자가 이 말을 듣고는 걸음을 멈추고 달밤에 최소한 일 분 동안을 꼼짝도 않고 서 있었는데, 저는 그 모습을 결코 잊지 못할 것입니다. 그로서는 생전 처음 접하는 이런 생각에 잠시 멍해져 있다가 마침내 침묵을 깨고 말했습니다. "그렇다면 이 빌어먹을 세상이 계속되는 게 무슨 소용이 있단 말입니까?" 저도 그 사람 못지않게 충격을 받았는데, 이와 같은 불안이 그에게는 완전히 새로운 것이었다는 사실 때문입니다. 이 빌어먹을 세상이 계속되는 것이 무슨 소용이 있는지, 나이 사십 중반이 될 때까지 어떻게 한 번도 의심해 보지 않을 수 있었단 말입니까? 그런 느긋함은 저로서는 상상도 못할 일이었습니다. 오랜 고민과 생각 끝에 존재라는 것이 허무하지 않다는 결론에 도달한 사람은 이해할 수 있습니다. 하지만 어떻게 그것을 당연하게 여길 수 있었는지 저로서는 놀라웠고 지금도 그렇습니다. 그리고 여기 모인 분들 중에도, 전쟁 혹은 앞으로의 평화를 위협하는 그 외의 전망처럼 지엽적이고 일시적인 사실에만 근거해서 허무를 두려워하는 분이 계실지 모르겠습니다. 그런 분에게는 그보다 훨씬 깊고 근본적인 허무—실제로 존재한다면 치료가 불가능한 허무—가 있을 수 있다는 사실을 우리가 직시해야 한다고 제가 주장하는 동안 참아 주십사 부탁드려야겠습니다.

일반 대중은 대중적 진화주의 때문에 이 우주적인 허무를 보지 못하고 있습니다. 어느 정도 과학을 잘 아는 청중에게 말씀드리고 있는 만큼, 대중적 진화주의가 생물학자들이 이해하는 진화론과 상당히 다르다는 점을 상세히 설명할 필요는 없을 것입니다. 생물학에서 말하는 진화론은 유기체가 어떻게 변하는지에 대한 이론입니다. 이러한 변화 가운데 어떤 것들은 인간적 기준으로 볼 때 유기체들을 '더 낫게'—더 유연하고, 더 강하고, 더 의식 있게—만들었습니다. 그러나 대다수의 변화는 그렇지 않았습니다. 홀데인[2]이 말하는 것처럼 진화에서 진보는 예외이며 퇴보가 법칙입니다. 대중적 진화론은 이 사실을 무시합니다. 그것은 '진화'를 단순히 '개선'으로 이해하기 때문입니다. 그리고 이 점을 유기체에 국한하는 것이 아니라 도덕적 가치, 제도, 예술, 지성 등에도 적용했습니다. 그래서 대중의 생각 속에

---

2) J. B. S. Haldane, 1892~1964년. 영국의 유전학자로, 집단유전학 및 진화 연구에 새로운 경지를 개척했다.

는 개선이 우주적 법칙이라는 개념이 박히게 되었습니다. 그런데 과학은 그와 같은 개념을 전혀 지지하지 않습니다. 심지어 유기체에서도 개선은 일반적 경향이 아닙니다. 인간이 인간이 된 이후 인류의 정신적·도덕적 능력이 향상되었다는 증거는 하나도 없습니다. 우리가 '우월하다'고 부를 만한 어떤 방향으로든 우주가 전반적으로 움직이는 경향도 분명하게 없습니다. 반대로 진화는—심지어 그것이 대다수 사람들이 가정하는 바로 그러한 진화라 할지라도—(천문학적, 물리학적 기준에서 볼 때) 그림에서 눈에 잘 띄지 않는 세부 전경前景에 불과합니다. 거대한 배경을 채우고 있는 것은 엔트로피[3], 노화, 해체 같은 퍽 다른 원리들입니다. 우주의 역사에서 유기체의 생명은 아주 짧고도 하찮은 에피소드가 될 거라고 모든 것이 암시하고 있습니다. 우리는 "백 년 후면 매한가지 일이 될 텐데 뭐"라는 말로 자신의 개인적 불행을 위로하는 모습을 종종 봅니다. 그러나 하나의 종種으로서 겪는 불행에 대해서도 같은 말을 할 수 있습니다. 우리가 무엇을 하든 몇억 년 후면 다 마찬가지 일이 될 것입니다. 유기체의 생명은 우주의 역사에서 잠시 번쩍이는 번개에 불과합니다. 장기적으로 볼 때 그 생명에서 아무것도 나오지 않을 것입니다.

제 말을 오해하지 마시기 바랍니다. 이처럼 오래도록 지속되는 허무가, 삶이 지속되는 동안 그것이 이전보다 덜 고통스럽고 덜 불공평

3) entropy. 일로 변환할 수 없는 에너지의 양 혹은 어떤 물리계의 무질서나 무작위의 정도를 나타낸다.

하게 되도록 애쓰는 노력들을 줄일 근거를 제공한다고 하려는 것이 결코 아닙니다. 배가 가라앉고 있다고 해서 아직은 떠 있는 동안 그곳이 생지옥이 되게 방치할 이유는 없습니다. 사실, 배가 가라앉기 직전까지 아주 꼼꼼하게 살펴서 잘 떠 있게 한다는 생각에는 멋진 반어법이 숨어 있습니다. 이 우주가 뻔뻔스럽고 어리석다고 해서 우리가 그것을 따라할 이유는 없습니다. 잘 배운 사람들은 사형수 호송차나 단두대에 오를 때 제일 좋은 옷을 입고 최고의 예절을 갖췄습니다. 어쨌거나 이것이 허무한 우주라는 그림을 보고 제가 받은 첫 번째 인상이었습니다. 여기서 저는 그 그림 때문에 우리의 행동이 달라져야 한다고 주장하는 것이 아닙니다. 하지만 우리의 생각과 감정이 달라지는 것은 틀림없습니다.

제가 보기에 이 같은 허무 앞에 우리가 택할 수 있는 길은 세 가지이며, 이 세 가지가 전부입니다. 첫 번째 길은 그냥 '받아들이는' 것입니다. 《자유인의 예배*The Worship of a Free Man*》를 집필할 때 러셀 경[4]이 그랬던 것처럼 일관된 비관주의자가 되어 그가 말한 "흔들림 없는 절망의 굳건한 토대" 위에 우리의 인생 전체를 둘 수 있습니다. 또 웨섹스 소설[5]과 《슈롭셔의 젊은이*The Shropshire Lad*》[6] 그리고 루크레티우스[7]를 양식으로 삼고 살아갈 수 있습니다. 아주 남자답고 인상적인

---

4) Bertrand Russell, 1872~1970년. 영국의 논리학자, 철학자.

5) Wessex novels. 주로 자신의 고향인 웨섹스 지방을 소재로 삼은 영국의 소설가 토머스 하디(1840~1928년)의 소설들을 부르는 말.

6) 영국의 시인 A. E. 하우스먼(1859~1936년)의 시집.

7) Lucretius. BC 1세기에 활동한 고대 로마의 시인, 철학자.

인물이 되기를 꾀하면서 말입니다.

두 번째 길은 과학자들이 그리는 우주의 그림을 부인하는 것입니다. 그 방법은 여러 가지가 있습니다. 우리는 서구의 관념론자나 동양의 범신론자가 될 수 있습니다. 둘 중 어떤 입장을 취하든 결국 이 물질적 우주는 진짜가 아니었다고 주장하게 될 것입니다. 우주는 우리의 감각과 사고 형식이 만들어 낸 일종의 신기루이며, 실재는 다른 곳에서 찾아야 한다는 것입니다. 아니면 유대인, 이슬람교도, 그리스도인들이 말하는 것처럼, 자연이 그 나름대로 실제적이기는 하지만 그래도 다른 실재들이 존재하며, 우리가 그 실재들을 받아들임으로써 더 이상 그림이 허무하지 않게 고쳐 그리게 된다고 할 수도 있을 것입니다.

세 번째 길은 과학자들의 그림을 받아들이되 허무의 문제는 손을 보는 것입니다. 그러니까 우주를 비판하는 대신 우주에 대한 우리 자신의 감정을 비판하고, 허무함을 느끼는 우리의 감각이 비합리적이거나 합당하지 못하거나 부적절하다는 점을 보이고자 할 수도 있다는 말입니다. 어쨌거나 일단은 이 세 번째 절차가 여러분에게 가망 있어 보일 것 같습니다. 같이 한번 살펴보지요.

우주적 허무에 대해 우리가 느끼는 감정에 제기할 수 있는 가장 치명적인 비판은 바로 "'허무함, 무익함futility'은 '유익함utility'의 반대" 라는 말이라고 생각합니다. 이 논리를 따라가 보면 이렇습니다.

'기계나 계획이 그것이 고안된 목적을 충족시키지 못하면 무익한 것이다. 따라서 우주를 무익하다고 부를 때 우리는 사실상 우주에다 수단과 목적이라는 사고 패턴을 적용하는 것이다. 우주를 마치 제조된 것, 어떤 목적을 위해 제조된 수단으로 취급하는 것이다. 우리가 우주를 무익하다고 하는 것은, 인간의 가공품—인간이 자신의 목적을 달성하기 위해 만든 것—이 지니는 특징이 근본적인 실재에는 없음을 발견하고 순진하게 놀라면서 그것은 터무니없는 일이 아니냐며 따지는 태도에 불과하다. 그것은 우리가 올라타기 딱 좋은 자리에 나뭇가지가 나 있지 않아 그 나무가 무익하다고 불평하거나, 심지어 돌멩이는 먹을 수 없는 것이기 때문에 무익하다고 불평하는 것과 같다.'

이런 관점은 처음에는 상식이 주는 신선한 충격을 다 지닌 것처럼 보입니다. 그리고 이런 관점을 적어도 자신의 논리 체계 중 하나로 갖고 있지 않은 철학은 온당한 것일 가능성이 전혀 없다고 저는 믿습니다. 그러나 논리 자체로만 보면 그것이 지나치게 단순하다는 것을 알게 될 것입니다. 우리가 이 관점을 논리적 결말까지 밀고 가면 다음과 같은 결론에 도달하게 될 것입니다.

'제대로 사실을 진술하려면, 우주가 허무하다고 해서는 안 되며 대신 우주가 도구를 만들 줄 아는 동물, 즉 인간을 만들어 냈다고 해야 한다. 오랫동안 도구를 만들어 온 습관은 인간에게 또 다른 습관이 생기게 해주었다. 즉 수단과 목적의 관점에서 생각하는 습관이다. 이 습관이 너무도 깊이 배어 인간은 도구를 만들지 않을 때도 계속 이러한 사고의 패턴을 사용하게 된다. (말하자면) 이 사고 패턴을 실재에 전반적으로 '투사'하는 것이다. 그래서 우주가 '선'해야 한다고 하거나 그것이 '악'하다고 불평하는 어리석은 행동이 생겨나는 것이다. 그러나 이는 순전히 인간적인 생각으로, 우리에게 우주에 대해 말해 주는 바가 전혀 없으며, 인간에 대한 정보를 줄 뿐이다. 마치 인간의 색소 침착 현상이 어떻다거나 폐의 모양이 어떻다는 것처럼 말이다.'

이와 같은 설명에는 매력적인 부분이 있습니다. 그러나 문제는 이 관점을 어디까지 끌고 갈 수 있느냐 하는 것입니다. 인간의 생각은 순전히 인간적인 것에 불과하다는 관점, 즉 인간이 특정한 방식으로 생각한다는 것은 단순히 호모 사피엔스가 갖는 동물학적 사실에 불과하며, 그것은 인간 외적 혹은 우주적 실재(그 실재로부터 생겨난 것은 분명합니다)를 전혀 반영하지 않는다는 생각을 우리가 끝까지 견지할 수 있을까요? 이 질문을 던지는 순간 우리는 멈칫하게 됩니다. 이 지점에서 우리는 인간의 생각에 대한 특정 관점이 옳은지 묻고 있습니다. 그리고 문제가 되는 그 관점은 '인간의 생각은 옳지 않으며, 실재를 반영하지 않는다'라는 것입니다. 그런데 이 관점 자체가 하나의 생각입니다. 다시 말해 우리는 '어떤 생각도 옳지 않다는 이 생각 자체가 옳은가?' 하고 묻는 것입니다. 만약 그렇다고 답한다면 우리는 우리 자신과 모순되게 됩니다. 모든 생각이 옳지 않다면 이 생각 또한 옳지 않기 때문입니다.

따라서 인간의 생각에 대한 전적인 회의주의는 있을 수 없습니다. 우리가 전적인 회의주의를 받아들이지 않게 되는 이유는 그 순간 우리가 생각하는 바로 그 생각만큼은 암묵적으로 받아들여야만 그러한 회의주의가 성립되기 때문입니다. 마치 신입 사원에게 "이 사무실에 있는 사람은 아무도 믿지 마세요" 하고 경고하는 사람이 그 순간만큼은 그 신입 사원이 자신을 믿을 거라고 언제나 생각하는 것과 마찬가지입니다. 그렇다면 어떠한 경우든 우리가 할 수 있는 최선이란, 인간의 생각 가운데 어떤 유형은 '순전히 인간적인 것' 혹은 주관적인 것이고 다른 유형은 그렇지 않은지 정하는 일입니다. 인간의 생각의 일부는, 아주 적은 부분이라 하더라도 뇌의 작용에 따른 단순한 결과가 아니라, 인간의 의식 속에 실재가 반영된 참된 통찰로 보아야 하는 것입니다.

일반적으로 사람들은 과학적 사고라는 것과 그 외의 사고를 구분합니다. 그리고 윤리적 혹은 형이상학적 사고는 우리를 실재와 접하게 해주지 못하지만 과학적 사고는 그렇게 해준다고 대개 믿습니다. 이런 관점에서는, 우주가 시간과 공간의 연속체라고 하는 것은 실재에 대해 말하는 것이지만, 우주가 무의미하다고 하거나 인간은 최저 생계비를 받아야 한다고 말하는 것은 우리 자신의 주관적인 느낌을 설명하는 것에 불과합니다. 그래서 미국인들이 '공상과학'이라 부르는 오늘날의 소설—다른 행성이나 바다 깊은 곳에 사는 알려지지 않은 종에 대한 이야기—에서 이런 생물들이 우리의 도덕적 기준은 전혀 갖고 있지 않지만 우리의 과학적 기준은 받아들이는 것으로 흔히 묘사됩니다. 물론 여기에는 이런 생각이 내포되어 있습니다. 과학적 사고는 객관적이므로 생각할 줄 아는 존재라면 누구에게나 같겠지만, 윤리적 사고는 음식에 대한 기호처럼 단순히 주관적인 것이기 때문에 종마다 차이가 있을 수 있다는 것이지요.

그러나 과학적 사고와 비과학적 사고의 구분은 우리가 생각하는 것처럼 그렇게 명확하지 않습니다. 과학적 사고의 논리는 실험에서 가설로, 그다음에는 검증과 또 새로운 가설로 이어집니다. 실험이란 특별하게 배열된 감각 경험을 의미합니다. 검증에는 추론이 포함됩니다. '만약 X가 존재한다면, Y라는 조건하에서 우리는 Z를 경험할 것이다'라는 가설을 세우고 Y라는 조건을 만들었더니 Z가 나타납니다. 그러면 우리는 X가 존재한다고 추론하는 것입니다. 이 과정에서 우리가 우리 외부에 있는 실재를 조금이라도 확신하게 되는 부분은 바로 'X라면 Z이다' 혹은 역으로 'Z이므로 X이다'라는 추론입니다. 이 과정의 다른 부분, 즉 가설과 실험은 그 자체로는 우리에게 어떤 확신도 줄 수 없습니다. 가설은 분명히 정신에 의해 세워진 것으로, 말하자면 '우리 머릿속에서 일어나는' 일인 것입니다. 그리고 실험은 우리 자신의 의식의 상태입니다. 시험관에 있는 액체에 열을 가하면 특정 눈금을 읽거나 색을 보게 되는데, 곧 그것은 시각적 감각의 상태인 것입니다. 우리는 오직 추론의 힘에 의지하여 실험에 쓰이는 장치가 우리의 정신 외부에 존재한다고 여깁니다. 즉 실험 장치가 시각적 감각의 원인이라고 추론하는 것입니다. 추론은 부당한 것이라고 말하는 게 결코 아닙니다. 저는 주관적 관념론자가 아니며, 우리가 꿈에서 하는 실험과 연구실에서 하는 실험은 구분되어야 정상이라고 확신합니다. 일반적으로 물질세계나 외부 세계는 추론된 세계며, 따라서 특정 실험은 추론이라는 마법의 동그라미에서 우리를 꺼내어 모종의 방식으로 실재와 접촉하게 하는 것이 아니라, 실험 자체가 그 위대한 추론의 일부로서만 증거가 된다는 점을 지적하는 것뿐입니다. 그렇다면 물리학은 형이상학이나 수학만큼이나 논리의 유효성에 의존하고 있습니다. 대중이 생각하기에 '과학'은 실험으로 검증할 수 있기 때문에 다른 모든 종류의 지식과는 다르다고 한다면, 잘못 생각하고 있는 것입니다. 실험적 검증은 단순한 논리의 결함을 보완하기 위한 새로운 종류의 확증이 아닙니다. 따라서 우리는 과학적 사고와 비과학적 사고의 구분을 버려야 합니다. 논리적 사고와 비논리적 사고로 구분하는 것이 합당합니다. 우리가 현재 추구하는 목적에 합당한 구분이 그렇다는 말입니다. 그 목적이란 (인간의 대뇌피질이 어떻게 작용하는지 말해 주는 단순한 사실이 아니라) 객관적 가치를 지닌 생각의 부류가 존재하는지 찾는 것입니다. 이 목적을 위해 우리는 과학과 그 외의 다른 논리적 사고의 활동을 구분할 수 없습니다. 논리를 의심한다면 과학 또한 의심받을 수밖에 없기 때문입니다.

따라서 모든 지식은 추론의 유효성에 의존한다는 결론이 나옵니다. 원론적으로, 'A가 B이기 때문에 C는 D일 것이다'라고 할 때 느끼는 확신이 환상이라면, 그러니까 그 확신이 대뇌피질이 어떻게 작용하는지 보여 줄 뿐 외부의 실재가 정말로 어떠한지는 알려 주지 않는다면, 우리는 아무것도 알 수 없습니다. 물론 제가 '원론적으로'라는 단서를 붙이는 것은 부주의나 피로로 인해 우리가 종종 잘못 추론하기 때문이며, 이때 정상적인 추론을 할 때만큼이나 확신을 느끼기 때문입니다. 하지만 이런 경우 좀더 따져 보면 언제든지 추론을 고쳐 나갈 수 있습니다. 이것은 문제가 되지 않습니다. 문제가 되는 것은, 실수로 인한 오류를 제외하고도, 추론 자체를 주관적 현상에 불과하다고 할 경우입니다.

앞에서 우리는 허무를 느낄 때 그 감정을 우주가 인간의 뇌 속에 만들어 낸 단순히 주관적이고 엉뚱한 결과라고 제쳐 놓아도 되는지 물으면서 논의를 시작했습니다. 저는 그 질문에 대한 답을 미루고 좀더 큰 질문에 먼저 답하고자 했습니다. 그러고서 일반적으로 인간의 생각이 실제 우주와 아무 상관이 없으며 단순히 주관적인 것으로 제쳐 놓을 수 있는지 물었습니다. 이제 제가 찾은 큰 질문에 대한 답을 보여 드리겠습니다. 그 답은 최소한 한 가지 종류의 생각, 즉 논리적인 생각은 주관적일 수 없으며 실제 우주와 무관할 수 없다는 것입니다. 생각이 유효하지 않다면 우리가 실제 우주를 믿을 이유가 하나도 없기 때문입니다. 우리는 오직 추론에 의해 우주에 대한 지식에 이릅니다. 우리 생각과 무관하다고 여겨지는 바로 그 대상이 생각과의 상관성에 의존하고 있는 것입니다. 오직 추론의 유효성에 근거해서만 우주가 존재한다고 믿을 수 있는데, 그 우주가 우리에게 추론은 유효하지 않다고 말할 수는 없는 것입니다. 그런 일은 있을 수 없습니다. 그렇다면 결론적으로 논리는 실재가 존재하는 방식을 인식할 수 있는 참된 통찰 방법입니다. 다시 말해, 사고의 법칙은 사물의 법칙이기도 한 것입니다. 공간적·시간적으로 아무리 멀리 있는 사물들 사이에도 통하는 법칙 말입니다.[8)]

제가 보기에 우리는 이 사실을 인정할 수밖에 없으며, 이는 매우 중대한 결과를 낳습니다.

우선, 인간의 사고에 대한 어떠한 유물론적 설명도 설자리가 없어져 버립니다. 지구에 있는 어느 천문학자의 생각과 몇 광년 떨어져 있는 물질의 움직임 사이에, 우리가 진리라고 부르는 특별한 관계가

---

8) 루이스는 《기적》의 제1장부터 제6장까지에서 인간의 추론이 얼마나 유효한지 제대로 보여 준다. 특히 제3장 '자연주의자의 근본 난점'에서 이 문제를 잘 다루고 있다. 훗날 그는 이 3장에서 '비합리적'이라는 말의 두 가지 의미를 혼동했다고 느껴 3장을 다시 집필했고 개정판이 나왔다.

존재한다는 사실을 우리는 받아들일 수밖에 없습니다. 그러나 유물론자의 생각처럼 천문학자의 뇌를 물질 덩어리로 보며 그 뇌와 항성이라는 물질 사이에 그러한 관계를 성립시키려 한다면 그 관계는 아무 의미도 없게 됩니다. 물론 그 뇌와 항성간에 공간상의 관계, 시간상의 관계, 양적인 관계 등 다양하게 관련지을 수는 있습니다. 그러나 한 부분의 물질이 다른 부분의 물질에 대해 진리가 된다고 하는 것은 제가 보기에 말이 되지 않습니다. 우주의 모든 원자가 다른 모든 원자에 대해 생각하며, 그것도 참되게 생각한다고 가정해 볼 수는 있습니다. 그러나 두 원자 사이의 그러한 관계는 그 둘 사이의 물리적 관계와는 무척 다를 것입니다. 생각이 물질이 아니라고 제가 말한다고 해서 인간의 사고에 무슨 신비로운 것이 있다고 주장하는 것은 아닙니다. 어떤 의미에서 생각한다는 것은 세상에서 가장 단순한 일입니다. 우리는 하루 종일 생각합니다. 우리는 물질이 어떠한지보다 생각이 어떠한지를 훨씬 잘 압니다. 우리는 생각에서 모든 것을 시작합니다. 그것은 간단하고, 친숙하고, 직접적인 자료입니다. 오히려 물질이 추론된 것이며, 신비입니다.

두 번째로, 논리가 분명 유효하다는 점을 받아들이면 우리 모두가 알고 있는 이것, 이 생각, 이 정신이 우주의 본성과 그렇게 맞지 않는 것이 아님을 단번에 알게 됩니다. 거꾸로 이야기하면, 우주의 본성은 이성Reason과 그렇게 맞지 않는 것일 수 없습니다. 물질은 언제나 우리의 논리가 따르는 법칙과 똑같은 법칙을 따른다는 것을 우리는 발견합니다. 어떤 것이 어떠해야 한다고 논리가 말하면 자연은 언제나 그것에 동의합니다. 이것이 다행스런 우연의 일치 때문이라고 아무도 생각하지 않습니다. 대신 자연이 정신mind을 만들었기 때문에 그런 거라고 생각하는 사람은 대단히 많습니다. 그러나 자연 자체가 정신을 갖고 있지 않다고 한다면 이와 같은 생각은 아무런 설명도 주지 못합니다. 무엇인가가 정신이 부재한 일련의 사건들로 생겨난 결과라는 말과, 그것이 정신이 부재한 사건들을 발생시킨 법칙에 대한 모종의 지도 내지 참된 설명이 된다는 말은 전혀 다릅니다. 멕시코 만류는 온갖 결과를 낳습니다. 예를 들어 아일랜드 해海의 온도에 영향을 미칩니다. 그러나 멕시코 만류는 자신의 흐름을 지도로 만들어 내지 못합니다. 그런데 논리가 우리의 생각 속에서 작동함을 인지하고 있음에도 논리가 정말로 정신이 부재한 자연의 결과라면, 이것은 멕시코 만류가 지도를 만들어 내는 경우만큼이나 있을 수 없는 결과입니다.

논리에 따라 우리가 생각할 때 따를 수밖에 없는 법칙은 결국 시간과 공간 속에서 모든 사건이 발생할 때 반드시 따르는 법칙임이 드러납니다. 이를 평범하고 있음직한 결과라고 생각하는 사람은 그 의미를 제대로 이해하지 못하는 것입니다. 이것은 마치 양배추가, 식물학의 법칙에 따라 생겨났을 뿐만 아니라 그 주제를 강의까지 한다는 말과 같습니다. 혹은 담배 파이프에서 재를 털어 낼 때 그 재가 '우리는 담배 파이프에서 나온 재다'라는 글자 모양으로 스스로를 배열시킨다는 말과 같습니다. 하지만 지식의 유효성을 그런 방식으로 설명할 수 없고, 역사의 시간 내내 다행스런 우연의 일치들이 계속 생겨나는 것도 불가능하다면, 우리는 제대로 된 설명을 다른 곳에서 찾아야 합니다.

저는 이 다른 설명을 최대한 명료한 용어로 제시하려는데, 제가 실제로 증명하는 것보다 더 많이 혹은 더 확실하게 증명하려 한다고는 생각하지 말아 주시길 바랍니다. 이 설명을 제시하는 가장 안전한 방법은 '인간 이성'에 대해 아예 말하지 않는 것이 아닐까 합니다. 사고가 단지 인간의 것이며 특정한 생물학적 종의 한 가지 특징에 불과하다면 이것은 우리의 지식을 설명해 주지 못합니다. 사고가 엄격하게 이성적일 때는, 이상하게 들릴지 모르지만, 인간의 것이 아니라 우주적 혹은 초우주적인 것이 분명합니다. 그것은 우리의 머릿속에 갇혀 있는 무엇이 아니라 이미 '저기 바깥에', 즉 우주 안이나 우주 이면에 물리적인 자연 못지않게 객관적으로나 그보다 훨씬 더 객관적으로 존재하는 무엇이 틀림없습니다. 우리가 지식이라고 생각하는 모든 것이 환상이 아니라면, 우리가 생각할 때 비합리적인 우주에다 합리성을 집어넣어 읽는 것이 아니라 우주를 늘 흠뻑 적시고 있는 합리성에 반응하고 있는 것이라고 주장해야 합니다. 여러분이 이런 입장을 관념론적 형이상학이나 신학으로, 유신론적, 범신론적 혹은 이원론적 신학으로 발전시킬 수 있는 방법은 여러 가지가 있습니다. 오늘 밤 강연에서는 그처럼 발전될 수 있는 모습들을 추적해 보지는 않을 것이며, 그 가운데 특별히 제가 받아들이는 것을 변호하는 일은 더더욱 하지 않을 것입니다. 저는 그저 가장 일반적인 형태의 이 개념이 허무라는 문제에 어떤 빛을 던져 주는지 살펴볼 것입니다.

처음에 그 빛은 미미해 보일 수 있습니다. 우리가 관찰해 온 바대로, 우주는 딸기와 바다와 일출과 새의 노랫소리 등 참으로 선한 세부 요소들을 던져 주기는 하지만, 어쨌든 전체적으로는 선하게 보이지 않습니다. 이 선한 요소들도 양적으로 생각해 보면, 거대한 넓이의 텅 빈 공간과 사람이 살 수 없는 거대한 물질 덩어리에 비해 너무 짧은 순간의 일이고 규모도 작아서 정말 운 좋은 우연이라고 부를 법합니다. 따라서 우리는 궁극적 실재가 논리적이기는 하지만 가치(여하튼 우리가 인정하는 가치)는 중요하게 여기지 않는다고 결론지을 수 있으며, 여전히 이 우주를 허무하다고 비난할 수 있습니다. 그러나 우주를 어떤 식으로든 비난하는 것은 참으로 힘든 일입니다. 비난은 언제나 기준이 있음을 암시합니다. 여러분이 누군가를 형편없는 골프 선수라고 부르는 것은 보기[9]가 무엇인지 알기 때문입니다. 어떤 학생의 계산이 틀렸다고 하는 것은 정답을 알고 있기 때문입니다. 누군가를 잔인하다거나 게으르다고 하는 것은 그 기준으로 친절 혹은 부지런함을 알기 때문입니다. 이와 같은 비난을 하는 동안에는 그 기준을 유효한 것으로 받아들일 수밖에 없습니다. 그 기준을 의심하기 시작하면 자신이 비난하는 바가 설득력이 있는지 자동적으로 의심하게 됩니다. 문법에 회의적이라면 문법에 맞지 않는다는 자신의 비난에도 회의적이어야 합니다. 어떤 것도 확실하게 옳지 않다면, 당연히 확실하게 틀리지는 않게 되지요. 이것이 제가 영웅적 비관주의라

---

9) Bogey. 골프에서 기준 타수보다 하나 많은 타수로 공을 홀에 넣는 일. 두 타가 많을 경우는 더블 보기라고 한다.

10) Algernon Charles Swinburne, 1837~1909년. 영국의 시인, 비평가. 이교적 정신을 지닌 열렬한 반反신론자였다.

11) Percy Bysshe Shelley, 1792~1822년. 영국의 낭만파 시인 가운데 가장 이상주의적인 미래상을 그렸다. 권력의 폭력과 관행에 대한 반항, 이상주의적 사랑과 자유에 대한 동경을 잃지 않았다.

고 부르는 관점, 다시 말해 스윈번,[10] 하디, 셸리[11]의 《프로메테우스》와, 하우스먼의 말—“어떤 짐승 같고 깡패 같은 놈이 이 세상을 만들었건”—에 참으로 잘 요약되어 있는 비관주의가 안고 있는 난관입니다. 이런 종류의 시에 제가 공감하지 못한다고 생각하지는 말아 주십시오. 오히려 한때 저는 그런 시를 쓰려고 무척 노력했던 사람입니다. 시의 분량으로 말하자면 저는 성공했다고도 할 수 있습니다. 저는 그런 시를 무수히 많이도 썼습니다.[12]

그러나 거기에는 함정이 있습니다. 만약 짐승이나 불량배 같은 자가 이 세상을 만들었다면 그는 우리의 생각도 만들었을 것입니다. 그리고 그가 우리의 생각을 만들었다면 우리가 그를 짐승이나 불량배로 판단하는 그 기준도 만들었을 것입니다. 그렇다면 그토록 짐승 같

---

12) 루이스는 그의 첫 작품 《구속된 영혼*Spirits in Bondage*》에 있는 많은 시들을 언급하는 것이 분명하다. 그는 이 책을 클라이브 해밀턴Clive Hamilton이라는 필명으로 출판했다. 여기서 당시 그의 비관주의를 가장 잘 보여 주는 예 가운데 하나는 “새해 첫날을 위한 송시Ode for New Year's Day”에 나오는 아래 구절이다.—편집자.

……자연은 동정하지 않을 것이며, 붉은 신이 귀 기울여 들어 주지도 않을 것이다.
그러나 비통한 고통의 때에 나 또한 미친 적이 있으며,
신이 들을 줄 알고 그를 향해 목청을 높였다.
선이 죽었기 때문에 나는 그를 저주했다.
그러나 보라! 나는 이제 지혜로워졌고,
이 작은 행성 위로 몇 해가 질주하는 동안
우리 마음이 선이라 불리는 환영을 만들어 냈음을 알았다.
……
인간이 그를 속일 수 있다면 얼마나 좋을까!
신을 향한 사무치는 증오와 닳아빠진 세상의 부패에서 벗어나
깊은 숲에 숨어 영원히 안식하고자,
장밋빛 서쪽 너머 다른 나라들로
도망칠 수 있다면!

고 불량배 같은 근원에서 나오는 기준을 우리는 어떻게 믿을 수 있을까요? 우리가 그를 거부한다면 그가 한 모든 일도 거부해야 합니다. 그런데 그가 한 일 가운데 하나가 우리로 하여금 그를 거부하게 하는 바로 이 도덕적 기준을 만든 것입니다. 이 기준을 받아들인다면 우리는 그가 짐승이나 불량배 같은 존재가 아니라는 것을 실제로 나타내는 것입니다. 그 기준을 거부하면 우리가 그를 정죄할 수 있는 유일한 수단을 버린 것이 됩니다. 따라서 영웅적 반反신론은 그 핵심에 모순을 안고 있습니다. 여러분은 다른 모든 면에서 우주를 비판하기 위해서라도 한 가지 면에서는 이 우주를 신뢰해야 합니다.

우리의 가치 관념에 벌어지는 일은 우리의 논리에 벌어지는 일과 사실상 똑같습니다. 만약 우리의 가치 관념이 인간으로서 가치에 대해 느끼는 바에 불과하다면 어떻게 될까요? 일단 그 사실을 깨닫고 나면 우리는 어떤 상황을 진지하게 비판하기 위한 근거로 우리의 가치 관념을 계속 사용할 수 없게 됩니다. 우리가 생각하는 가치를 실현하기 위한 노력에 더 이상 어떤 중요성도 부여할 수 없습니다. 만약 후손의 유익에 대한 관심이 팬케이크를 좋아하거나 햄을 싫어하는 것과 같은 수준의 비합리적이고 주관적인 취향에 불과하다고 정말 믿는다면, 그는 후손의 유익을 위해 지속적으로 자신을 희생할 수 없습니다. 많은 사람들이 이와 같이 가치를 주관적인 것으로 보는 철학을 갖고 있으면서도 실은 정의나 자유라는 대의를 위해 무척 애쓰기도 한다는 사실을 저도 잘 압니다. 그러나 그것은 그들이 자신의 철학을 잊어버리기 때문에 가능한 일입니다. 그들은 정의나 자유를 위해 실제로 일할 때는 그것이 정말로 선하다고 생각합니다. 다른 누가 좋아하건 말건, 그것은 객관적 의무라고 생각합니다. 강의실로 돌아갈 때만 어김없이 이와 반대되는 자신의 철학적 신념을 기억해 내지요. 우주를 허무하다고 보는 우리의 인식과, 우리의 손이 닿는 우주의 일부나마 덜 허무하게 만들어야 한다는 우리의 의무감은 둘 다 실은 우주가 전혀 허무하지 않다는 신념을 나타냅니다. 가치는 우리 바깥에 존재하는 실재에서 비롯된다는 신념, 이 우주를 흠뻑 적시고 있는 이성 역시 도덕적이라는 신념이지요.

물론 우주의 가치가 우리의 가치와 무척 다를 가능성은 남아 있습니다. 그리고 어떤 의미에서는 다를 수밖에 없습니다. 우주에 대한 해석 가운데 제가 받아들이는 해석은 그 차이가 여러 가지 면에서 참으로 괴로울 정도로 현저하다는 것을 보여 줍니다. 그러나 이와 같은 차이를 허용할 수 있는 범위에는 분명한 한계가 있습니다.

논리 문제로 돌아가 봅시다. 논리적 추론이 원칙적으로 무효하다고 할 경우 우리는 자기모순에 빠진다는 것을 저는 보여 주고자 했습니다. 이에 반해 우리가 종종 잘못된 추론을 한다는 것만큼 자명한 사실은 없습니다. 추론과 관련된 일부 요소들에 무지해서, 부주의해서, 우리가 사용하는 (언어학이나 다른 분야의) 상징체계가 비효율적이어서, 혹은 우리가 무의식적으로 원하거나 두려워하는 것이 은밀하게 영향을 미치기 때문이지요. 따라서 우리는 그와 같은 추론을 확고부동하게 믿으면서도 한편으로는, 생각하는 인간의 정신에서 일어나는 추론의 특정 사례에 건전한 회의를 품어야 합니다. 앞서 말했듯이, (엄밀히 말해서) 인간의 이성이라는 것은 없습니다. 그러나 인간의 생각이라는 것은 분명 있습니다. 다시 말해 이성과 관련한 인간의 다양하고도 특별한 사고는 존재하며, 욕망을 가진 게으른 인간의 정신이 피곤에 지친 뇌를 사용하면서 완벽한 합리성을 보이지 못하기도 합니다. 이 사실을 인정하는 것과 이성 자체를 의심하는 것은 크게 다릅니다. 후자의 경우라면 실재가 이성과 모순된다고 해야 하는데 반해, 지금 우리는 총체적 이성—우주적 혹은 초우주적 이성—이 인간에게서 불완전하게 구현된 이성을 바로잡아 준다고 말하는 것뿐입니다. 바로잡는 것은 단순한 모순과는 다른 것입니다. 잘못된 추론이 바로잡히면 우리는 '실수를 깨닫게' 됩니다. 그리고 실수하기 전에 지녔던 생각들 가운데 합리적인 생각을 어떻게든 찾아내어 제대로 추론하게 되지요. 우리는 전적으로 새로운 세상으로 들어가는 것이 아닙니다. 우리가 이미 갖고 있었으되 소량인 데다 이질적 요소들이 상당히 섞여 있던 이성을 더 많이 그리고 더 정화된 상태로 얻게 되는 것입니다. 이성이 객관적이라는 말은 우리의 모든 잘못된 추론이 원칙적으로 그 이상의 이성에 의해 바로잡힐 수 있다는 말입니다. 물론 제가 '원칙적으로'라는 말을 덧붙여야 하는 이유는, 우주 전체에 대한 절대적 진리를 깨닫는 데 필요한 추론이 어떤 인간의 지성도 다 받아들이지 못할 만큼 혹은 계속 주의를 기울이지 못할 만큼 복잡할 수 있기 때문입니다. (분명히 실제로도 그럴 것입니다). 다시 말씀드리지만 이것은 인간이라는 도구의 결함이지 이성 탓이 아닙니다. 집중력이 약한 아이에게는 간단한 산술에서의 덧셈이 무척 길고 복잡할 수 있습니다. 그러나 이 같은 덧셈이 아이가 할 수 있는 짧은 덧셈과 근본적으로 다른 종류는 아닙니다.

이쯤 말해 놓고 보니 우리의 가치 관념과 우주적 혹은 초우주적 이성이 인정하는 가치의 관계는, 논리적이고자 하는 우리의 시도와 논리 자체의 관계와 동일해 보입니다. 궁극적 이성이 아무런 가치도 인정하지 않는다고 생각해 볼 수 있습니다. 하지만 제가 앞에서 보여 주려 한 것처럼 그 이론은 우리가 우리 자신의 가치에 계속 중요성을 부여한다는 점과 모순됩니다. 그리고 사실상 모든 사람이 계속 자신의 가치에 중요성을 부여하고자 하기 때문에, 실제로 그 이론을 택할 수 없습니다. 그러나 궁극적 이성에서 유래한 가치 관념을 인정한다면, 제가 볼 때 그 가치 관념이 우리 자신의 가치 관념과 전적으로 다르다고 할 수는 없습니다. 만일 그토록 다르다면 우리 자신의 가치 관념은 인간의 것에 불과할 수밖에 없을 겁니다. 그렇게 되면 궁극적 정신은 아무런 가치도 인정하지 않는다는 입장과 똑같은 결과들이 나올 겁니다. 어떤 정신이 우리가 생각할 수 있는 유일한 가치와는 전적으로 다른 가치 관념을 지닌다는 말은, 그 정신이 우리가 알지 못하는 무엇을 지닌다는 말이 됩니다. 이것은 그것에 대해 딱히 아무 말도 안 하는 것과 진배없습니다. 우리의 가치 관념이 환상에 불과하다고 한다면, 교육과 합리성과 계몽이 인간의 정신에서 그 가치 관념을 제거하려는 움직임을 전혀 보이지 않는다는 사실 또한 매우 이상한 일일 것입니다. 그런데 우리가 진행하는 논증을 이 단계까지만 놓고 봐도, 교육이건 계몽이건 그런 시급한 일을 해야 할 이유가 없음을 알 수 있습니다. 이성이 우주적 혹은 초우주적 정신에서 나온다고 할 수밖에 없음을 깨닫는 순간, 우주적 혹은 초우주적 정신에는 가치 관념이 없다는 주장을 지지하는 것처럼 보이는 논거가 정말 무너진 것입니다. 이성이 단순히 인간의 것일 수는 없다는 사실을 결국 인정하게 되면, 미덕 역시 순전히 인간의 것이라고 해야 할 어떤 당위도 없어집니다. 지혜가 우리 외부에 존재하는 객관적인 무언가로 판명된다면, 선 또한 그와 같은 것으로 드러날 가능성은 지혜의 경우 못지않습니다. 그러나 여기서도 선이 객관적으로 유효하다고 굳게 믿되 우리가 구체적인 상황에서 내리는 모든 도덕적 판단에는 상당한 회의를 품는 것이 합리적인 자세입니다. 우리의 모든 구체적인 도덕적 판단들에 교정이 필요하다는 말은, 그 판단들이 부분적으로 틀렸으며, 또한 그 판단들이 우리 자신에 대한 주관적인 사실들에 불과한 것은 아니라는 뜻입니다. 그렇지 않다면, 우리를 도덕적으로 계몽시키는 과정은 우리의 개별적인 도덕적 판단들을 바로잡는 것이 아니라 전부 내다 버리는 일이 될 것이기 때문입니다.

물론 이 우주에 어떠한 도덕적 목적도 없다고 할 수 있는, 반론이 없는 한 자명해 보이는 근거는 있습니다. 그 근거란 바로 세상에서 실제로 벌어지는 사건들의 흐름을 보면 생명을 잔인하게 파괴하고 생명에 극도록 무관심하거나 생명을 증오한다는 것입니다. 그러나 그것은 우리가 결코 사용할 수 없는 근거라는 말씀을 드려야겠습니다. 이 파괴와 잔인함을 진정한 악이라고 판단하지 않는다면, 그와 같은 현상을 나타낸다고 해서 이 우주를 정죄할 수 없습니다. 선에 대한 우리 자신의 기준을 원칙적으로 유효하다고 보지 않는 한(그 기준을 특정 상황에 적용할 때 얼마나 많은 오류를 범하든), 파괴와 잔인함을 악이라고 부르는 것은 아무런 의미도 지니지 못합니다. 그리고 우리 자신의 기준을 우리의 기준 이상의 것으로 간주하지 않는 한, 다시 말해 그 기준은 사실 객관적인 원칙이며 우리가 그 원칙에 반응하는 것이라고 여기지 않는 한, 우리는 그 기준이 유효하다고 할 수 없습니다. 요컨대 궁극적 실재가 도덕성을 지닌다는 사실을 인정하지 않으면, 우리는 그 실재를 도덕적으로 비난할 수 없습니다. 실재가 허무하다는 우리 자신의 비난을 진지하게 받아들일수록 우리는 실재가 궁극적으로는 결코 허무하지 않다는, 그 비난에 함축된 의미에 더 매달리게 됩니다. 무자비하고 어리석어 보이는 우주에 쏟아내는 선한 무신론자의 저항은 사실상 우주의 내면 혹은 이면에 있는 무엇, 그가 무한히 가치 있고 권위 있는 것으로 인정하는 무엇에 대한 무의식적인 존경의 표시입니다. 만약 자비와 정의가 정말로 개인이 부리는 변덕에 불과할 뿐 아무런 객관성도 없고 인간 외적인 것에서 비롯되지도 않으며, 그 무신론자가 이 사실을 깨닫는다면 그는 더 이상 화를 낼 수 없기 때문입니다. 하늘이 자비와 정의를 무시한다고 하늘을 비난하는 것 자체가, 그 사람의 생각 어딘가에서는 자비와 정의가 더 높은 하늘에 좌정하고 있다는 사실을 안다는 뜻입니다.

저는 그와 같은 저항에 최고의 정신supreme mind이 불쾌해 한다고 생각하지 않고, 아무래도 그렇게 생각할 수 없었습니다. 페일리[13] 같

13) William Paley, 1743~1805년. 영국의 신학자. 《자연신학*Natural Theology*》이라는 책에서 기계적인 완벽성을 갖춘 척추동물의 눈을 시계에 비유하고 시계의 설계자가 있는 것과 같은 이치로 눈의 설계자인 신이 존재한다는 논리를 폈으며, 이는 '지적 설계' 논증 가운데 가장 유명하다. 페일리의 기본 개념은 수십 년 동안 많은 사상가에게 영향을 미쳤지만, 그는 자연에서 설계를 검출하는 엄밀한 기준은 제시하지 않았다. 또한 다른 자연신학자들과 함께 신의 존재 및 진리의 근거를 초자연적 계시나 기적이 아닌 인간의 이성이 인식할 수 있는 자연적인 것에서 구하고자 했다.

은 사람의 유신론보다는 셸리 같은 사람의 무신론에 더 거룩한 구석이 있습니다. 그것이 바로 욥기의 교훈입니다. 욥기는 부당한 고통을 당하는 문제에 대해 아무런 설명도 해주지 않습니다. 이 시의 요지는, 선에 대한 우리의 일반적인 기준을 받아들이고 그 기준으로 하나님의 정의를 극렬히 비판하는 사람이 오히려 하나님의 인정을 받는다는 것입니다. 하나님을 정당화하기 위해 그 기준을 얼버무리는 정통파의 경건한 사람들은 책망을 받습니다. 정의에 대한 우리의 불완전한 이해로부터 절대적 정의로 나아가는 길은, 그 불완전한 이해를 옆으로 제쳐 놓는 것이 아니라 그 정의를 담대하게 계속 적용하는 것임이 분명합니다. 학생이 더 완벽한 셈을 하려면 구구단을 던져버릴 것이 아니라 최선을 다해 그 구구단을 활용해야 하는 것과 같은 이치입니다.

물론 이 문제를 욥기처럼 남겨 두는 것에 만족할 사람은 아무도 없습니다. 하지만 오늘 밤 저는 이 정도에서 논의를 마무리하려고 합니다. 우리가 실재를 비난하는 행위에는 그 중심에 도덕적 기준의 근원이 되는 동일한 실재에 무의식적으로 충성하는 행위가 담겨 있다는 사실을 이해했으니, 우주의 이 궁극적 도덕성이 실제 사건들의 흐름과 어떻게 조화될 수 있는지 질문해야 합니다. 이 문제는 사실 우리가 과학에서 만나게 되는 문제와 같은 종류입니다. 얽혀 있거나 헝클어진 현상을 처음 들여다보면 그것은 변칙과 불규칙으로 가득한 것처럼 보입니다. 그러나 우리는 실재는 논리적이라고 확신하며, 불규칙하게 보이는 그것이 사실은 전혀 그렇지 않음을 보여 주고자 계속해서 가설을 세우고 시험해 봅니다. 과학의 역사는 바로 이러한 과

정의 역사입니다. 실재가 결국 도덕적일 수밖에 없음을 인정했으므로, 이와 비슷하게 악을 설명하고자 하는 과정이 바로 신학의 역사입니다. 지금은 그 신학적 연구에 대해서는 논의하지 않겠습니다. 여러분 가운데 그 연구를 해보려는 분이 있다면, 제가 감히 한 가지 조언을 드리겠습니다. 두 가지 체계, 즉 힌두교와 기독교에 관심을 국한한다면 시간을 절약할 수 있을 것입니다. 제 생각에 이 둘 외에는 어른의 지적 수준에 어울리는 진지한 선택의 여지가 없습니다. 유물론은 아이들을 위한 철학입니다. 스토아주의나 유교처럼 순전히 도덕적인 체계는 귀족들을 위한 철학입니다. 이슬람교는 기독교의 이단이며 불교는 힌두교의 이단일 뿐입니다. 이슬람교와 불교는 모두 원형을 단순화한 것으로, 원형보다 못합니다. 옛 이방 종교들의 경우, 그 가운데 조금이라도 가치 있는 것은 힌두교나 기독교 혹은 두 가지 모두에 남아 있으며, 다른 곳에는 남아 있지 않다고 할 수 있습니다. 이 두 가지 체계는 과거의 역사를 끌어안은 채 여전히 살아서 오늘날까지 전해 내려온 것입니다.

하지만 이 모든 것은 또 다른 논의가 필요한 문제들입니다. 오늘 밤 저는 '실재는 우리의 정신과 전혀 맞지 않다'는 대중적 신념을 뒤집는 일만 하고자 합니다. 저는 이 관점에 대한 답변으로서 "우리의 정신은 실재와 전혀 맞지 않다"고 고쳐 말씀드립니다. 이렇게 표현하면 이 말에 자기모순이 있음이 드러납니다. 우리의 정신이 실재와 전혀 맞지 않다면, '우리의 정신이 실재와 전혀 맞지 않다'는 이 생각을 포함해 우리의 모든 생각이 무가치한 것이 되고 마니까요. 그렇다면 우리는 실재에 논리를 부여할 수밖에 없습니다. 만약 우리가 어떤 도덕적 기준이라도 갖고자 한다면 실재에 도덕적 기준도 부여해야 합니다. 아름다움의 기준에 대해서도 똑같이 부여해선 안 될 이유가 전혀 없습니다. 아름다운 풍경에 대한 우리의 반응은, 아무리 그것이 인간 특유의 흐릿하고 부분적인 것이라 할지라도, 실제로 그곳에 존재하는 무언가에 대한 반응이 아니어야 할 이유가 없습니다. 우주에 아무런 정신도 가치도 없다고 하는 생각은 어느 지점에서는, 논리에 관한 한 버릴 수밖에 없습니다. 그다음부터 다른 얼마나 많은 지점에서 이 생각이 무너질지, 우리의 19세기 철학이 결국 얼마나 크게 뒤집어질지는 아무도 모릅니다.

6 주관주의의 독

고통과 악의 원인은 인간의 탐욕과 교만 가운데 우리와 늘 함께 있지만, 역사의 특정 시기에는 거짓 철학이 일시적으로 유행하면서 이 원인이 더욱 큰 영향력을 발휘합니다. 올바른 사고가 악한 인간을 선한 인간으로 만들지는 않을 것입니다. 그러나 순수하게 이론적인 오류는 일반적으로 악을 점검할 수 있는 올바른 사고를 제거함으로써 선한 의도를 지탱하던 장치를 빼앗아 갈 수 있습니다. 현재 이와 같은 종류의 오류가 횡행하고 있습니다. 제가 지금 말하는 것은 전체주의 국가가 가진 힘의 철학들이 아니라, 그보다 더 깊이 내려가고 더 넓게 확산되며 이 힘의 철학들에 절호의 기회를 마련해 준 어떤 것입니다. 그것은 바로 주관주의입니다.

인간은 자신을 둘러싼 환경을 연구한 뒤 자기 자신을 연구하기 시작했습니다. 이때까지 인간은 자신의 이성을 당연하게 여기고 이성을 통해 다른 모든 것을 보았습니다. 그런데 이제는 자신의 이성을 연구 대상으로 삼아 버렸습니다. 마치 우리의 눈을 보기 위해 눈을 끄집어내는 꼴과 같지요. 이렇게 연구한 인간은 그 이성이 맹목적 진화 과정의 부산물인 대뇌피질 속에서 화학적·전기적 현상을 수반하는 부수 현상으로 보였습니다. 인간의 논리, 곧 세상에 일어날 수 있는 모든 사건들이 복종해야 하는 왕이 이제는 신민臣民이 되어 버린 것입니다. 이성이 진리를 낳는다고 생각할 이유가 없어졌습니다.

이러한 폐위가 이론적 이성에만 국한되는 이야기라면 전력을 다해 폐위시킨 것이라 할 수 없지요. 이성이 주관적인 것일 뿐임을 증명하기 위해서라도 과학자는 자신의 논리가 유효하다고(플라톤이나 스피노자처럼 철저히 고리타분하게) 생각해야 합니다. 따라서 그는 주관주의를 가지고 놀 수 있을 따름입니다. 물론 이런 놀이가 지나칠 때도 있습니다. 진리와 실재라는 단어를 자신의 어록에서 지워 버리고, 실제로 무엇이 존재하는지 알아내는 게 아니라 단지 실용적인 결과를 얻는 것이 연구 목적이라고 주장하는 현대 과학자들이 있다고 합니다. 이는 분명 좋지 못한 조짐입니다. 그러나 주관주의를 가지고 연구를 해나가기에는 대체로 불편한 점이 많으므로 과학 분야에서 주관주의가 크게 행세할 위험은 계속 억제되고 있습니다.

그러나 실천이성으로 눈을 돌리면 주관주의의 파괴적인 효과가 사력을 다해 작용하고 있음을 알 수 있습니다. 제가 말하는 실천이성이란 선과 악에 대한 판단을 의미합니다. 제가 선과 악에 대한 판단을 이성이라는 제목 아래 두는 것이 놀랍다면, 그 놀람 자체가 제가 논의하고 있는 주관주의의 결과 중 하나임을 상기시켜 주고 싶습니다. 현대에 이르기 전까지는 일류 사상가들 중 누구도 가치에 대한 우리의 판단이 합리적 판단이라거나 자신이 발견한 것이 객관적이라는 사실을 의심하지 않았습니다. 우리가 유혹을 받을 때 느끼는 욕망은 다른 감정이 아닌 바로 이성에 대립된다는 사실을 그들은 당연하게 받아들였습니다. 플라톤이 그렇게 생각했고, 아리스토텔레스, 후커, 버틀러,[1] 그리고 존슨 박사[2]도 마찬가지였습니다. 현대의 관점은 매우 다릅니다. 오늘날 사람들은 가치 판단은 아예 판단이 아니라고 생각합니다. 가치 판단이란 어떤 공동체 안에서 환경과 전통의 압력으로 형성되는 정서나 콤플렉스나 태도로, 공동체마다 다르다고 생각합니다. 뭔가를 선하다고 하는 것은 그것에 대한 우리의 감정 표현일 뿐이며, 그러한 우리의 감정은 그렇게 느끼도록 사회적으로 조건 지어졌다는 것이죠.

그러나 이것이 사실이라면, 우리가 다르게 느끼도록 조건 지어질 수도 있었을 거라는 말이 됩니다. 개혁가나 교육 전문가는 '어쩌면 우리가 그렇게 되는 것이 더 나을지도 모른다. 우리가 우리의 도덕morality을 한번 개선해 보자' 하고 생각할 수도 있습니다. 이처럼 순진해 보이는 생각에서 치명적인 질병이 생기게 되는데, 이 질병을 물리치지 않는다면 인간은 분명 멸종할 것이며 제가 보기엔 우리의 영혼도 파멸할 것입니다. 그 질병이란 바로, 인간은 가치를 창조할 수 있으며 공동체는 사람이 옷을 고르듯 자신의 '이데올로기'를 선택할 수

---

1) Joseph Butler, 1692~1752년. 영국 성공회 성직자. 대표작 《종교의 비교*The Analogy of Religion*》는 도덕 철학에 큰 영향을 주었다.
2) Samuel Johnson, 1709~1784년. 영국의 시인, 문학 평론가, 사전 편찬자.

있다는 치명적인 미신입니다. 무엇이건 제3제국[3]의 이익에 부합하는 것이 곧 정의라고 규정하는 독일인들의 말을 들으면 누구나 분개합니다. 그러나 도덕성이 우리 마음대로 바뀔 수 있는 주관적 정서라고 본다면 그처럼 화를 낼 근거가 사라져 버린다는 사실을 사람들은 자주 잊어버립니다. 실제로 그 기준에 따르건 따르지 않건, 독일인과 일본인과 우리를 아우르는 어떤 객관적인 선의 기준이 없다면, 독일인도 우리가 하려는 것처럼 자신의 이데올로기를 충분히 만들어 낼 수 있습니다. '선'과 '더 낫다'는 말이 오로지 각 민족의 이데올로기에서 의미가 파생되는 용어라면, 당연히 각 이데올로기를 비교하여 더 낫다거나 나쁘다고 할 수 없습니다. 잣대가 그 측정 대상과 독립되어 있지 않으면 측정은 불가능한 법입니다. 마찬가지로 각 세대의 도덕 사상을 비교하는 일도 쓸데없어집니다. 진보든 쇠퇴든 다 의미 없는 말이 되어 버립니다.

이 모든 것은 너무도 자명하므로 동어반복이라 할 만합니다. 그런데 오늘날 이것이 얼마나 이해되지 못하고 있는지는, 도덕 개혁가가 '선'이란 '우리가 좋아하도록 조건 지어진 것'을 의미한다고 말한 뒤 곧이어 우리가 다른 것을 좋아하도록 조건 지어진다면 '더 나을지' 여부를 고려하는 것을 보면 알 수 있습니다. 그가 말하는 '더 낫다'가 도대체 무슨 뜻이란 말입니까?

그런 사람은 자신이 전통적인 가치 판단을 던져 버리면 가치의

---

3) 1933년 1월부터 1945년 5월까지 독일 나치 정권의 공식 명칭.

새로운 틀을 떠받칠 좀더 '실제적'이거나 '확고한' 뭔가 다른 것을 찾게 될 거라 은연중에 생각합니다. 예를 들어 "우리는 불합리한 금기들을 버리고 우리의 가치를 공동체의 유익에 두어야 한다"고 말할 것입니다. 마치 "우리는 공동체의 유익을 촉진해야 한다"라는 준칙이 그가 거부하고 있다고 주장하는 바로 그 낡은 보편적 가치 판단에 근거해서 나온, "남에게 대접받고 싶은 대로 대하라"는 말과 크게 다른 양 말입니다. 아니면 그는 생물학을 가치 판단의 근거로 삼으려 하면서 우리 종의 보존을 위해 이러저러하게 행동해야 한다고 할 것입니다. "왜 종을 보존해야 하는가"라는 질문은 예상하지 못하는 것이 분명해 보입니다. 그는 종의 보존을 당연한 사실로 받아들이고 있는데, 이것은 그가 전통적 가치 판단에 온전히 기대어 있기 때문입니다. 만약 그가 자신이 주장하는 바대로 백지에서 출발하는 것이라면, 결코 그러한 도덕적 기준에 도달할 수 없습니다. 때로 그는 '본능'에 의지하려 할 것입니다. "우리에게는 우리 종을 보존하려는 본능이 있다"는 식으로 말입니다. 하지만 정말 그럴까요? 만약 이것이 사실이라면, 누가 우리에게 자신의 본능을 따라야 한다고 말해 주었을까요? 종을 보존하려는 본능과 갈등을 일으키는 다른 많은 본능을 무릅쓰고 굳이 그 본능을 따라야 하는 이유는 무엇입니까? 그 개혁가도 알 터인바, 어떤 본능을 다른 본능보다 더 따라야 하는 것은 결국 그가 어떤 기준으로 본능들을 판단하고 있기 때문이며, 그 기준은 이번에도 역시 그가 폐지시켰다고 주장하는 전통적 도덕입니다. 본능 자체가 우리에게 본능의 서열을 매기는 근거를 줄 수 없다는 것은 자명한 이치입니다. 본능을 연구할 때 어떤 본능을 우위에 둘 것인지에 대한 지식이 없으면 본능에서 그 지식을 도출할 수 없습니다.

주관적인 뭔가를 대하듯 전통적 가치를 내던지고 새로운 가치 체계로 대체하려는 모든 시도는 잘못된 것입니다. 이것은 마치 자기가 입은 코트의 깃을 잡고서 자신을 들어 올리려 하는 것과 같습니다. 지워지지 않는 잉크로 다음 두 명제를 마음에 써 넣읍시다.

1) 하늘에 새로운 태양을 만들어 넣을 수 없고 빛의 스펙트럼에 새로운 원색을 더할 수 없는 것처럼, 인간의 정신은 새로운 가치를 만들어 낼 능력이 없다.

2) 새로운 가치를 만들려는 모든 시도는 전통적 도덕의 준칙 중에서 임의로 하나를 택해서 그것을 나머지 것들과 분리한 뒤 필요한 유일의 것*unum necessarium*으로 내세우려는 것이다.

두 번째 명제는 약간의 예를 들어 설명해야 할 것 같습니다. 일반 도덕은 부모를 공경하고 자녀를 소중히 여기라고 합니다. 그런데 여기서 우리는 두 번째 명령만 떼어서 '후세'의 주장이 유일한 기준이 되는 미래주의 윤리를 구성합니다. 일반 도덕은 우리에게 약속을 지킬 것과 배고픈 자를 먹일 것을 말합니다. 여기서 두 번째 교훈만 떼어서 '생산' 및 생산물 분배가 유일한 기준이 되는 공산주의 윤리를 얻습니다. 일반 도덕은 나머지 조건이 같다면*ceteris paribus* 이방인보다 친족과 동료 시민을 더 사랑하라고 합니다. 이 교훈을 따로 떼내어 소속 계급의 권리 주장을 유일한 기준이라고 주장하는 귀족주의 윤리를 얻거나, 혈연의 권리 주장만 인정하는 인종주의 윤리를 얻습니다. 이처럼 한 가지 주장에만 집중하는 윤리 체계는 전통적 도덕을 공격하는 근거로 사용됩니다. 그러나 그런 공격이 터무니없는 이유는, 그러한 윤리 체계들이 외관상 타당해 보이는 것이 오로지 전통적 도덕 덕분이기 때문입니다. 가치에 대한 아무런 가정도 없이 무無에서 시작한다면 우리는 어떠한 윤리 체계에도 도달할 수 없습니다. 부모 공경이나 약속을 존중하는 태도가 물질적 자연계의 주관적인 부산물에 불과하다면, 인종이나 자손을 중시하는 태도도 마찬가지입니다. 도덕 개혁가는 나무 뿌리를 도끼로 찍어 버리고 싶어 하지만, 그것과 이어진 줄기야말로 그가 보존하고 싶어 하는 특정 가지를 지탱해 주는 유일한 버팀대인 것입니다.

따라서 우리는 '새로운' 혹은 '과학적인' 혹은 '현대적인' 도덕에 대한 모든 사상을 혼란스런 생각쯤으로 여기며 제쳐 놓아야 합니다. 우리 앞에는 갈림길이 놓여 있습니다. 한 가지 길은 전통적 도덕의 준칙들을 실천이성의 공리들로 받아들여, 스스로를 뒷받침해 줄 어떤 논증도 요구하지 않고 인정하지도 않는 그와 같은 공리들을 '보지' 못하는 것은 인간의 지위를 잃어버린 상태로 여기는 것입니다. 또 다른 길은, 우리가 가치라고 오인한 그것은 비합리적인 감정의 '투사'에 불과할 뿐, 세상에는 어떤 가치도 존재하지 않는다고 여기는 것입니다. '왜 우리가 전통적 도덕을 따라야 하는가'라는 질문과 함께 전통적 도덕을 던져 버린 뒤 나중에 가서 우리의 철학에 다시 가치를 도입하려는 것은 정말 부질없는 일입니다. 우리가 다시 도입하는 모든 가치는 똑같이 반박당할 수 있습니다. 그 가치를 지지하기 위해 사용하는 모든 논증은 직설법의 전제에서 명령법의 결론을 이끌어 내려는 시도가 될 것이며, 이것은 불가능한 일이지요.

이런 관점에 맞서 현대적 사고는 두 가지 노선의 방어책을 제시합니다. 첫 번째는, 전통적 도덕은 시대와 장소에 따라 다르며 사실 세상에는 하나의 도덕이 아니라 수많은 도덕이 있다고 주장합니다. 두 번째는, 우리 자신을 변치 않는 도덕률에 묶는 것은 모든 진보를 가로막고 '정체'를 받아들이는 것이라고 외칩니다. 그런데 두 가지 주장 모두 잘못되었습니다.

먼저 두 번째 주장을 살펴보지요. '정체'라는 말에서 물웅덩이, 덮개로 덮은 웅덩이를 암시하는 부당한 감정적 효과를 벗겨내 봅시다. 물이 너무 오래 고여 있으면 악취가 납니다. 그로부터 무엇이든 오랫동안 제자리에 머물면 좋지 않다고 추론하는 것은 은유로 피해를 입는 격입니다. 공간이 처음부터 지금까지 삼차원을 유지했다고 해서 악취가 나는 것이 아닙니다. 직각삼각형에서 빗변을 한 변으로 하는 정사각형의 넓이가 다른 두 변을 각각 한 변으로 하는 두 정사각형의 넓이의 합과 언제나 같다고 해서 거기서 곰팡이가 피는 것은 아닙니다. 사랑이 불변한다고 해서 더렵혀지는 것이 아닙니다. 우리가 손을 씻는 행위는 정체 상태를 유지하기 위한, 그러니까 더러워지기 이전의 상태로 '시간을 되돌리기' 위한 행위입니다. 즉 하루가 시작할 당시 손이 유지했던 상태*status quo*를 인위적으로 복구하려는 행위이며, 탄생에서 죽음에 이르기까지 끊임없이 더러워지는 사건의 자연적 흐름을 거부하는 행위입니다. '정체된'이라는 감정적 단어 대신 '항구적'이라는 기술적記述的 단어를 써봅시다. 항구적인 도덕적 기준이 진보를 가로막습니까? 오히려 변하지 않는 기준을 가정하지 않으면 진보는 불가능합니다. 선善이 고정된 것이라면 적어도 우리는 그것에 점점 가까이 갈 수 있습니다. 그러나 종착역이 기차가 움직이는 만큼 움직인다면 어떻게 기차가 종착역을 향해 나아갈 수 있겠습니까? 선에 대한 우리의 생각은 바뀔 수 있습니다. 하지만 근접하거나 물러설 수 있는 절대 불변의 선이 존재하지 않는다면 우리의 생각은 더 좋게도 더 나쁘게도 바뀔 수 없습니다. 완벽하게 올바른 하나의 답이 '정체되어 있는' 경우에만 우리는 그 정답에 더 가깝게 셈을 맞출 수 있는 것입니다.

그런데 이 말을 두고 누군가는 말할 것입니다. 선에 대한 우리의 생각이 개선될 수 있음을 제가 방금 인정했다고 말입니다. "이것이 '전통적 도덕'은 버릴 수 없는 신앙의 유산*depositum fidei* 이라는 관점과 어떻게 조화를 이룹니까" 하고 물을 수 있을 것입니다. 진정한 도덕적 진보와 단순한 쇄신을 비교해 보면 그 답을 이해할 수 있습니다. 남이 내게 해서 싫을 일을 남에게 하지 말라'는 스토아학파와 유교의 준칙에서 "남에게 대접받고자 하는 대로 너희도 남을 대접하라"[4]는 기독교의 준칙으로 나아간 것은 분명 진보입니다. 니체의 도덕은 단순한 쇄신입니다. 전자가 진보인 이유는, 옛 준칙의 유효성을 인정하지 않는 사람은 새 준칙을 받아들일 이유도 찾지 못하며 옛 준칙을 받아들인 사람이라면 동일한 원리가 확장되어 새 준칙이 되었다는 사실을 즉시 알아챌 것이기 때문입니다. 만약 그가 새 준칙을 거부한다면 분명 그 준칙을 가치에 대한 자신의 생각과 너무 다

4) 마 7:12.

르다고 생각해서가 아니라 그 준칙이 지나치다고, 너무 멀리 나아갔다고 여기기 때문일 것입니다. 그러나 그가 니체의 도덕을 받아들이려면 전통적 도덕을 오류일 뿐이라고 보고 버린 뒤 어떤 가치 판단의 근거도 찾을 수 없는 입장에 언제든지 설 수 있어야 합니다. 이것은 마치 우리에게 "당신은 적당히 신선한 야채를 좋아하는군요. 직접 재배해서 최고로 신선한 야채를 먹는 게 어때요"라고 말하는 사람과 "그 빵을 던져 버리고 대신 벽돌과 지네를 먹어 보세요"라고 말하는 사람의 차이와 같습니다. 결국 진정한 도덕적 진보는 기존의 도덕적 전통과 그 전통의 정신 안에서부터 이루어지며, 오직 그 전통에 비추어 이해될 수 있는 것입니다. 전통을 거부한 아웃사이더는 진정한 도덕적 진보를 판단할 수 없습니다. 그에게는 아리스토텔레스가 말한 것처럼 아르케[5]가 없으며, 아무런 전제前提도 없습니다.

그렇다면 각 문화 간의 윤리적 기준이 너무도 확연히 달라서 공통된 전통이란 존재하지 않는다는 현대의 또 다른 반론은 어떠합니까? 답은 거짓말이라는 것입니다. 분명하고 확실하고 철저한 거짓말입니다. 도서관에 가서 《종교와 윤리 백과사전*Encyclopedia of Religion and Ethics*》을 보며 며칠을 보낸다면 누구나 인간의 실천이성이 방대한 합의를 이루고 있음을 어렵지 않게 발견할 것입니다. 바벨론 시대에 기록된 《사모스에 대한 찬가*Hymn to Samos*》, 마누법전[6] 《죽은 자의 책》,[7]

---

5) *arche*. 그리스어로 '처음, 시초, 기원'이라는 뜻.

6) Laws of Manu. 기원전 2세기에서 기원후 2세기 사이 인도에서 인류의 시조인 마누Manu가 만들었다고 전해지는 법전으로, 힌두인이 지켜야 할 법(다르마)을 규정하고 있다.

논어, 스토아학파, 플라톤주의자, 호주의 원주민과 아메리카 인디언 모두가 한결같이 억압, 살인, 반역과 거짓을 통렬하게 비판하고 한편으론 노인, 아이, 약자에 대한 친절과 자선, 공평, 정직을 명령하고 있음을 보게 될 것입니다. 자비에 대한 교훈이 정의에 대한 교훈보다 더 자주 나오는 것에 (제가 그랬듯) 약간 놀랄지도 모릅니다. 그러나 자연법이라는 것이 존재한다는 점은 더 이상 의심하지 않을 것입니다. 물론 차이점들은 있습니다. 스물까지 수를 세지 못하는 미개인이 존재하듯이 특정 문화들에는 눈먼 부분들이 있습니다. 그러나 보편적으로 받아들여지는 가치의 윤곽이 드러나지 않는다 해도, 우리에게 그저 혼돈만 주어진 것처럼 처신하는 것은 거짓에 지나지 않으며 언제 어디서 맞닥뜨리더라도 반박해야 할 태도입니다. 우리는 혼돈을 발견하기는커녕, 만약 선이 정말로 객관적이며 이성이 그 선을 이해하는 기관이라면 우리가 기대할 만한 바로 그 상황, 즉 실질적인 합의가 존재하되 지역마다 강조하는 바가 상당히 다르고 모든 것을 아우르는 단일한 규정은 없을 법한 상황을 발견하게 됩니다.

이처럼 동의할 수 있는 내용을 잘 보이지 않게 가리는 방법은 크게 두 가지가 있습니다. 첫 번째는 성도덕의 차이에 집중하는 것입니다. 성도덕의 차이는 대부분의 진지한 도덕주의자들이 볼 때 자연법보다는 현실과 관련한 문제이지만, 어쨌든 강렬한 감정적 반응을 일

7) 고대 이집트에서 죽은 사람들을 매장할 때 기도문, 찬미가, 서약문, 신조 등을 적어 함께 묻던 문서.

으킵니다. 근친상간에 대한 개념 차이, 일부다처제와 일부일처제의 차이가 여기에 속합니다.(그리스인들이 성도착을 무해한 것으로 여겼다는 것은 사실이 아닙니다. 당혹해하면서도 계속 소리 죽여 웃는 플라톤의 태도가 엄하게 금지하는 아리스토텔레스의 태도보다 실은 더 강한 증거가 됩니다. 사람들이 그렇게 웃을 때는 그 대상이 적어도 작은 과오는 된다고 생각해서입니다. 《피크위크 페이퍼스*The Pickwick Papers*》[8]에서 술 취함에 대해 농담하는 장면이 19세기 영국 사회가 그것을 무해하게 여겼음을 증명하는 것이 아니라 오히려 그 반대를 입증하는 것처럼 말입니다. 성도착에 대한 그리스인의 관점과 기독교의 관점은 정도의 차이가 크지만 대립되지는 않습니다.)

두 번째 방법은, 실제로는 사실에 대한 믿음의 차이인 것을 가치 판단의 차이로 여기는 것입니다. 그래서 인신 제사나 마녀 사냥이, 근본적으로 다른 도덕의 증거로 들먹여지는 것입니다. 그러나 진정한 차이는 다른 곳에 있습니다. 우리가 마녀를 사냥하지 않는 것은 마녀의 존재를 믿지 않기 때문이며, 전염병을 막으려고 사람을 죽이지 않는 것은 사람을 희생물로 죽여도 전염병을 막을 수 있다고 생각하지 않기 때문입니다. 대신 우리는 전쟁에서 인간을 희생시키며, 스파이와 배신자들을 사냥하지요.

지금까지 저는 객관적 가치의 원리나 자연법에 대해 불신자들이 제시하는 반론을 살펴보았습니다. 그러나 오늘날 우리는 기독교인들의 반대에도 맞닥뜨릴 준비가 되어 있어야 합니다. 오늘날에는 '인본

---

8) 영국 소설가 찰스 디킨스(1812~1870년)의 소설.

주의'와 '자유주의'라는 말이 단순히 상대방 견해에 불만을 표시하는 용어로 쓰이는 것이 추세인데, 제가 취하려는 입장도 그런 취지에서 두 가지 꼬리표가 붙을 가능성이 큽니다. 그런 꼬리표 배후에는 진정한 신학적 문제가 하나 도사리고 있습니다. 우리가 실천이성의 진부한 기본 진술들을 모든 행동에 대한 의문의 여지 없는 전제로 받아들인다면, 그것은 타락을 무시할 정도로 인간의 이성을 신뢰하는 행위이며, 또 절대적으로 충성을 바칠 대상을 하나의 인격에서 추상 개념(실천 이성의 도덕적 명령을 말함—옮긴이)으로 바꾸는 퇴보의 길을 걷는 걸까요?

타락에 관해 말하자면, 성경의 전반적인 취지로 볼 때 율법을 이해하는 지식이 율법을 충족시키는 능력만큼 부패했다고 믿어야 할 필요는 없습니다. 인간의 타락 상태를 사도 바울보다 더 분명하게 깨달았다고 주장하는 사람이 있다면 그는 매우 용감한 사람일 것입니다. 도덕법을 지키지 못하는 우리의 무능을 가장 강력하게 주장하는 바로 그 장(로마서 7장)에서 바울은, 우리가 율법의 선함을 인식하고 속사람을 따라서 그것을 즐거워한다고 무엇보다 확신 있게 주장합니다. 우리의 의는 더럽고 누더기 같을지 모르나, 옳음에 대한 우리의 인식도 그런 상태라고 주장할 만한 근거를 기독교는 하나도 주지 않습니다. 물론 그 인식력은 손상될 수 있습니다. 그러나 불완전하게 보는 것과 완전히 못 보는 것은 다릅니다. 우리의 실천이성을 근본적으로 부패한 것으로 제시하는 신학은 파멸의 길로 가는 것입니다. 하나님이 의도하는 '선함'이 우리가 판단하는 선과 완전히 다르다고 일단 인정하면, 순수한 종교와 사탄 숭배는 아무런 차이도 없게 됩니다.

기독교인들의 또 다른 반대는 위의 것보다 훨씬 만만치 않습니다. 실천이성이야말로 진정한 이성이며 그 실천이성의 근본적인 명령들이 스스로 주장하는 것처럼 절대적이고 단언적이라고 우리가 일단 인정하면, 그 명령들을 무조건적으로 따르는 것이 인간의 의무가 됩니다. 그런데 하나님에 대한 절대적 충성도 마찬가지이지요. 그렇다면 이 두 가지 충성은 같은 것이어야만 합니다. 하지만 하나님과, 우리 눈에 드러난 도덕법의 관계는 어떻습니까? 도덕법이 곧 하나님의 법이라고 하는 것은 궁극적인 해결책이 아닙니다. 이런 것들이 하나님이 명령하시기 때문에 옳은 것입니까, 아니면 이런 것들이 옳기 때문에 하나님이 명령하시는 것입니까? 전자의 경우라면, 즉 선이 하나님이 명령하시는 것으로 정의된다면, 하나님의 선함은 아무 의미가 없게 되고 전능한 마귀의 명령도 '의로운 주님'의 명령 못지않게 우리에게 똑같은 권한을 행사했을 것입니다. 후자의 경우라면 우리는 이 우주에 두 왕을 인정하는 것이며 심지어 하나님 자신을, 하나님의 존재 외부에서 그분보다 선행하는 법의 단순한 실행자로 만들어 버리게 됩니다. 두 관점 모두 수용할 수 없지요.

이 시점에서 우리는 기독교 신학이 하나님을 하나의 인격이라고 믿지 않는다는 사실을 상기해야 합니다. 기독교 신학은 하나님 안에서 세 인격이 하나의 신성으로 존재한다고 믿습니다. 이런 의미에서 기독교 신학은 하나님을 하나의 인격과는 무척 다른 것으로 믿는데, 마치 (여섯 개의 정사각형이 단일 몸체를 이루며 존재하는) 정육면체가 정사각형과 다른 것과 같습니다.(이차원의 공간에 사는 사람들이 정육면체를 상상해 볼 경우, 여섯 개의 정사각형들이 동시에 같은 공간에 존재한다고 생각함으로써 그 정사각형들의 차별성을 없애거나, 여섯 개의 정사각형들이 나란히 연결된다고 생각함으로써 단일성을 없애 버릴 것입니다. 삼위일체를 이해할 때 어려운 점은 이와 매우 비슷합니다.) 따라서 하늘에 계신 우리 아버지를 생각하고 나서 도덕법의 자명한 명령을 생각할 때 우리가 피할 도리가 없는 듯한 이중성은 단순한 오류가 아니라, 우리가 경험하는 존재 방식들에서는 필연적으로 둘일 수밖에 없되 초인격적인 하나님의 절대적 존재 안에서는 그렇게 둘로 나뉘지 않는 것들에 대한 (부적절하고 피조물의 한계를 안고 있기는 하지만) 참된 인식인지도 모릅니다.

사람과 법에 대해 생각해 보고자 할 때 우리는 법을 따르는 사람이나 법을 만드는 사람, 둘 중 하나를 떠올릴 수밖에 없습니다. 법을 만드는 사람을 생각할 때는, 그 사람이 더 궁극적인 선함의 원형에 부합하게 법을 만들거나(이럴 경우 그 사람이 아닌 그 원형이 최고 주권을 가질 것입니다), 내가 이렇게 바라므로 이렇게 명령한다*sic volo, sic jubeo*는 입장에 따라 마음대로 법을 만든다고(이럴 경우 그 사람은 선하지도 지혜롭지도 않을 것입니다) 생각할 수밖에 없습니다. 그러나 바로 이 지점에서 우리의 범주들이 우리를 배반하는지도 모릅니다. 사라질 뿐인 능력들을 동원해 우리의 범주들을 적극적으로 교정하려고 해봐야 헛일입니다. 나의 한계를 넘어서는 놀라운 일들 속을 헤치고 다니는 꼴이 될 테니까요. 그러나 두 개의 부정적 진술을 제시하는 것은 허용될지도 모릅니다. 즉 하나님은 도덕법을 따르지도 그것을 창조하지도 않는다는 것입니다. 선은 창조되지 않습니다. 그럴 수밖에 없었을 것입니다. 선에는 어떠한 우연성도 드리워지지 않습니다. 선은 플라톤이 말한 대로 존재 저편에 있습니다. 힌두교에서는 그것을 신들을 거룩하게 하는 리타[9]라고 하며, 중국에서는 모든 실재가 비롯되는 도*Tao*라고 합니다. 그러나 가장 지혜로운 이교도들보다 더 큰 은혜를 입은 우리는 압니다. 존재 너머에 있는 것, 어떤 우연성도 인정하지 않는 것, 다른 모든 것에 신성을 부여하는 것, 모든 존재의 근거가 되는 것이 법일 뿐 아니라, 낳는begetting 사랑, 태어난begotten 사랑, 그리고 이 둘 사이에 있어 이들의 자생적 생명의 하나 됨에 동참하게 된 모든 사람에게 내재하는 사랑이기도 하다는 사실을. 하나님은 단순히 선하신 것이 아니라 선함 자체이며, 선함은 단순히 신성한 것이 아니라 하나님 자신인 것입니다.

이 이야기가 교묘하게 지어 낸 이론으로 보일지도 모릅니다. 그러나 저는 이런 설명이 아니고는 우리를 구제할 길이 없다고 생각합니다. 도덕적 경험과 종교적 경험이 하나로 모여 무한 가운데서, 그것도 소극적인 무한이 아니라 살아 계시되 초인격적인 하나님의 적극적인 무한 가운데서 만나는 것을 보지 못하는 기독교는 결국 사탄 숭배와 다르다고 내세울 게 없습니다. 가치를 영원하고 객관적인 것으로 받아들이지 않는 철학은 우리를 결국 파멸로 이끌 수 있습니다. 이것은 이론적으로만 중요한 문제가 아닙니다. 민주 국가에서 활동하는 많은 대중적 '입안자'와 민주 국가의 실험실에서 일하는 온순해 보이는 과학자들이 뜻하는 바는 결국 파시스트가 뜻하는 바와 같습니다. 그

---

9) *Rita*. 문자적으로는 사물의 질서 혹은 행로를 뜻하며, 모든 자연법칙과 도덕률 그리고 신의 영역까지 포함하고 지배하는 근본적인 원리나 초월적 실재를 이르는 말로, '천칙天則'으로 번역하기도 한다.

들은 '선'이란 무엇이든 인간이 찬성하도록 조건 지워진 것이라 생각합니다. 그들은 인간에게 어떤 조건을 설정해 주는 것이 자신과 자기 부류의 사람들이 할 일이라고 생각합니다. 즉 우생학, 유아 심리 조작, 국가의 교육, 대중적 선전을 통해 양심을 만들어 내는 것이 자신들의 역할이라고 생각합니다. 하지만 그들은 혼란에 빠져 있기 때문에, 양심을 만들어 내는 사람은 그 양심에 종속될 수 없다는 사실을 아직 충분히 깨닫지 못합니다. 그러나 조만간 그들은 자신의 입장에 담긴 논리를 깨달을 수밖에 없습니다. 그들이 깨닫게 된다면, 도덕 바깥에 자리 잡는 '소수의 조건 설정자'와 그 소수의 전문가들이 내키는 대로 선택한 도덕을 주입 받은 '다수의 조건 지워진 사람들'로 최종적인 인종 분리가 이루어지는 상황을 무엇으로 막을 수 있겠습니까? '선'이 지역에 국한된 이데올로기만을 의미한다면, 그런 이데올로기를 만들어 내는 사람들 자신이 어떻게 선이라는 개념의 인도를 받을 수 있겠습니까? 자유라는 개념 자체는 지배자와 피지배자 모두를 아우르는 객관적 도덕법을 전제합니다. 가치에 대한 주관주의는 민주주의와는 영원히 조화를 이룰 수 없습니다. 우리와 우리의 통치자는 같은 법에 종속될 때만 같은 부류가 됩니다. 그러나 자연법이 없다면 어떤 사회든 그 사회의 에토스[10]는 통치자, 교육가 그리고 조건 설정자들이 만들어 낸 창조물입니다. 그리고 모든 창조자는 자

---

10) *ethos*. 사람에게 도덕적 감정을 갖게 하는 보편적인 도덕적·이성적 특성이나 윤리 규범을 가리키며, 민족 혹은 사회 집단에 널리 침투한 윤리적 분위기를 뜻하기도 한다.

신의 창조물 위에, 그 바깥에 섭니다.

객관적 가치에 대한 원색적이고도 어린아이 같은 믿음으로 돌아가지 않는다면 우리는 멸망할 것입니다. 그 믿음을 회복한다면 우리는 살 것이며, 한 가지 사소한 이득도 볼 수 있습니다. 우리가 기본적이며 진부한 도덕 원리들의 절대적 실재성을 믿는다면 우리의 지지표를 얻으려는 지도자들을 최근 유행하는 것과는 다른 기준으로 평가하게 될 것입니다. 선이란 만들어 내면 되는 것이라고 믿는 한 우리는 지도자들에게 '비전', '역동성', '창조성'과 같은 자질을 요구합니다. 만약 우리가 객관적 견해로 돌아간다면 덕, 지식, 부지런함, 노련함처럼 훨씬 드물면서도 훨씬 유익한 자질을 지도자들에게 요구할 것입니다. '비전'을 사라고, 비전을 판다고 사방에서 난리입니다. 하지만 저는 하루하루 정당한 소득을 위해 일할 사람, 뇌물을 거절할 사람, 없는 사실을 지어 내지 않을 사람, 자기 일에 숙달한 사람이 아쉽습니다.

7 위대한 신화의 장례식

인류가 행한 실수들 가운데는 너무도 자주 저지르고 회개해서 이제는 더 이상 변명의 여지가 없는 것들이 있습니다. 그중 하나는 모든 세대가 자기 앞 세대를 불공평하게 대한다는 것입니다. 예를 들어 인본주의자들이(토마스 모어 경[1]처럼 훌륭한 인본주의자까지도) 중세 철학을 무지하게 경멸한 것이나, 낭만주의자들이(키츠[2]처럼 훌륭한 낭만주의자 역시) 18세기 시를 멸시한 것 등입니다. 이와 같은 '반발'과 분개는 매번 응징되고 철회되어야 합니다. 모두 소모적인 일이지요. 하다못해 우리가 그것을 피할 수는 없는지 시도해 보고픈 유혹이 들기도 합니다. 자식으로서 우리가 앞 세대를 공정하게 보내 주지 못할

---

1) Thomas More, 1478~1535년. 옥스퍼드 대학의 학자, 인문주의자, 법률가, 정치인. 헨리 8세를 영국 성공회 수장으로 인정하는 것을 거부한 죄로 참수당했지만, 1935년 로마 가톨릭교회는 모어를 시성했다.

2) John Keats, 1795~1821년. 영국의 낭만주의 서정시인. 25세의 나이에 폐결핵으로 죽었으나, 짧은 생애 동안 뛰어난 감각으로 고전적 전설을 통한 철학적 표현을 시에 담았다.

이유가 무엇이란 말입니까?

여하튼 이 글에서 제가 해보려는 시도가 이런 것입니다. 저는 19세기와 20세기 초의 위대한 신화를 땅에 묻으러 왔지만, 그것을 칭송하기도 할 것입니다. 그 추도사를 소리 내어 읽겠습니다.

제가 말하는 위대한 신화란 19세기와 20세기 초, 진짜 과학자들의 좀더 인상적이며 (말하자면) 잘나가는 이론들로부터 논리가 아니라 상상력을 발휘해 생겨난 실재 상입니다. 저는 사람들이 이 신화를 '웰스주의Wellsianity'라고 부르는 것을 들은 적이 있습니다. 위대한 상상력을 가진 그 작가[3]가 그 신화를 세우는 데 감당한 몫을 보여 주는 한에서는 그 명칭도 좋다고 생각합니다. 그러나 만족스러운 명칭은 아닙니다. 앞으로 우리가 보게 되겠지만 이 명칭은 그 신화가 지배적이었던 시기를 잘못 알고 있는 오류를 시사합니다. 그리고 그 신화가 '중간 정도의 지식을 가진' 사람에게만 영향을 미쳤다는 암시를 줍니다. 사실 그 신화는 웰스의 작품에서만큼이나 브리지스[4]의 《미의 유언*Testament of Beauty*》 이면에도 나타나 있습니다. 그 신화는 알렉산더 교수와 월트 디즈니만큼이나 서로 다른 사람들의 생각을 지배하고 있습니다. 그 신화는 오늘날 정치학, 사회학, 윤리학의 거의 모든 논문에 내재하고 있습니다.

---

3) Herbert George Wells, 1866~1946년. 영국의 소설가이자 언론인. 《타임머신》, 《투명인간》, 《우주 전쟁》 같은 공상과학 소설로 이름을 떨쳤다.

4) Robert Seymour Bridges, 1844~1930년. 영국의 시인. 1913년부터 죽을 때까지 계관시인의 영예를 누렸다.

제가 그것을 신화라고 부르는 이유는, 이미 말한 것처럼, 그것이 '현대 과학'이라고 막연하게 불리는 것에서 비롯된 논리적 결과가 아니라 상상력의 결과이기 때문입니다. 엄밀히 말해서, 저는 '현대 과학'이라는 것은 없다고 생각합니다. 여러 특수한 과학이 있을 뿐이며, 전부 급격한 변화의 단계에 있고 때로는 서로 일관성이 없습니다. 그 신화는 과학 이론들에서 몇 가지를 선별하여 사용합니다. 상상과 감정의 요구에 따라 먼저 선별하고 그다음 수정하게 됩니다. 그것은 대중적 상상력에 속한 작업으로, 강한 결속을 요구하는 상상력의 자연적 욕구에 따라 움직입니다. 따라서 그 상상력은 자신의 재료를 매우 자유롭게 다룹니다. 마음대로 선별하고, 건너뛰고, 삭제하고, 더하는 것입니다.

그 신화의 핵심 사상은 신화를 믿는 이들이 '진화' '발전' 혹은 '발생'이라 부르는 것입니다. 아도니스[5] 신화의 핵심 사상이 죽음과 재탄생인 것처럼 말입니다. 현직 생물학자들이 주장하는 진화 이론doctrine of Evolution이 신화라고 말하는 것이 아닙니다. 진화 이론은 50년 전에 기대했던 것보다 덜 만족스런 가설이라고 후대의 생물학자들이 밝혀 낼 수 있습니다. 그렇지만 결국 그것은 신화가 되지 못합니다. 그것은 순수한 과학적 가설인 것입니다. 그러나 우리는 생물학적 원리로서의 진화론과, 신화임이 확실한 대중적 진화주의Evolutionism 혹은 발전주의Developmentalism를 뚜렷이 구분해야 합니다. 진화주의를

5) 그리스 신화에서 여신 아프로디테가 사랑한 미소년.

설명하고 (저의 주된 과제인) 그것을 기리는 조사를 낭송하기에 앞서, 그것의 신화적 특성부터 분명히 하는 게 좋을 것 같습니다.

우선 우리에게는 발생 연대상의 증거가 있습니다. 대중적 진화주의가 (스스로 생각하기에도) 신화가 아니라 대중이 생각하는 지적으로 합법적인 과학적 법칙의 결과라면, 대중적 진화주의는 그러한 법칙이 폭넓게 알려진 후 발생할 것입니다. 그 법칙은 처음에는 소수의 사람들에게 알려지고, 그다음에는 모든 과학자들이 채택하고, 그다음에는 일반 교육계의 모든 사람에게 퍼지고, 그러고서 시와 예술에 영향을 미치기 시작하고, 마지막으로 대중에게 스며들었어야 합니다. 하지만 사실 우리는 이와는 무척 다른 상황을 보게 됩니다. 이 신화에 대한 가장 명쾌하고도 세련된 시적 표현은《종의 기원》(1859년)이 출판되기 전에, 그리고 그것이 과학적 정설로 확립되기도 한참 전에 등장했습니다. 1859년 이전에 과학계 내에서 그 이론의 낌새나 조짐이 있었던 것은 분명한 사실입니다. 그러나 신화를 만드는 그 시인들이 그러한 조짐에서 조금이라도 영향을 받았다면 그들은 그야말로 최신 정보를 좇으며 쉽게 영향 받는 사람이어야 합니다. 대략적으로는 과학자들이 입을 열기도 전에, 분명하게는 또렷한 말을 꺼내기도 전에 상상력은 이미 신화를 위해 무르익었던 것입니다.

영국에서 이 신화에 대해 가장 잘 표현한 글귀는 브리지스, 쇼[6],

6) George Bernard Shaw, 1856~1950년. 아일랜드의 극작가, 소설가.

웰스나 올라프 스테이플던[7]의 작품에 나타나 있지 않습니다. 그것은 바로 이렇습니다.

하늘과 땅이
한때 우두머리였던 혼돈과 텅 빈 어둠보다 더욱 아름다우니,
또한 우리가 그 하늘과 땅을 능가하여
치밀하고 아름다운 모양과 형태를 드러내고
의지와 자유로운 행동으로 동료를 사랑하고
더욱 순수한 생명의 수천 가지 다른 징조를 드러내므로,
우리가 영광 가운데 옛 어둠을 통과할 때
우리의 발꿈치에는
우리에게서 태어났으면서도 우리를 능가할 운명의
더 강한 아름다움을 지닌 힘이 있어서
새로운 완전함이 밟고 지나가네.

《종의 기원》보다 거의 40년 전에 출간된 키츠의 《히페리온 *Hyperion*》에 나오는 오세아누스의 말입니다. 대륙에는 《니벨룽의 반지 *Nibelung's Ring*》[8]가 있습니다. 물러가는 세대를 땅에 묻을 뿐 아니라 칭송도 하고자 이 글을 쓰는 저는 바그너에 대한 현대의 평가절

7) William Olaf Stapledon, 1886~1950년. 영국의 철학자, 과학소설가.
8) 북유럽의 전설인 '니벨룽의 노래'에 기초하여 독일의 작곡가 리하르트 바그너(1813~1883년)가 작곡한 4부작 악극.

하에 결코 동참하지 않을 것입니다. 잘은 모르지만 그는 나쁜 사람이었을 수도 있습니다. (저는 절대 믿지 않겠지만) 형편없는 음악가였을 수도 있습니다. 그러나 신화를 만들어 내는 시인으로서는 그를 당할 사람이 없습니다. 진화론적 신화의 비극이 그가 만들어 낸 보탄[9]에게서만큼 고상하게 표현된 적이 없습니다. 진화론적 신화의 격렬한 환희는 지그프리트[10]에게서보다 더 매혹적으로 표현된 적이 없지요. 바그너 자신이 무엇에 관해 쓰고 있었는지 스스로 잘 알고 있었다는 사실은 그가 1854년 어거스트 로켈[11]에게 보낸 편지에서 확인할 수 있습니다. "전체 드라마의 진행은 실재 가운데서 변화, 다양성, 복합성, 영원한 새로움을 깨닫고 그것들에 복종해야 한다는 점을 보여준다네. 보탄은 스스로의 몰락을 원하게 되는 비극의 최고조에 이르게 되네. 이것이 우리가 인간 역사에서 배워야 하는 전부일세. 그러니까 해야 할 일을 하기로 결의하고 우리 스스로 그 일을 성취해야 한다는 말일세."

버나드 쇼의 희곡 《므두셀라에게 돌아가라*Back to Methuselah*》가 정말로 그가 생각한 것처럼 새로운 신화의 통치를 알리는 선지자 혹은 선구자와 같은 작품이라면, 작품에 현저하게 나타나는 희극적 어조와 대체로 낮은 감정적 기온을 설명할 길이 없을 것입니다. 감탄스러울 정도로 재밌긴 하지만 새로운 시대는 그런 식으로 탄생되지 않습

---

9) 《니벨룽의 반지》에 나오는 신들의 우두머리.
10) 《니벨룽의 반지》에서 보탄과 대립하는 인물. 지그문트와 지그린데의 아들이자 보탄의 손자.
11) August Rockel, 1814~1876년. 극단적 좌익 잡지인 〈*Volksblatter*〉를 편집하던 동료.

니다. 그가 그 신화를 여유롭게 가지고 노는 모습은 그 신화가 완전히 소화되고 이미 노쇠했음을 보여 줍니다. 쇼는 이 신화학의 루시언[12] 혹은 스노리[13]입니다. 이 신화학의 아이스킬로스[14] 혹은 옛 에다[15]를 찾으려면 키츠나 바그너로 거슬러 올라가야 합니다.

이것이 바로 대중적 진화론이 신화라는 첫 번째 증거입니다. 그 신화를 만들어 내는 데는 상상력이 과학적 증거를 앞서는 것입니다. '거대한 세계의 선지자적 영혼'은 이미 그 신화를 잉태하고 있었습니다. 만약 과학이 그 상상력의 요구에 응하지 않았다면 과학이 그처럼 인기 있지는 않았을 것입니다. 그러나 모든 세대는 어느 정도까지는 대개 자신이 원하는 과학을 수용하는 것 같습니다.

두 번째로 우리에게는 내용상의 증거가 있습니다. 대중적 진화주의 혹은 발전주의는 현실 가운데서 생물학자들이 주장하는 진화론과 내용 면에서 다릅니다. 생물학자에게 진화론이란 하나의 가설입니다. 그것은 현재 시장에 나와 있는 다른 어떤 가설보다 많은 사실을 담아내며, 따라서 더 적은 가정으로도 더 많은 사실을 담아낼 수 있는 새로운 가설이 생기지 않는다면—혹은 생길 때까지—당연하게 받아들여지는 가설인 것입니다. 대부분의 생물학자들이 최소

12) Lucian of Samosata, 120~180년경. 고대 그리스의 웅변가, 풍자 작가. 작품을 통해 당시 철학자들을 비롯한 사기꾼들의 천박함을 무자비하게 폭로했다.

13) Snorri Sturluson, 1179~1241년. 아이슬란드의 시인, 역사가. 역사가로서 비판적으로 인식한 것을 표현하는 데 천재적인 능력이 있었다.

14) Aeschylus, BC 525~456년. 고대 아테네의 3대 비극 작가 가운데 최초의 인물. 모두 90편의 비극을 썼으며 온 그리스에 명성을 떨쳤다.

15) 본서 96쪽의 각주 참조.

한 이렇게 말하리라 저는 생각합니다. 왓슨[16] 교수는 사실 그 정도까지도 나아가지 않습니다. 그에 따르면 진화론이 "동물학자들에게 받아들여지는 이유는, 그런 현상이 일어나는 것을 목격했거나…… 논리적으로 일관된 증거로 사실임을 입증할 수 있어서가 아니라, 유일하게 존재하는 다른 가설인 특별 창조special creation가 명백하게 믿을 수 없는 것이기 때문"[17]입니다. 이 말은 진화론을 믿는 유일한 근거가 경험적인 것이 아니라 형이상학적인 것이라는 뜻입니다. 즉 '특별 창조'를 믿을 수 없다고 여기는 아마추어 형이상학자의 교리인 것입니다. 하지만 저는 정말로 그 지경까지 되었다고는 생각지 않습니다. 대다수 생물학자들은 왓슨 교수보다 더 확고하게 진화론을 믿습니다. 그러나 그것이 여전히 가설인 것은 분명합니다. 반면에 신화에서는 그것이 가설일 이유가 전혀 없습니다. 신화에서는 그것은 기본적 사실입니다. 좀더 엄밀히 말하면, 신화를 만드는 단계에서는 이와 같은 구분이 아예 존재하지 않습니다. 이보다 더 중요한 차이는 다음과 같습니다.

과학에서는 진화론이 '변화'에 관한 하나의 이론입니다. 신화에서 진화론은 '개선'에 관한 하나의 사실입니다. 따라서 홀데인 교수와 같은 진정한 과학자는, 진화론의 대중적 사상이 피조물을 (인간의 기준에서 볼 때) '더 낫게' 혹은 더 흥미롭게 만든 그 변화를 강조하는

16) D. M. S. Watson, 1886~1973년. 30년간 런던대학교 동물학 및 비교해부학 교수를 역임하였다.

17) Watson, *Nineteenth Century*(1943년 4월), 'Science and the B. B. C.'에 인용됨.—저자.

데, 이는 전적으로 부당한 것이라고 고통스럽게 지적합니다. 그는 이렇게 덧붙입니다. "따라서 우리는 진보를 진화의 규칙으로 보게 된다. 그러나 사실 진보는 예외 경우에 해당하며, 한 건의 진보를 위해 열 건의 퇴보가 있다."[18] 그러나 신화는 열 건의 퇴보 사례를 간단하게 지워 버립니다. '진화'라는 단어를 들으면 대중의 머릿속에는 뭔가가 '앞으로 위로' 움직이는 그림이 떠오르며, 그 밖의 것은 전혀 떠오르지 않습니다. '진화'라는 단어가 이러리라고 예측되었을 수도 있습니다. 과학이 말을 꺼내기 전에 신화적 상상력은 자신이 원하는 '진화'의 속성을 이미 알고 있었던 것입니다. 그것이 바로 키츠와 바그너 식의 진화였습니다. 거기서 신들은 타이탄[19]들의 지위를 강탈하고, 젊고 쾌활하고 부주의하고 호색한인 지그프리트는, 근심 걱정으로 야위고 불안해하고 약속에 매이는 보탄의 지위를 빼앗아 버리지요. 과학이 이와 같은 상상력의 요구를 만족시키는 사례를 조금이라도 내놓는다면 그것은 열렬하게 받아들여질 것입니다. 그리고 그 요구를 저버리는 사례를 하나라도 제시한다면 그것은 아무것도 아닌 양 무시당할 것입니다.

다시 말해서 과학자에게 진화는 순전히 생물학적인 원리입니다. 진화론은 지구에서 계속 진행 중인 유기체적 생명 현상을 꿰차고 그 원리로 특정 변화를 설명하려고 합니다. 우주에 관해서나 형이상학

18) 'Darwinism Today', *Possible Worlds*, p. 28.—저자.

19) 그리스 신화에 나오는 거인족. 우라노스와 가이아 사이에서 태어난 여섯 명의 남신과 여섯 명의 여신을 말함.

이나 종말론에 관해서는 진술하지 않습니다. 이제 우리에게 신뢰할 수 있는 지성이 있으며 유기적 생명체가 존재하게 된 것도 사실이라는 전제로, 진화는 한때 날개가 달렸던 종種이 어떻게 날개를 잃게 되었는지 설명하려고 합니다. 그리고 환경이 작은 변이들에 미친 부정적 영향을 통해 그 현상을 설명합니다. 진화론 자체는 유기적 생명의 기원이나 변이의 원인을 설명하지 않으며, 이성의 기원과 유효성을 논하지도 않습니다. 물론 (이성을 작동시키는) 뇌가 어떻게 생겨났는지에 대해서는 이야기하나, 이는 다른 문제입니다. 더욱이 우주가 총체적으로 어떻게 생겨났는지, 그것이 무엇인지 혹은 어디로 향하는지 알려 주려 하지도 않습니다. 그러나 신화는 이렇게 삼갈 필요가 없습니다. 먼저, 변화에 대한 이론이었던 것을 진보에 대한 이론으로 바꾸고, 그러고 나서는 그것을 우주적 이론으로 만듭니다.

지구 상의 유기체만이 아니라 모든 것은 '위로 앞으로' 계속 나아갑니다. 이성은 본능에서, 미덕은 콤플렉스에서, 시詩는 성애적인 신음과 울부짖음에서, 문명은 야만에서, 유기체는 비유기체에서, 태양계는 어떤 항성의 빠른 움직임이나 정체됨에서 '진화'해 왔다고 말합니다. 그리고 역으로, 지금 우리가 알고 있는 대로의 이성, 미덕, 예술과 문명은 먼 미래에 있는 더 나은 것들—어쩌면 신성Deity 그 자체—의 조잡하거나 미숙한 초기 단계에 불과하다는 것입니다. 신화에서는 (신화가 이해하는 바대로의) '진화'가 모든 존재에 해당하는 공식이기 때문입니다. 존재한다는 것은 '거의 영점'의 지점에서 '거의 무한대'의 지점으로 움직이는 것을 의미합니다. 그 신화를 먹고 자란 사람에게는 혼돈이 질서로 바뀌고, 죽음이 생명으로 바뀌고, 무지가 지식으로 바뀌는 것보다 더 정상적이고 자연스럽고 그럴듯한 것은 없어 보입니다. 이렇게 우리는 활짝 핀 신화에 도달합니다. 그것은 지금까지 상상된 가장 감동적이고 만족스러운 세계적 드라마 가운데 하나입니다.

진정한 드라마는, 그것이 시작되기 전에 서막 중에서도 가장 비장한 서막이 먼저 나옵니다.('라인의 황금'[20]을 잊지 마십시오.) 무한한 공허와 물질이, 자신은 무엇인지도 모르는 것을 생성하려 끝없이, 목적도 없이 움직입니다. 그러다가 수백, 수천만 분의 일의 우연으로—이 얼마나 비극적인 아이러니인가요!—어느 한 지점의 시간적·공간적 조건들이 부글부글 끓어올라 우리가 생물이라 부르는 그 조그마한 발효체가 만들어집니다. 처음에는 우리 드라마에 등장하는 이 아기 영웅에게 모든 것이 불쾌해 보입니다. 동화에서 일곱째 아들이나 구박받는 의붓딸이 매사에 난관에 부딪히듯 말입니다. 그러나 생명체는 어떻게 해서든 결국 승리합니다. 극심한 고난(볼숭가家[21]가 겪은 슬픔은 이에 비하면 아무것도 아닙니다) 속에서, 도저히 넘을 수 없을 것 같은 장애물을 딛고 그 생명체는 퍼지고, 자라고, 복잡한 존재가 되어 갑니다. 아메바부터 파충류 그리고 포유류에 이릅니다. 생명체는 (여기서 우리의 첫 번째 절정을 맞이합니다) '전성기에 달한 것처럼 무성하게 자랍니다.' 이 시대가 바로 괴물들의 시대입니다. 용들이 지구

---

20) Rheingold. 〈니벨룽의 반지〉 가운데 첫 번째 오페라, 전야제 작품.

21) 13세기 아이슬란드의 전설에 나오는 일가. 전설에서 볼숭은 아들 중 한 명인 지그문트와 딸 지그니에게 복수당했으며, 고트족의 왕이자 지그니의 남편인 지게이르에게 살해되었다.

를 배회하고, 서로를 먹어 치우다가 죽습니다. 그러고 나서 둘째 아들 혹은 미운 오리새끼라는, 사랑스러운 옛 주제가 반복됩니다. 연약하고 미미한 생명의 불꽃이 자기보다 훨씬 크고 강한 짐승들 틈에서 시작된 것처럼, 작고 벌거벗고 웅크린 채 덜덜 떠는 두 발 동물이 등장합니다. 발을 질질 끌고 아직은 바로 서지도 못하는, 아무런 가망 없는 존재입니다. 또 한 번의 수백, 수천만 분의 일이라는 우연의 산물이지요. 이 신화에서 그 존재의 이름은 인간입니다. 다른 이야기에서 그 존재는, 처음에는 사람들에게 비겁자로 여겨졌던 젊은 베오울프[22]로, 갑옷 입은 골리앗에게 무릿매 하나로 맞서는 풋내기 다윗, 혹은 거인 잡는 잭[23]이나 난쟁이로 등장한 바 있습니다. 그는 성장합니다. 그리고 거인들을 죽이기 시작합니다. 부싯돌과 방망이를 지니고 동굴 생활을 시작합니다. 적의 뼈를 놓고는 중얼거리고 으르렁댑니다. 짐승에 가깝지만 아무튼 예술, 도자기, 언어, 무기, 요리, 그 밖의 거의 모든 것을 발명할 수 있습니다.(또 다른 이야기에서 그의 이름은 로빈슨 크루소입니다.) 비명을 지르는 짝의 머리채를 잡고서 질질 끌고 다니고(왜 그런지는 저도 잘 모르겠습니다), 불같은 질투심에 사로잡혀 자식들을 갈가리 찢는데, 자식들이 크면 이젠 아버지를 찢어 놓습니다. 그리고 자기 형상대로 만든 끔찍한 신들 앞에서 움츠러듭니다.

그러나 이것은 성장통成長痛에 불과합니다. 다음 막에서 그는 진정

---

22) 10세기 이전 중세 전설의 주인공. 그렌델이라는 용과 싸워 죽이고, 수년 후 아들을 위해 복수하려는 그렌델의 어미까지 죽인 전사.

23) 오늘날 《잭과 콩나무》로 알려진 동화에서 거인을 죽이는 소년 잭을 말함.

한 인간이 됩니다. 그는 자연을 다스리는 법을 배웁니다. 과학이 부상해서 그의 유아기 때 있었던 미신적 관습을 일소해 버립니다. 점점 더 그는 자기 운명을 통제해 갑니다. 우리는 역사의 단계를 서둘러 지나며(역사를 들여다보면 위로 앞으로의 움직임이 불분명한 지점들이 있지만, 여기서 사용하는 시간의 척도로 보면 그 기간은 아무것도 아닙니다) 이 영웅을 따라 미래로 나아갑니다. 이 위대한 신비에서 아직 마지막 장은 아니지만 마지막 막에 와 있는 그를 보십시오. 반신반인인 종족이 이제 행성(개작된 다른 판版에서는 은하계)을 다스립니다. 우생학 덕분에 이제 반신반인인 존재들만 태어날 것이 확실합니다. 정신분석학 덕분에 그들 중 어느 누구도 자신의 신적 속성을 잃거나 더럽히게 되지 않을 것입니다. 경제학 덕분에 그들은 반신반인으로서 요구되는 모든 것을 확보할 것입니다. 인간은 왕위에 등극했습니다. 인간이 신이 된 것입니다. 모든 것이 영광으로 번쩍입니다. 그리고 이제, 신화를 만들어 내는 천재의 마지막 일격을 잘 보십시오. 여기서 이야기가 끝나는 것은 이 신화의 저속한 판본들뿐입니다. 여기서 이야기가 끝나면 좀 진부하고 다소 저속하기까지 합니다. 이 지점에서 멈춘다면 이야기는 절정의 숭고미가 떨어질 것입니다. 그래서 최고 판본의 이 신화에서는 마지막 장면에서 모든 것이 뒤집힙니다. 아서는 죽습니다. 지그프리트도 죽습니다. 롤랑[24]도 롱쓰보Roncevaux에서 죽습니다. 황혼의 어스름이 신들을 엄습합니다. 우리는 지금껏 모드레드,[25] 헤이

24) Roland. 신성로마제국 샤를마뉴 대제의 충신. 열두 기사 중 최고의 용장이었다.

겐[26], 개늘롱[27]을 잊고 있었습니다. 패배당하는 것으로만 보였던 자연이라는 숙적이 인간의 능력이 미치지 않는 곳에서 소리 없이, 끝도 없이 내내 이를 갈고 있었던 것입니다. 태양은 식을 것이고—모든 태양이 식을 것입니다—우주 전체가 기력이 다할 것입니다. 생명(생명의 모든 형태)은 돌아오리라는 희망도 없이 무한한 우주 공간의 곳곳에서 사라질 것입니다. 모든 것이 무無로 끝납니다. "우주적인 어둠이 모든 것을 덮습니다." 엘리자베스 시대의 비극의 형식처럼, 영웅은 자신이 서서히 올라갔던 그 영광에서 순식간에 내려올 것입니다. 우리는 "고요한 정신으로, 모든 열정을 소진한 채" 퇴장당합니다. 이것은 사실 엘리자베스 시대의 비극보다 훨씬 낫습니다. 더 완벽한 결말이기 때문입니다. 그것은 한 이야기의 끝이 아니라 모든 가능한 이야기들의 끝을 보여 줍니다. "나는 세상이 끝나는 것을 보았다"[28]는 대사처럼 말입니다.

저는 이 신화를 믿으며 자랐고, 이 신화에서 거의 완벽한 숭고미를 느꼈으며 지금도 느끼고 있습니다. 우리더러 상상력이 없는 세대라고 누구도 말하지 못할 것입니다. 고대 그리스인과 스칸디나비아인도 이보다 나은 이야기를 만들어 낸 적은 없습니다. 요즘도 특별한

---

25) Mordred. 아서왕의 전설에 나오는 인물로, 캄란에서 최후의 전투를 벌일 때 아서왕에게 치명상을 입힌 배신자.

26) Hagen. 전설 '니벨룽의 노래'에 나오는 주인공 지그프리트의 약점을 알아내 살해한다.

27) Ganelon. 샤를마뉴의 열두 기사 중 한 명이나 롤랑에게 원한을 품고서 마르실 왕과 거짓 평화조약을 맺고 후위군 지휘자인 롤랑을 공격한다.

28) "*enden sah ich die Welt.*" 〈니벨룽의 반지〉의 마지막 오페라 '신들의 황혼' 끝 부분에 나오는 '그륀힐트의 노래'에 나오는 대사.

기분이 들 때면, 이것이 신화가 아니라 사실이길 바라는 저 자신을 발견합니다.[29] 하지만 이것이 어떻게 사실일 수 있겠습니까?

이 드라마가 절대로 사실일 리 없는 이유는 드라마의 이 장면 혹은 저 장면에 대한 증거가 부족하다거나 드라마를 관통하는 치명적인 자기모순 때문이 아닙니다. 실제 과학에서 상당 부분을 받아들이지 않는 한 이 신화는 진행조차 될 수 없습니다. 그리고 합리적 추론이 유효하지 않다면 실제 과학은 한순간도 받아들여질 수 없습니다. 모든 과학은 관찰된 사실에서 출발하는 일련의 추론임을 주장하기 때문입니다. 그러한 추론에 의해서만 우리는 성운과 원형질과 공룡과 유인원과 동굴 인간과 그 무엇에든 도달할 수 있습니다. 무한히 멀리 떨어진 공간과 시간 속에서 실재가 논리의 법칙을 정확히 따른다는 믿음이 출발점이 되지 않으면, 천문학, 생물학, 고생물학, 고고학의 어떤 것도 믿을 만한 근거가 있을 수 없습니다. 과학자들이 주장하는—그다음에는 이 신화가 인계받는—입장에 도달하려면, 사실 우리는 이성을 절대적인 것으로 취급해야 합니다. 그런데 동시에 이 신화는 저더러 이성이란 정신과 무관한 어떤 과정이 끝도 없고 목적도 없는 생성becoming의 어느 한 단계에서 예측하지도 의도하지도 않고 내놓은 부산물에 불과함을 믿으라고 합니다. 이처럼 이 신화의 내용

29) 옥스퍼드 소크라테스 클럽Oxford Socratic Club에서 발표한 '신학은 시인가?'라는 글에서 루이스는 기독교 신학이 단순한 신화였다면 지금 이 글에서 다루는 신화만큼 매력적이지는 않다고 생각했을 것임을 인정한다. "기독교는 낙관적인 매력도, 비관적인 매력도 제공하지 않습니다. 기독교는 우주의 생명을 이 지구 상에 사는 인간의 유한한 생명과 흡사한 것으로 제시합니다. '선과 악이 얽혀 있는 실타래' 같은 것으로 제시합니다." 소크라테스 다이제스트*The Socratic Digest*(1945).—편집자.

은 내가 이 신화를 사실이라고 믿을 수 있는 유일한 근거를 무너뜨립니다. 내 정신이 비합리적인 것의 산물이라면—가장 명쾌한 추론처럼 보이는 것이 나처럼 조건 지워진 존재가 느끼게 마련인 방식일 뿐이라면—내 정신이 내게 진화를 이야기할 때 어떻게 그것을 믿을 수 있겠습니까? 그것이 사실상 말하는 바는 "네가 증거라고 부르는 것은 유전遺傳에 기인하는 정신적 습관의 결과일 뿐이며, 그 유전은 생화학에 기인하고 생화학은 물리학에 기인함을 내가 증명해 보이겠다"는 것입니다. 그러나 이것은 "증거란 비합리적임을 내가 증명해 보이겠다", 더 간단히 말하면 "증거란 존재하지 않음을 내가 증명해 보이겠다"는 것과 마찬가지입니다. 과학 교육을 받은 사람들 가운데 일부는 우리가 아무리 말해도 이 같은 난점을 깨닫지 못합니다. 이 사실은 여기서 우리가 그들의 사고방식 전체가 안고 있는 근본적인 질병을 건드리고 있는 것은 아닌가 하는 의혹을 확인해 줍니다. 그러나 그 난점을 깨닫는 사람은 우리 대부분이 어려서부터 배운 우주론을 신화적인 것으로 보고 버릴 수밖에 없습니다. 그 안에 많은 부분적인 사실들이 있으리라는 점을 저는 의심하지 않습니다. 하지만 전체적으로는 말이 되지 않습니다. 실제 우주가 어떤 모습을 닮았다고 판명되든 그 우주론을 닮을 수는 없습니다.

지금까지 저는 이 신화를 땅에 묻어야 할 대상으로 거론해 왔습니다. 이 신화의 지배가 이미 끝났다고 믿었기 때문입니다. 현대 사상의 가장 강력한 움직임이라고 할 수 있는 것이 그 신화와 다른 방향을 가리키는 것처럼 보이거든요. (신화적이라고 하기에 좀더 어려운 학문인) 물리학은 일반인의 정신에서 생물학이 차지하던 과학의 최고 자리를 대체하고 있습니다. 생성Becoming이라고 하는 철학 전체가 미국의 '인본주의자들'에게 맹렬한 도전을 받았습니다. 신학은 부활하여 마땅히 받아야 할 몫을 받게 되었습니다. 대중적 진화주의의 자연스러운 상대가 되었던 낭만주의 시와 음악은 유행에서 사라지고 있습니다. 물론 신화가 하루아침에 죽지는 않습니다. 이 신화는 교양 있는 무리의 영역에서 쫓겨난 뒤에도 오랫동안 대중에게 영향을 미칠 것이며, 그들에게마저 버림받은 뒤에도 몇 세기 동안 우리의 언어를 계속 따라다닐 것을 예상할 수 있습니다. 그것을 공격하고 싶은 사람은 그것을 얕보지 않도록 주의해야 합니다. 그것이 인기가 있는 데는 그만한 이유가 있는 것입니다.

이 신화의 기본적 사상—작고 혼란스럽고 연약한 것들이 크고 강하고 질서 있는 것으로 끊임없이 자신을 바꾸어 간다는 개념—은 언뜻 매우 이상하게 보일 수 있습니다. 깨진 기와 더미가 스스로 집으로 변해 가는 것을 우리는 실제로 본 적이 없습니다. 그런데 이 이상한 생각이 누구나 아는 두 가지 사례에 힘입어 자신 있게 상상력의 세계로 들어옵니다. 모든 사람은 개별적 유기체가 그렇게 변하는 것을 보았습니다. 도토리가 떡갈나무가 되고, 구더기가 곤충이 되고, 알이 새가 됩니다. 모든 인간은 한때 태아였습니다. 또한, 모든 사람은 기계의 역사에서 진화가 실제로 일어나는 것을 보았습니다. 기계의 시대에 이 사례는 대중의 생각 속에 큰 비중을 차지합니다. 우리는 모두 기관차가 지금보다 더 작고 효율도 떨어지던 때를 기억합니다. 이 두 가지 명백한 사례는 보편적 의미에서 진화는 세상에서 가장 자연스런 일이라는 상상을 확신시키기에 충분합니다. 여기서 이성은 상상에 분명 동의할 수 없습니다. 이 명백한 사례들은 결코 진화의 사례가 아닙니다. 떡갈나무는 실제로 도토리에서 생겨나지만, 그 도토리는 먼저 있었던 떡갈나무에서 떨어진 것입니다. 모든 인간은 난자와 정자의 결합에서 시작되었지만, 그 난자와 정자는 충분히 성장한 두 인간에게서 나온 것입니다. 현대의 고속 엔진은 로켓에서 나왔지만, 그 로켓은 자기보다 더 못하고 초보적인 무엇에서 나온 것이 아니라 훨씬 발전되고 조직화된 무엇, 즉 인간의 정신, 그것도 천재의 정신에서 나온 것입니다. 현대 예술은 원시적 예술에서 '발전되었을' 수 있습니다. 그러나 최초의 그림은 스스로 '진화하지' 않았습니다. 그것은 자신보다 훨씬 압도적으로 위대한 것, 즉 인간의 정신에서 나온 것입니다. 그 인간은 평평한 면 위에 있는 흔적들을 동물이나 인간처럼 보이게 할 수 있다는 것을 처음으로 알아냄으로써, 자신의 천재성이 후대의 어떤 예술가보다도 눈부시게 뛰어남을 입증했습니다.

존재하는 어떤 문명이든 그것이 처음 발생한 때로 거슬러 올라가면 투박하고 미개한 모습을 실제로 보여 줄지도 모릅니다. 그러나 좀더 자세히 들여다보면 문명의 바로 그 시초도 이전의 다른 문명의 잔해에서 나왔음을 알게 됩니다. 다시 말해, 대중의 상상력을 자극하는 진화의 명백한 사례나 비유는 우리가 그 과정의 절반에만 주의를 고정하게 함으로써 작동하는 것입니다. 우리가 사방에서 실제로 보는 광경은 두 과정이 겹쳐진 이중의 과정입니다. 완전한 것이 불완전한 씨앗을 '떨어뜨리고' 그 불완전한 것이 다시 완전해지는 것입니다. 우리는 이런 순환에서 기록에 남을 만한 움직임, 상향

성 움직임에만 집중함으로써 '진화'를 보는 것 같습니다. 지구 상에서 유기체들이 '진화'했을 가능성을 제가 부인하는 것은 결코 아닙니다. 그러나 현재 우리가 아는 자연의 유추에서 안내를 받으려 한다면, 이 진화 과정이 하나의 긴 패턴의 후반부에 해당한다고, 즉 이 행성에서 생명의 조악한 시작은 온전하고 완벽한 생명체가 이곳에 '떨어뜨려 놓았다'고 보는 것이 합리적일 것입니다. 이 유추가 잘못되었을 수도 있습니다. 자연이 한때는 지금과 달랐을지도 모릅니다. 우주의 대체적인 모습은 우리가 관찰할 수 있는 부분들과는 무척 다른지도 모릅니다.

그러나 만약 이것이 사실이라면, 다시 말해 한때 죽은 우주가 있었는데 그것이 어떻게든 스스로 살아났고, 그야말로 최초의 미개성이 있었는데 그것이 자기 힘으로 일어나 문명으로 발전했다면, 우리는 이런 일들이 더는 일어나지 않는다는 것을 인정해야 하며, 과거에 존재했다고 믿어야 하는 그 세계는 우리가 경험하는 세계와 근본적으로 다르다는 것도 인정해야 합니다. 즉, 그 신화가 지닌 직접적 개연성이 모두 사라져 버렸다는 말이지요. 그러나 그 개연성이 사라진 이유는 단 하나, 우리가 그 상상력을 발휘해 보면 그 신화가 계속 개연성이 있어 보일 거라고 생각해 왔기 때문입니다. 그런데 그 신화를 만들어 내는 것이 바로 상상력입니다. 상상력은 합리적 생각으로부터 자기가 쓰기 좋은 것만 받아들입니다.

그 신화에 내재된 또 다른 힘의 근원은 심리학자들이 그것의 '양가성兩價性'이라고 부름직한 것입니다. 그 신화는 상반되는 두 가지 마음, 곧 깎아내리려는 경향과 아첨하려는 경향 모두를 만족시켜 줍니다. 그 신화에서는 모든 것이 뭔가 다른 것이 되어 갑니다. 사실 발전의 초기 단계나 후기 단계에서 모든 것은 다른 모든 것입니다. 그리고 후기 단계는 언제나 초기 단계보다 낫습니다. 이렇게 되면 우리가 멩켄[30]의 시각에 공감할 경우, 모든 훌륭한 것은 흉한 것을 정교하게 만든 것에 불과하다고 지적함으로써 그 정체를 '폭로'할 수 있겠지요. 사랑은 색정을 정교화한 것에 '불과'하며, 미덕은 본능을 정교화한 것에 불과하다. 이런 식으로 계속 말할 수 있을 겁니다. 반면 우리가 이른바 '이상주의적인' 입장에 공감한다면 (자신이나 자신이 속한 정당 및 국가 내부의) 모든 추잡한 것은 '단지' 모든 훌륭한 것의 미발달된 형태라고 여길 수 있습니다. 악은 미발달된 미덕일 뿐이고 이기주의는 미발달된 이타주의일 뿐이므로, 좀더 교육하면 모든 것이 바로잡힐 거라고 말입니다.

또한 그 신화는 유년기의 옛 상처들을 어루만져 줍니다. 프로이트까지 가지 않더라도 모든 사람이 아버지나 첫 선생님에게 묵은 원한이 있다는 사실을 쉽게 인정할 수 있습니다. 아무리 잘 양육되었다 하더라도 그 과정에서 상처가 남지 않을 수 없습니다. 그러니 우리가 선조들로부터 '유래'했다는 옛 사상을 버리고 '진화'나 '발생'이라는 새로운 사상에 동참하는 것은 얼마나 흐뭇한 일입니까. 땅에서 솟아오른 꽃처럼 우리가 그들 위로 우뚝 솟아나고, 키츠의 신들

30) Henry Louis Mencken, 1880~1956년. 미국의 평론가이자 언론인. 미국인들의 생활과 유명 작가에 대한 신랄한 비판으로 유명하며, "좋은 정치인은 정직한 도둑을 기대하는 것처럼 불가능한 일"이라고 말했다.

이 타이탄들을 초월한 것처럼 그들을 초월했다고 느끼면 얼마나 기분이 좋겠습니까. 그렇게 되면 아버지를 간섭쟁이 늙은 광대로 여기고, 감사나 존경을 요구하는 그의 말을 참을 수 없는 지껄임으로 간주할 일종의 보편적인 변명거리가 생깁니다. "길을 비켜라. 늙은 바보야. 노퉁[31] 만드는 법을 아는 자는 바로 우리란 말이다!"[32]라는 대사에서 보듯 말입니다.

그 신화는 또한 우리에게 뭔가를 팔고 싶어 하는 사람들을 만족시켜 줍니다. 과거에는 남자가 결혼하면 가족용 마차를 맞추었고 그 마차가 평생 갈 거라 여겼습니다. 이런 사고방식은 현대의 제조업자들에게 조금도 적합하지 않습니다. 하지만 대중적 진화주의는 이들에게 딱 맞습니다. 어떤 것도 오래가서는 안 됩니다. 이들은 우리가 해마다 새로운 자동차, 새로운 라디오, 온갖 새로운 것을 갖기를 바랍니다. 새로운 모델은 언제나 과거의 모델을 능가해야 합니다. 부인들은 최신 유행을 선호합니다. 이것이 진화고, 발전이고, 온 우주가 가고 있는 방향이기 때문입니다. 이들에게 '구매 거부'는 생의 약동 *élan vital*, 즉 거룩한 영을 거역하는 죄입니다.

마지막으로 현대의 정치도 그 신화가 없다면 불가능할 것입니다. 그 신화는 혁명의 시기에 등장했습니다. 그 시기의 정치적 이상이 없었다면 그 신화는 결코 받아들여지지 않았을 것입니다. 이 같

31) Nothung. 〈니벨룽의 반지〉에서 지그프리트가 쓰던 검의 이름.
32) 〈니벨룽의 반지〉의 세 번째 오페라인 '지그프리트'에 나오는 대사.

은 사실은, 왜 그 신화가 홀데인이 말한 한 가지 생물학적 '진보' 사례에 집중하고 그가 말한 열 가지 '퇴보' 사례는 무시하는지 설명해 줍니다. 퇴보 사례를 염두에 둔다면, 사회에서 일어나는 모든 변화에는 우리가 이미 누리고 있는 자유와 편의 시설을 더 늘려 줄 가능성 못지않게 파괴시킬 가능성도 있다는 사실을 보지 않을 수 없습니다. 뒤로 후퇴할 위험은 최소한 앞으로 나아갈 기회만큼 큰 것입니다. 현명한 사회라면 적어도 가진 것을 개선하는 데 쓰는 에너지만큼은 지키는 데에도 써야 합니다. 사람들이 이처럼 자명한 이치를 분명하게 알게 되면 오늘날 정치적 좌파와 우파 모두 치명타를 입을 것입니다. 그 신화는 이 지식을 모호하게 만듭니다. 거대 정당들이 그 신화를 유지하는 데는 이유가 있는 것입니다. 따라서 우리는 그 신화가 교육계에서 쫓겨난 뒤로도 오랫동안 (우스꽝스러운 듯 보이는 언론을 포함하여) 대중 언론 속에서 생존하리라는 것을 예상해야 합니다. 그 신화가 국교에 내재되어 있는 러시아에서는 수세기 동안 계속될 것입니다.

> 그것에겐 대단한 동지들이 있다.
> 그것의 친구는 선전, 정당의 외침,
> 허튼소리, 어쩔 도리 없는 인간의 정신이다.[33]

---

33) 워즈워스의 소네트 '투생 루베르튀르에게To Toussaint L'Ouverture'(1802) 마지막 부분 "thou hast great allies; Thy friends are exultations, agonies, And love, and man's unconquerable mind"의 표현을 바꾼 것.

그러나 저는 여기서 이 글을 마치고 싶지 않습니다. 그 신화는 지금까지 말한 온갖 믿을 수 없는 동지들이 있습니다. 그 외의 다른 동지들은 없다고 생각한다면 크게 오해한 것입니다. 앞에서 제가 보여주려 한 것처럼 그 신화는 더 나은 동지들도 있습니다. 그 신화는 거인 잡는 잭을 환영하는 우리의 순수하고도 변치 않는 욕구에 호소합니다. 상상력이 갈망하는 거의 모든 것—아이러니, 영웅주의, 광대함, 다양성 속의 통일성, 그리고 비극적 결말—을 우리에게 줍니다. 이성을 제외한 나의 모든 부분에 호소합니다. 그렇기 때문에 그 신화가 우리에게는 이미 죽은 것이라고 생각하는 사람들은 잘못된 방향으로 그것의 정체를 '폭로'하려는 오류를 범해서는 안 됩니다. 그 신화를 몰아냄으로써 냉혹하고 건조한 무엇, 영혼을 굶주리게 하는 무엇으로부터 현대 세계를 지킨다는 환상을 품어서는 안 됩니다. 실상은 그 반대입니다. 마법에 걸린 이 세상을 깨우는 것이 바로 우리의 고통스러운 임무입니다. 실제 우주는 어쩌면 많은 면에서 그들이 생각한 것보다 덜 시적이고, 확실히 혼돈스럽고 분열된 모습일 것입니다. 그 속에서 인간의 역할은 생각보다 그리 영웅적이지 않을 것입니다. 인간이 처한 진정한 위험은 진정한 비극적 위엄을 전혀 갖추고 있지 않을지도 모릅니다. 궁극에 가서야, 그리고 모든 시시한 시들이 다 폐기되고 상상력이 지성에 철저히 종속된 후에라야, 우리가 그들에게 빼앗으려는 것에 대한 어떤 보상이라도 그들에게 해줄 수 있을 것입니다. 그래서 어쨌거나 그 신화를 소중히 대해야 합니다. (어떤 면에서) 그것은 전부 허튼소리입니다. 그러나 그 신화의 전율과 매력을 느낄 수 없다면 그는 참으로 재미없는 사람일 것입니다. 저로 말하자면,

그 신화를 더는 믿지 않지만 다른 신화들을 즐기는 만큼 늘 그 신화를 만끽할 것입니다. 발데르[34], 헬레네[35], 아르고나우타이[36]를 보관하는 곳에 동굴 인간을 두고 종종 그를 다시 찾을 것입니다.

34) Balder. 노르웨이 신화에 나오는 태양의 신. 만인의 사랑을 받으나 호두르에게 살해됨.

35) Helene. 그리스 신화에 나오는 미녀. 트로이의 왕자 파리스에게 유괴되어 트로이 전쟁의 원인이 됨.

36) Argonautai. 그리스 신화에서 아르고선을 타고 황금 양털을 구하러 간 50명의 영웅.

8 교회음악에 대하여

저는 평신도이고 내세울 만한 음악 교육도 받은 바 없습니다. 평생 교회 다닌 사람의 경험을 바탕으로 이야기할 처지도 아닙니다. 그렇기 때문에 교회음악이라는 주제에 대해서는 아무리 낮은 수준에서라도 제가 가르칠 입장이 아닙니다. 제 자리는 증인석입니다. 교회음악 전체가 저와 같은 사람(평신도이면서도 평범하기 그지없는 사람)에게 어떻게 보이는지 재판관이 빠짐없이 알아야 한다면, 증언할 준비가 되어 있습니다.

교회에서는 하나님을 영화롭게 하는 일이나 사람에게 덕을 끼치는 일, 혹은 둘 다를 직·간접적 목표로 삼지 않는 일은 행동으로든 노래로든 말로든 아무것도 하지 말아야 한다는 점을 먼저 말씀드립니다. 물론 좋은 예배에 문화적 가치도 있긴 하지만, 예배가 그것을 위해 존재하는 것은 아닙니다. 낯선 곳에서는 교회가 나침반의 방위를 잡는 데 도움이 되겠지만, 이것을 목적으로 교회가 지어진 것은 아니듯이 말입니다.

덕을 끼치는 것과 영화롭게 하는 것, 이 두 가지 목적은 서로 다음과 같은 관계가 있는 것 같습니다. 우리는 사람에게 덕을 끼칠 때마다 하나님을 영화롭게 합니다. 그러나 하나님을 영화롭게 할 때 늘 사람에게 덕을 끼치는 것은 아닙니다. 사람에게 덕을 끼치는 것은 사랑과 순종의 행위이므로 그 자체가 하나님을 영화롭게 하는 것입니다. 그러나 인간은 이웃에게 덕을 끼치지 않으면서도 하나님을 영화롭게 할 수 있습니다. 이런 사실은 교회가 시작되던 초기에 소위 '방언으로 말함'이라 부르는 현상에서 드러난 바 있습니다. 하나님의 영감을 받아 알 수 없는 방언으로 말하게 된 사람에게야 방언으로 말하는 것이 무척 좋은 일이겠으나, 입에서 나온 그 말이 통역되지 않는 한 회중에게 유익을 주지 못할 거라고 고린도전서 14장에서 사도 바울은 지적합니다. 이처럼 하나님을 영화롭게 하는 것과 사람에게 덕을 끼치는 것이 서로 대립될 수 있습니다.

얼핏 보면, 알 수 없는 방언으로 말하는 것이나 사람들의 음악적 수용 능력을 넘어서는 성가를 부르는 것이나 별반 차이가 없는 것 같습니다. 사도 바울이 전자에 내린 금지령을 후자에까지 확대해야 할 것처럼 보이지요. 그러면 사람들의 현재 기호에 맞는 것 외에는 어떤 교회음악도 정당하지 않다는 꺼림칙한 결론에 이르게 될 것입니다.

그러나 실제로는 이 두 가지가 보기만큼 유사하지 않을 수도 있습니다. 우선, 알 수 없는 방언으로 하는 말이 하나님을 영화롭게 할 수 있는 방식과, 수준 높은 음악이 그렇게 되는 방식이 같지 않을 것입니다. '방언'으로 하는 말이 어떤 미학적인 가치가 있어서 하나님을 영화롭게 한다고 주장할 수 있는지는 (문제를 아무리 작게 보더라도) 의심스럽습니다. 제 생각에 방언으로 하는 말은 먼저 기적적이며 저도 모르게 일어남으로써 하나님을 영화롭게 할 것이고, 그다음으로는 그것을 말하는 사람의 황홀한 마음 상태로 인해 하나님을 영화롭게 할 것입니다. 교회음악에 대한 생각은 무척 다릅니다. 교회음악은 그 자체의 탁월함으로 하나님을 영화롭게 합니다. 새와 꽃과 하늘이 그 자체로 하나님을 영화롭게 하는 것과 거의 같습니다. 성스러운 음악을 작곡하고 고도로 훈련된 솜씨로 연주하는 일에서 우리는 자연적 재능을 최고의 수준으로 끌어올려 하나님께 바칩니다. 교회 건축, 의상, 유리와 금과 은, 잘 관리된 교구 재정, 혹은 친목회를 신중하게 조직하는 일에서도 그렇게 하듯 말입니다.

다음으로, 모르는 방언을 '이해하지' 못하는 경우와 좋은 음악을 '이해하지' 못하는 경우는 실제로는 같지 않습니다. 방언을 못 알아듣는 것은 (운 좋은 사람을 제외하고는) 회중의 모든 구성원에게 절대적으로 동일하게 해당됩니다. 좋은 음악을 못 알아듣는 것은 누구에게나 똑같이 있는 문제도 아니며 똑같이 치료 불가능한 것도 아닙니다.

끝으로, 알 수 없는 방언으로 말하는 것에 대한 대안은 알려진 방언으로 말하는 것이었습니다. 그러나 교회음악에 관한 대부분의 토론에서 수준 높은 음악의 대안은 대중음악입니다. 사람들에게 '그들이 좋아하는 것'을 주고 '과거에 유행하던 것'을 노래하게(혹은 소리 지르게) 해주는 것입니다.

바로 이 지점에서 우리의 고민과 사도 바울의 고민이 가장 뚜렷이 구분되는 것 같습니다. 알려진 방언으로 말하는 것이 사람들에게 덕을 끼칠 수 있다는 것은 명백했습니다. 자신이 좋아하는 찬송가를 소리 높여 부르게 함으로써 사람들에게 덕을 끼친다는 것도 그만큼 자명합니까? 사람들은 분명 찬송가를 즐겨 부르는 것 같습니다. 마찬가지로 그들은 새해 전날 길거리에서 '석별의 정*Auld Lang Syne*'[1]을 목청껏 부르거나 술집에서 춤이 있는 최신곡을 크게 부르기를 좋아합니다. 함께 공유하면서도 친숙한 소음은 분명 인간에게 즐거움을 줍니다. 저는 이러한 즐거움을 경멸해야 한다고 생각하지 않습니다. 그렇게 노래하면 폐에도 좋고, 좋은 사귐을 가질 수 있습니다. 그것은 겸손하고 꾸밈없는 일이며, 모든 면에서—맥주 한 잔, 다트 게임 혹은 바닷물에 몸을 담그는 것처럼—건전하고 무해한 일입니다.

그러나 교회음악이 이러한 유익들을 조금이라도 넘어 덕을 끼치는 수단이 된다고 할 수 있을까요? 이 모든 것이 하나님의 영광을 위해 행해질 수 있다는 점에는 의심의 여지가 없습니다. 먹는 것도 그럴 수 있지요. 이에 대해 사도가 한 말을 우리는 알고 있습니다.[2] 성숙한 그리스도인은 자신의 행위 가운데 정말 별볼일 없는 행위, 아주 세속적인 행위나 실리적인 행위 그 어떤 것이든 하나님의 영광을 위하는 방향으로 바꿀 수 있습니다. 그러나 이 같은 사실이 대중적 찬양곡들을 옹호하는 논거로 받아들여진다면, 다른 수많은 것들의 논거도 될 수 있을 것입니다. 우리가 알고 싶은 것은, 훈련되지 않은 채

---

1) 영국 스코틀랜드의 시인 로버트 번스가 1788년 작곡한 민요.
2) 고전 10:31.

로 함께 노래하는 행위가 다른 대중적 즐거움보다 조금이라도 더 덕을 끼치는가 하는 점입니다. 저는 이 점이 여전히 납득되지 않습니다. 저는 이런 소음을 종종 들었고, 때로는 거기 동참하기도 했습니다. 그럼으로써 생기는 신체적·감정적 흥분이 반드시 혹은 흔히 종교와 관련된다는 증거는 아직까지 발견하지 못한 듯합니다. 다른 많은 평신도들처럼 제가 교회에서 주로 바라는 것은 더 짧고, 더 괜찮은 찬송가를 부르되, 덜 불렀으면 하는 것입니다. 특히 좀 덜 부르면 좋겠습니다.

따라서 제가 보기에는, 어떠한 교회음악이든 폐기해야 한다는 주장이, 성가대를 양성하는 데 드는 힘겨운 노력을 멈추고 회중의 원기 왕성한 고함을 보존해야 한다는 주장보다 훨씬 강력한 것 같습니다. 전자의 경우가 갖는 영적인 가치에 제가 어떤 의혹을 품고 있든, 후자의 영적 가치에도 저는 그에 못지않은 회의를 느낍니다.

(제게) 무엇보다 확고한 결론은, 지식인을 자처하는 사람과 교양이 낮은 사람 모두가 자신이 원하는 음악의 영적 가치를 너무도 쉽게 당연시한다는 것입니다. 훈련된 성가대가 최상의 공연을 펼친다 해도, 회중석에서 아무리 기운차고 열정적인 울림이 터져 나온다 해도, 어떤 특별한 종교적인 활동이 진행되고 있다는 의미로 받아들여서는 안 됩니다. 그럴 수도 있고 그렇지 않을 수도 있습니다. 그러나 우리가 교회에서 음악을 없애려 한다면, 개신교와 가톨릭 할 것 없이 기독교계의 주된 입장과 대립하게 될 것입니다. 따라서 교회음악이 어떤 방식으로 진정 하나님을 기쁘시게 하거나 사람의 영혼 구원에 도움이 될 수 있는지, 제안해 보려 합니다.

하나님의 은총이 머문다고 확신할 수 있는 음악적 상황이 두 가지 있다고 생각합니다. 하나는, 목회자나 오르간 연주자가 그 자신은 훈련되고 섬세한 감각을 지닌 사람이지만, (미학적으로 정당한) 자기 욕구를 겸손하고 자비롭게 희생하고 자신이 바라는 것보다 더 초라하고 조악한 것을 사람들에게 제공하는 경우입니다. 이렇게 함으로써 사람들을 하나님께로 인도할 수 있다고 믿으면서(심지어 이것이 잘못된 믿음이라 하더라도) 말입니다. 다른 하나는, 감성이 무디고 음악적 재능이 없는 평신도가 겸손히 인내하며 무엇보다도 침묵 가운데, (온전히) 이해할 수 없는 음악을 듣는 경우입니다. 그 음악이 어떻게든 하나님을 영화롭게 하며, 만약 자신에게 덕을 끼치지 못한다면 그것은 자신의 결함 때문임이 분명하다고 믿으면서 말이지요. 이러한 지식인과 비지식인은 올바른 길에서 크게 벗어나지 않은 사람들입니다. 양측 모두에게 교회음악은 은혜의 통로가 되었을 것입니다. 그 음악은 그들이 좋아한 음악이 아니라 좋아하지 않은 음악입니다. 그들은 모두 자신들의 기호를 온전한 의미에서 바치고 희생했습니다. 그러나 이와 반대의 상황이 벌어질 때, 곧 음악가가 재능에 대한 자부심이나 경쟁 바이러스가 넘친 나머지 음악을 이해하지 못하는 회중을 경멸스럽게 바라본다거나, 음악적 재능이 없는 사람이 자신의 무지와 보수적 성향에 안주하면서, 음악적 수준을 높여 주려는 모든 사람을 열등감에서 비롯한 증오에 사로잡혀 불편한 마음으로 적개심을 품고 계속 바라볼 때, 양측이 바치는 모든 것은 은혜롭지 못하며 그들을 움직이는 영은 성령이 아니라고 우리는 확신할 수 있습니다.

안타깝게도, 이처럼 매우 일반적인 고찰은 특정 교회에 효과적으로 적용할 수 있는 절충안을 찾는 목회자나 오르간 연주자에게는 결코 실제적인 도움이 되지 않을 것입니다. 그들이 바라며 할 수 있는 일이라고는 이것이 결코 단순한 음악 문제가 아니라고 주장하는 것뿐입니다. 성가대와 회중 모두가 영적으로 바른 길 위에 있다면 극복할 수 없는 어려움은 일어나지 않을 것입니다. 오히려 기호나 능력의 불일치는 서로에게 사랑과 겸손의 계기가 될 것입니다.

음악적으로 문맹인 다수에 해당하는 우리에게 옳은 길을 분별하는 일은 그리 어려운 것이 아닙니다. 그리고 그 옳은 길에 있는 한, 우리가 혼란스러운 리듬의 소음밖에 내지 못한다는 사실은 크게 해가 되지 않을 것입니다. 그런 소리를 낼 때 우리가 정말 의도하는 것이 하나님의 영광이라면 말입니다. 하나님께 영광 돌리는 것이 우리의 의도라면, 필연적으로 우리는 소리 높여 외치는 것 못지않게 (필요할 경우) 침묵하는 것으로도 그분께 영광 돌릴 준비가 되어 있을 테니까요. 또한 소리 지르는 능력은 자연적인 재능 가운데서도 매우 낮은 수준에 속하며, 할 수만 있다면 노래 부르는 법을 배우는 게 더 나으리라는 점도 알게 될 것입니다. 누구든 우리에게 노래를 가르쳐 주려 한다면 우리는 배우려 할 것입니다. 우리가 배울 수 없다면, 그리고 사람들이 우리가 배우지 않기를 바란다면, 우리는 입을 다물겠지요. 또한 우리는 이해하고자 노력하며 경청할 것입니다. 이런 상태에 있는 회중은 교회에서 듣는 꽤 많은 음악이 자신의 이해 수준을 뛰어넘는다 하더라도 불평하지 않을 것입니다. 음악적 소양이 없는 사람들이 나아지려 하지 않는 진짜 이유는 무지해서만이 아닙니다. 바로 질투, 오만, 의심 때문이며, 그런 몹쓸 마음들을 낳는 극도로 혐오스러운 보수주의 때문입니다. 회중 안에 있는 그러한 '보수파'를 용인하는 것이 얼마나 현실적으로 현명한 일(뱀의 지혜의 일부)인지 따지고 싶지는 않습니다. 그러나 열등감을 달래 주고, 탁월함을 본능적으로 싫어하는 자연인의 마음을 부추기는 현대 국가에 협력하는 것이 그렇게 대단한 교회 일은 아닐 거라 생각합니다. 민주주의는 정치적인 장치로는 썩 좋은 것이나, 영적인 세계나 미적 세계에까지 침입해서는 안 됩니다.

음악가들이 걸어야 할 바른 길은 더 힘들 것이고, 어쨌거나 저로서는 그 길에 대해 훨씬 조심스럽게 말할 수 있을 뿐입니다. 그러나 음악이 하나님을 영화롭게 할 수 있는 방법(들)에 대해서는 우리 모두가 신중하게 정의해야 한다고 봅니다. 앞에서 조금 언급한 것처럼 모든 자연적 존재들, 심지어 무생물까지도 하나님이 그들에게 주신 능력을 드러냄으로써 하나님을 지속적으로 영화롭게 하는 측면이 있습니다. 이런 의미에서 우리도 자연적 존재로서 똑같이 행동합니다. 이런 수준에서는 우리의 악한 행위들도 우리의 재능과 능력을 드러내 보인다는 점에서 우리의 선한 행위 못지않게 하나님을 영화롭게 한다고 할 수 있을 것입니다. 그러므로 탁월하게 연주된 음악은 인간에게 주어진 특별한 능력을 매우 높은 수준에서 드러내는 자연적인 작용이라는 점에서, 연주자의 의도가 무엇이든 늘 하나님을 영화롭게 할 것입니다. 그러나 이런 찬미는 '용들과 깊은 바다', '얼음과 눈'이 드리는 찬미와 다를 바 없습니다. 하나님이 인간인 우리에게서 찾으시는 것은 그것과는 다르게 영광 돌리는 것으로, 여기서는 동기가 중요합니다. 성가대 전체가 위대한 성가곡을 공연하기에 앞서 온갖 토론과 결정, 온갖 교정과 실망, 교만과 경쟁심과 야망으로 이끄는 온갖 유혹을 거치면서도 그 동기를 유지하기가 얼마나 쉬운지 혹은 어려운지 저는 (당연히) 알지 못합니다. 그러나 모든 것은 그 동기에 달려 있습니다. 하나님께 영광 돌리겠다는 원래의 동기를 성가대가 견지할 수만 있다면, 그들이야말로 인간 가운데 가장 부러워할 만한 대상일 것입니다. 그들은 유한한 존재이지만 천사들처럼 하나님을 영화롭게 하고, 몇몇 찬란한 순간에는 영과 육, 기쁨과 수고, 기술과 예배, 자연과 초자연 등 모든 것이 타락 이전에 연합되어 있던 상태로 융합되는 것을 보는 특권을 누릴 것입니다. 하지만 그 음악이 아무리 탁월하다 해도 음악 자체는 우리에게 이 낙원과 같은 상태를 보증할 수 없다고 저는 분명히 말씀드리겠습니다. 탁월함은 '열심'을 입증합니다. 그러나 인간은 자연적 동기, 심지어는 악한 동기에도 열중할 수 있습니다. 열심이 없다는 것은 그들에게 올바른 정신이 부족함을 입증하겠지만, 열심이 있다고 해서 그들의 정신이 올바른 것은 아닙니다. 음악이 그것을 듣는 교양 있는 사람을 만족시키는 것처럼 하나님을 '기쁘시게' 할 수 있다는 순진한 생각을 우리는 경계해야 합니다. 그것은 마치 옛 율법 아래서 하나님이 황소와 수염소의 피를 정말 필요로 했다고 생각하는 것과 같습니다. 이에 대한 대답은 "뭇 산의 가축이 다 내 것이다", "내가 가령 주려도 네게 이르지 아니할 것이다"[3]였습니다. (이런 의미에서) 하나님이 음악을 원하신다 하더라도 우리에게 그것을 말씀하시지는 않을 것입니다. 음악이든 순교든, 우리가 바치는 모든 것은 본질적으로 아무 가치가 없는, 아이의 선물과 같기 때문입니다. 아버지는 그 선물을 정말 소중히 여기지만, 어린 자녀의 의도를 생각하여 그러는 것뿐입니다.[4)]

---

3) 시 50:10, 12.

4) 이 글을 쓰기 전 루이스는 에릭 루틀리Erik Routley 목사에게서 '영국과 아일랜드 찬송가 협회Hymn Society of Great Britain and Ireland' 위원단이 되어 달라는 요청을 받았다. 위원단은 새로 작곡된 찬송가를 평가하는 일을 했다. 예상할 수 있듯이 루이스는 이를 거절했다. 그렇지만 그의 답변은 (루틀리 목사의 편지들과 함께) 〈찬송가를 싫어하는 성공회 신자와 주고받은 편지Correspondence with an Anglican who Dislikes Hymns〉(*The Presbyter*, VI, No. 2, 1948, pp. 15~20)라는 제목으로 실렸다.(루이스가 1946년 7월 16일, 1946년 9월 21일 'A. B.'라는 머리글자의 필명으로 쓴 두 통의 편지가 실렸다.)—편집자.

9 역사주의

"날개 없이 날고자 하는 자는 꿈속에서나 날아야 한다."

-콜리지Coleridge

제가 여기서 역사주의라고 부르는 것은, 인간이 자신의 자연적 능력으로 역사적 과정에서 내적 의미를 발견할 수 있다고 하는 신념입니다. 제가 '자신의 자연적 능력으로'라는 말을 쓴 것은, 신의 계시를 통해 역사적인 모든 사건이나 특정 사건의 의미를 안다고 주장하는 사람과 뜻을 가까이 하고자 함이 아닙니다. 제가 말하는 역사주의자란 학식과 재능의 토대에서 자신이 설명하는 역사의 내적 의미를 받아들이라고 하는 사람입니다. 환상을 통해 그 의미를 알게 되었다고 한다면 이것은 또 다른 문제가 될 것입니다. 그런 사람에게라면 저는 아무 말도 못할 것입니다. 그의 주장—그리고 주장을 지지하는 증거로 뒤따르는 신성이나 기적 같은 것—은 제가 판단할 문제가 아닙니다. 그렇다고 해서 영감 받은 저자와 그렇지 않은 저자를 구분하는 어떤 기준을 세워 저 스스로 적용하고 있는 게 아닙니다. 제가 구분하는 대상은 영감 받은 사람과 그렇지 못한 사람이 아니라, 영감 받았다고 주장하는 사람과 주장하지 않는 사람입니다. 현재 전자의 경우는 제 관심 대상이 아닙니다.

제가 내적 의미라는 말을 쓴 이유는, 역사에서 '의미'를 찾는 사람들을 어떤 뜻에서든 역사주의자로 분류하지 않기 때문입니다. 따라서 역사적 사건들의 인과관계를 찾는 일은, 제 용어로 말하자면 역사가historian가 하는 일이지 역사주의자historicist가 하는 일이 아닙니다. 역사가는 역사주의자가 되지 않으면서도 알려진 사건에서 알려지지 않은 사건을 틀림없이 추론해 낼 수 있습니다. 과거 사건에서 미래의 사건을 추론해 낼 수도 있습니다. 예측이라는 것이 어리석은 일이 될 수는 있을지언정 그것이 역사주의는 아닙니다. 역사가는 상상력을 동원하여 재구성한다는 의미에서 과거를 '해석'할 수도 있습니다. 12세기의 농노나 로마 시대의 기사가 된다는 것이 어떤 일이었고 따라서 이것이 의미하는 바가 무엇인지를 우리에게 (최대한) 느끼게 해주면서 말입니다. 이러한 모든 활동의 결론은 그 전제처럼 역사적이며, 바로 이 점이 역사가의 모든 활동을 정당한 것으로 만듭니다.

반면에 역사주의자의 특징은 그가 역사적 전제로부터 역사 이상의 결론, 즉 형이상학적이거나 신학적이거나 (말을 만들어 내자면) 무신학적無神學的 atheological인 결론을 이끌어 내고자 한다는 점입니다. 역사가나 역사주의자 모두 어떤 일이 일어났던 것이 '분명하다'라고 말할 수 있습니다. 그러나 역사가가 분명하다고 하는 것은 다만 인식의 근거*ratio cognoscendi*를 언급하는 것입니다. A라는 사건이 일어났기 때문에 B라는 사건이 그 전에 일어났음이 '분명하다'는 것입니다. 서자庶子 윌리엄[1]이 잉글랜드에 도착했다면 그는 바다를 건넜음이 '분명하다'는 식입니다. 그러나 역사주의자가 '분명하다'고 하는 것은 그 의미가 사뭇 다를 수 있습니다. 사건이 그렇게 된 것은 그 근저에 어떤 궁극적이고 초월적인 필연성이 있기 때문이라고 할 수 있는 것입니다.

칼라일[2]이 역사를 '계시의 책'이라고 했을 때 그는 역사주의자로서 발언한 것입니다. 노발리스[3]가 역사를 '복음'이라고 명명했을 때 그는 역사주의자로서 말한 것입니다. 헤겔이 역사를 이야기할 때 절대정신이 그 속에서 스스로 점진적으로 발현한다고 본 것은 역사주의자의 시각에서였습니다. 어떤 평범한 여자가 말하기를 자신의 못된 시아버지가 중풍에 걸린 것은 '심판받은 것'이라고 한다면 그는 역사주의자입니다. 진화론이 생물학에서 단순한 하나의 원리이기를 그치고 역사의 전 과정을 해석하는 법칙이 되어 버리면 그것은 역사주의의 한 형태입니다. 키츠의 《히페리온》은 역사주의의 걸작이며, 여기 등장하는 오케아노스가 한 말은 우리가 찾아볼 수 있는 역사

---

1) William the Bastard. 윌리엄 1세(1027~1087년)를 말하며, 별칭으로 정복왕, 서자왕이라고도 한다. 노르망디 공작이었던 그는 1066년 잉글랜드를 정복하고 노르만 왕조를 창건하여 집권적 봉건국가의 기초를 다졌다.

2) Thomas Carlyle, 1795~1881년. 영국의 역사가, 비평가. 물질주의와 공리주의에 반대하여 인간 정신을 중시하는 이상주의를 제창했다.

3) Novalis, 1772~1801년. 독일의 시인. 본명은 Friedrich von Hardenberg. 초기 낭만주의의 대표적 인물로, 신비나 꿈, 죽음 따위의 초자연적인 세계를 그렸다.

주의의 가장 좋은 예입니다.

영원한 법은 이것이니
가장 아름다운 자가 가장 권세 있도다.

이 글에서 제가 말하려는 바는, 역사주의는 환상이며 역사주의자들은 기껏해야 시간을 낭비할 뿐이라는 것입니다. 제가 역사주의자를 비판할 때 결코 역사가를 비판하는 것이 아니라는 사실이 분명하게 전달되었기를 바랍니다. 역사주의자와 역사가가 동일하게 보일 수는 있습니다. 그러나 이렇게 양자가 일치하는 경우는 사실상 극히 드뭅니다. 역사주의자가 되는 사람들은 주로 신학자, 철학자, 정치가들입니다.

역사주의는 여러 수준으로 존재합니다. 가장 단순한 형태는 이미 앞에서 언급한 경우입니다. 즉, 우리의 불행(또는 이보다 더 자주 언급되는 것으로, 우리 이웃의 불행)은 '심판'이라는 것입니다. 여기서 '심판'이란 신이 내린 유죄 판결 혹은 벌을 뜻합니다. 이와 같은 역사주의는 때로 구약성경의 권위를 빌려 스스로를 지탱하려고 합니다. 심지어 어떤 사람들은 역사를 이렇게 해석하는 것이 히브리 선지자들 특유의 징표인 양 말합니다. 이에 저는 두 가지로 답변 드립니다.

우선, 제게 성경은 신의 계시를 주장하는 책입니다. 저는 선지자들과 논쟁할 준비가 되어 있지 않습니다. 하지만 하나님이 일부 선택받은 사람들에게 몇몇 재난을 '심판'으로 기꺼이 계시하셨다고 생각하며, 모든 재난을 이런 식으로 일반화하여 읽어 낼 권한을 자신이 부여받았다고 여기는 사람이 있다면, 이것은 앞뒤가 맞지 않는 추론임을 알려 드립니다. 물론 그 사람이 스스로 선지자라 주장하지 않는다면 말입니다. 그가 자신이 선지자라고 주장한다면 저는 더 유능한 사람에게 판단을 의뢰해야겠지요.

둘째로, 역사를 그렇게 해석하는 것은 고대 히브리 종교의 특징이 아니었으며, 히브리 종교를 다른 종교와 구별하고 특별히 가치 있게 하는 요소가 아니라는 점을 강조해야 합니다. 오히려 이런 해석이야말로 히브리 종교와 대중적 이교주의 모두에서 찾아볼 수 있는 공통점입니다. 불행을 성난 신들의 탓으로 돌리고 따라서 신을 화나게 한 사람을 찾아내어 벌주는 것은 세상에서 가장 자연스러운 일이며, 그러하기에 전 세계적으로 일어나는 일입니다. 예를 들어《일리아스》제1권이나《오이디푸스 티라누스》서두에 나오는 역병 같은 것을 금방 떠올릴 수 있습니다. 성경의 차별되는 점, 성경의 중요한 특이성은 이와 같은 순진하고도 자발적인 형태의 역사주의가 성경에서는 계속 신에게 퇴짜를 맞는다는 점입니다. 욥기서, 이사야서의 고난받는 종(53장), 실로암에서 일어난 참사(눅 13:4)와 태어나면서부터 눈먼 사람(요 9:3)에 대한 우리 주님의 대답 등 유대인의 역사 전체에서 이 같은 사실을 확인할 수 있습니다. 만약 이런 종류의 역사주의가 살아남는다면 그것은 기독교의 반대에도 불구하고 살아남은 것입니다. 그리고 희미한 형태로 확실히 살아남아 있습니다.

일반적으로 진정한 역사가라 불릴 만한 사람들 가운데 일부는, 성공하거나 실패한 일들은 어찌되었든 그럴 만해서 그렇게 되었다는 식으로 무심코 글을 씁니다. 우리는 '역사의 심판'과 같은 문구가 지니는 감정적인 울림을 경계해야 합니다. 이런 문구는 저속한 오류 가운데서도 가장 저속한 오류를 범하도록 우리를 꾈 수 있습니다. 그 오류란 좀더 남성적인 시대라면 매춘부 같은 운명의 여신이라고 욕했을 것을 여신의 역사로 우상화하는 일입니다. 이런 오류를 범할 때 우리는 그리스도인보다 낮은 수준의 사람으로, 심지어 이방인 가운데 꽤 나은 사람보다도 낮은 수준으로 떨어지게 됩니다. 해적이나 스토아주의자들도 이 정도의 분별력은 있었습니다.

그러나 오늘날 이보다 더 미묘하고 세련된 형태의 역사주의도 자신의 관점이 기독교에 특히나 적합하다고 주장하고 있습니다. 최근 폴 헨리Paul Henri 수사가 옥스퍼드에서 열린 데네키Deneke 강좌에서 말한 것처럼, 유대교와 기독교의 사상은 바로 그것이 역사에 부여하는 중요성으로 인해 이교와 범신론 사상과 확연히 구분된다고 많은 사람들이 흔히들 생각하게 되었습니다. 우리는 범신론자에게 시간의 내용물이란 환상에 불과한 것이라는 말을 듣습니다. 역사는 꿈이고 구원은 그 꿈에서 깨어나는 것이라는 말입니다. 고대 그리스인에게는 역사란 흐름일 뿐이며 기껏해야 순환하는 것이라는 말을 듣습니다. 의미는 생성Becoming이 아니라 존재Being에서 찾아야 한다고 본 것입니다. 반면에 기독교에서 역사란 창조, 타락, 구속 그리고 심판을 축으로 하여 뚜렷하게 구성이 짜여진 이야기입니다. 그것은 참으로 빼어난 신의 계시이며, 다른 모든 계시를 포함하는 계시인 것입니다.

그리스도인에게 역사는 분명 어떤 의미에서 전적으로 이러하다는 사실을 저는 부인하지 않습니다. 어떤 의미에서 그런지는 나중에 설명하겠습니다. 일단 지금은, 유대교나 기독교 사상과 이교나 범신론 사상을 일반적으로 나누어 대비하는 일은 어느 정도 착각이라는 점을 말하고 싶습니다. 현대 세계에서 역사주의는 꽤 분명하게 헤겔을 범신론적 선조로 삼고 마르크스를 유물론적 자손으로 두고 있습니다. 역사주의는 지금까지 우리보다는 적의 손에서 더 강력한 힘을 발휘하는 무기로 드러났습니다. 기독교적 역사주의를 변증의 무기로 추천하려 한다면, 기독교와 역사주의가 본래 일치하는 면이 있을 수 있다는 추측에 근거하기보다는, "적에게도 배울 점이 있다*fas est et ab hoste doceri*"라는 격언에 따라 추천하는 편이 좋습니다. 그리고 과거를 자세히 살펴보면, 그리스인과 기독교인은 잘 대비되지만 기독교인과 다른 모습의 이교도는 잘 대비되지 않는다는 사실을 발견하게 될 것입니다. 예를 들어 북유럽 신화의 신들은 호메로스의 신들과는 달리 역사적 과정에 뿌리를 두고 있습니다. 라그나로크[4]의 그늘 아래 살면서 그들은 시간에 몰두합니다. 오딘Odin은 불안의 신이라 할 만하고, 그런 의미에서 바그너의 보탄은 에다[5]의 원본에 놀랍도록 충실합니다. 북유럽 신화에서 우주의 역사는 순환도 아니고 흐름도 아닙니다. 그것은 되돌릴 수 없으며, 전조와 예언의 북소리에 맞춰 종말을 향해 행진해 가는 비극적 서사시입니다. 기독교의 영향을 받았을 수도 있다는 점에 근거하여 북유럽의 이교주의를 배제한다 하더라도, 로마인이 남습니다. 로마인들이 그리스인들처럼 역사를 무관심하

4) Ragnarok. 고대 노르웨이어로 '신들의 운명'이라는 뜻. 스칸디나비아 신화에서 신과 인간 세계의 종말을 일컫는다.
5) 이 책 96쪽의 각주 참조.

게 대하지 않았으며, 단순히 학구적인 흥미나 흥미 비슷한 것을 가진 게 아니라는 점은 제법 분명해 보입니다. 그들은 역사주의자들에게 귀속된 민족이었던 것 같습니다.

다른 글에서 저는 베르길리우스[6] 이전의 모든 로마의 서사시는 운율이 있는 연대기였을 거라고 지적한 바 있습니다.[7] 그 주제는 늘 같았는데, 바로 로마가 어떻게 될 것인가 하는 것입니다. 베르길리우스가 근본적으로 한 일은 그의 글의 상징적 구조를 통해 이 영원한 주제에 새로운 통일성을 부여하는 것이었습니다. 베르길리우스의 《아이네이스*Aeneis*》[8]는 신화적인 형태로이기는 하지만 역사에서 읽은 바로 그것을 제시하며, 제우스의 뜻*fata Jovis*이 무슨 일을 도모하려 했는지 보여 주려 합니다. 모든 사건이 개인적 영웅으로서의 아이네아스Aeneas가 아니라 로마의 사자使者로서의 아이네아스와 연관됩니다. 이 점이, 그리고 거의 이 점만이 그가 트로이에서 탈출하고, 디도Dido와 사랑을 나누고, 황천으로 내려가고, 투르누스Turnus를 패배시킨 사건에 의미를 부여합니다. 모든 역사는 베르길리우스에게 감당키 어려운 출산 과정처럼 너무나 힘들고 거대한 일*Tantae molis erat* 입니다. 바로 이 이교도의 근원에서 역사주의의 한 종류가 단테에게 전수됩니다. 단테의 《제국론*De Monarchia*》에 나오는 역사주의는 능숙하고도 진지하

---

6) Vergilius, BC 70~BC 19년. 고대 로마의 시인.

7) '베르길리우스와 제2 서사시의 주제Virgil and the Subject of Secondary Epic', 《실낙원 서문》(Oxford, 1942), pp. 32ff.—편집자.

8) '아이네아스의 노래'라는 뜻이며, 《그리스 로마 신화》에 나오는 영웅 아이네아스의 이야기를 소재로 베르길리우스가 지은 미완의 장편 서사시.

게 유대교와 기독교의 틀에 짜맞춰져 있지만 전체적으로 로마인과 베르길리우스의 틀을 견지합니다.

성 아우구스티누스는 실로 기독교적 역사주의자라 부를 만합니다. 그러나 그가 이교도의 역사주의를 반박하기 위해 그렇게 되었다는 사실은 종종 간과됩니다. 아우구스티누스의 《신국론*De Civitate*》은 결국 로마가 멸망한 원인을 거절당한 신의 분노에서 찾는 사람들에게 답을 줍니다. 저는 그 일이 성 아우구스티누스와 맞지 않았다거나 그 자신의 역사주의가 대인논증[9]에 불과하다고 넌지시 말하려는 것이 아닙니다. 사실은 적이 선택한 영역을 그가 받아들인 것인데, 그것을 그에게 특별히 나타나는 기독교적 요소로 보는 것은 분명 어리석은 일이라고 저는 봅니다.

따라서 일부 사람들이 주장하는 기독교와 역사주의의 밀접한 관계는 제게는 대체로 환상처럼 보입니다. 다른 이유가 제시되지 않는 한 그런 근거에서 역사주의에 동조해 줄 수는 없습니다. 이제 우리는 역사주의를 그 자체의 공과功過에 따라 검토할 수 있습니다.

기독교적인 전제에서 역사주의자의 입장이 진실처럼 보이는 부분은 다음과 같습니다. 모든 사건은 신의 의지나 적어도 신의 허용에 따라 일어나므로 시간 속에서 일어나는 모든 일은 사실상 하나님의 지혜, 정의, 자비의 계시일 수밖에 없다는 것입니다. 이 방향으로라면 우리는 칼라일이나 노발리스나 어느 누구 못지않게 멀리 갈 수

9) 본서 12쪽의 각주 5)번 참조.

있습니다. 이런 의미에서 역사는 영속적인 복음이며, 하나님의 손가락으로 쓰신 이야기입니다. 만약 기적이 일어나서 시간 속의 모든 일이 내 앞에 펼쳐진다면, 그리고 또 한 번의 기적이 일어나서 그 무한한 사건들을 내 생각 속에 담을 수 있다면, 그리고 세 번째 기적이 일어나서 내가 이해할 수 있도록 하나님이 기꺼이 그 모든 사건을 평해주신다면, 그렇다면 확실히 저는 역사주의자가 한다고 하는 일을 할 수 있을 것입니다. 의미를 읽어 내고 패턴을 구별해 낼 수 있을 것입니다. 그렇습니다. 하늘이 무너지면 종달새를 잡을 수도 있겠지요.[10] 문제는, '그 길에서*in via* 우리에게 결코 주어진 적 없고 (제가 기억할 수 있는 한에서는) 그 조국에서*in patria* 약속된 바조차도 없는 조건하에서 우리가 무엇을 할 수 있느냐'가 아니라, '실제 조건하에서 지금 무엇을 할 수 있느냐'입니다. 저는 역사가 하나님의 손가락으로 쓰신 이야기라는 사실을 반박하는 것이 아닙니다. 하지만 우리에게 그 원고가 있습니까?(성경 가운데 어떤 사본도 지구 상에서 발견된 적이 없다면 성경의 영감을 논의하는 일은 따분한 일이 되었을 것입니다.)

우리는 '역사'라는 단어에 몇 가지 의미가 있다는 점을 상기해야 합니다. 첫째, 역사는 과거, 현재, 미래라는 시간의 총체적 내용을 의미할 수 있습니다. 혹은 둘째로, 과거의 내용만을, 하지만 수없이 많은 일들 가운데 실제로 일어났던 일 그대로의 과거의 총체적 내용을 의미할 수도 있습니다. 셋째로, 역사는 현존하는 증거로 발견할 수

10) 재난에도 불구하고 좋은 결과물을 얻을 수도 있다는 뜻.

있는 만큼의 과거를 의미할 수 있습니다. 넷째로, 역사는 말하자면 '현장에서' 일하는 역사가들, 대중은 한 번도 이름을 들어 보지 못했지만 말 그대로 발굴 작업을 하는 선봉에 선 역사가들에 의해 실제로 발견된 그만큼을 의미할 수 있습니다. 다섯째로, 그렇게 발견된 사건 가운데 위대한 역사 저술가들이 작업한 부분인 그들의 견해를 의미할 수 있습니다.(이것이 가장 대중적인 의미의 역사인지도 모릅니다. 역사란 대개 기번[11]이나 몸젠[12]이나 트리니티의 학장 [13]이 쓴 책을 사람들이 볼 때 읽게 되는 내용을 의미합니다.) 여섯째로, 역사는 일반적으로 교육받은 사람의 생각 속에 아련하게 떠다니는 모호하고 복합적인 과거의 그림을 의미할 수도 있습니다.

사람들이 '역사'를 가리켜 계시라고 하거나 의미 있다고 할 때, 위의 여섯 가지 개념 가운데 어떤 뜻으로 역사라는 말을 사용하는 것일까요? 유감스럽게도 저는 사실상 여섯 번째 의미로 흔히 역사를 생각한다고 봅니다. 이런 경우, 계시나 의미에 대한 그들의 이야기는 전혀 개연성이 없습니다. 여섯 번째 의미의 '역사'는 그림자의 땅이며, 원시인이나 르네상스인이나 고대 그리스·로마인을 닮은 망령들의 집이기 때문입니다. 물론 그것을 너무 오랫동안 응시하다가 어떤

---

11) Edward Gibbon, 1737~1794년. 영국의 역사가. 《로마제국 쇠망사》(민음사, 2008)의 저자.

12) Theodor Momssen, 1817~1903년. 독일의 역사가. 《로마사*Römische Geschichte*》의 저자이며, 1902년 노벨 문학상을 받았다.

13) 영국의 역사가이자 영국 캠브리지 대학 트리니티 칼리지의 학장이었던 트리벨리언(George Macaulay Trevelyan, 1876~1962년) 교수를 가리킴. 《영국사*History of England*》, 《영국 사회사*English Social History*》의 저자.

형상을 보게 되는 것은 전혀 놀라운 일이 아닙니다. 우리는 불 속의 그림을 봅니다. 대상이 불확실하면 불확실할수록, 신화를 만들어 내거나 '여러 요소와 개념을 통합할 수 있는' 우리의 재능은 더욱 자극받습니다. 육안으로는 달에 어떤 얼굴이 보입니다. 망원경으로 보는 순간 그 얼굴은 사라지지요. 마찬가지로 (여섯 번째 의미의) '역사'에서 분별할 수 있는 의미나 패턴은 이보다 상위 의미의 어떤 '역사'로든 눈을 돌리는 즉시 사라져 버립니다. 그 의미나 패턴은 우리가 거의 집중하지 않는 때 가장 확연한 모습으로 다가옵니다. 역사라는 말의 서로 다른 의미를 구분해 본 사람이라면 누구도 (여섯 번째 의미의) 역사가 복음이나 계시라고 계속해서 생각할 수 없습니다. 그것은 시각효과일 뿐입니다.

반면에 우리는 (첫 번째 의미의) 역사가 하나님의 손가락으로 쓰신 이야기임을 인정합니다. 불행히도 우리에게 이런 이야기는 없지요. 그렇다면 현재 활동 중인 역사주의자의 주장은, 첫 번째와 여섯 번째를 제외한—첫 번째 의미의 역사는 우리 손을 벗어나 있고 여섯 번째 의미의 역사는 자신의 목적에는 쓸모가 없으므로—나머지 의미의 역사 가운데 하나가 그 계시의 성질을 공유할 만큼 첫 번째 의미의 역사에 충분히 가깝다는 것을 증명하느냐 못하느냐에 따라 유효하거나 논리적 근거를 잃게 될 것입니다.

그렇다면 우리는 두 번째 의미의 역사로 내려서게 됩니다. 즉 수없이 많은 일들 가운데 실제로 일어났던 일 그대로의 과거 시간의 총체적 내용을 뜻하는 경우입니다. 우리가 이성적으로 다음 두 가지를 믿을 수 있다면 역사주의자는 넘어짐을 모면할 것입니다. 첫째, 미래라는 방대한 부분이 빠져도 이야기의 요점이나 의미가 가려지지 않는다는 점과, 둘째, 현재 시점까지 이르는 (두 번째 의미의) 역사가 실제로 우리 손 안에 있다는 점입니다. 하지만 이 두 가지 중 하나라도 믿을 수 있을까요?

역사주의자가 글을 쓰고 있는 그 시점까지 시간 속에서 일어난 내용이, 그가 총체적 역사의 의미에 도달하는 데 필요한 모든 내용을 포함하게 된다면, 이것은 분명 가장 운 좋은 일 중 하나가 될 것입니다. 우리는 달리는 기차에 몸을 맡기고 있습니다. 이 여정에서 어느 국면에 와 있는지 우리는 전혀 알지 못합니다. 지금 우리는 1막에 있습니까, 5막에 있습니까? 현재 우리가 겪는 질병은 유아기에 겪는 질병입니까, 노년에 겪는 질병입니까? 역사가 순환한다고 우리가 정말로 인식한다면 이미 본 파편들로부터 그 의미를 추측할 수도 있을 것입니다. 그런데 우리는 역사주의자란 역사를 그저 순환적인 것이라고 생각하지 않는 사람이라는 말을 들었습니다. 그들에게 역사란 시작과 중간과 끝이 있는 진정한 이야기입니다. 그러나 이야기란 전체 내용을 들어야 비로소 이해할 수 있는 법입니다. 뒤에 나오는 장이 이야기의 의미에 아무런 본질적 내용도 더하지 않고, 이야기의 의미가 이야기 전체에 들어 있기보다는 일부에 국한된 이야기(형편없는 이야기)가 있다 해도, 최소한 끝까지 한 번은 읽어야 주어진 이야기가 그런 부류에 속하는지 속하지 않는지 말할 수 있습니다. 그래야 두 번째 읽을 때 마지막 장들에 나오는 말라 죽은 가지들을 쳐낼 수 있습니다. 이제 저는《전쟁과 평화》를 읽을 때면 마지막 권은 생략합니다. 그러나 우리는 아직 역사를 끝까지 읽지 않았습니다. 역사에는 쓸모없는 가지가 없을지도 모릅니다. 역사가 하나님의 손가락으로 쓰신 이야기라면 그럴 것입니다. 그렇지 않다 해도, 어떻게 우리가 이미 '요점'을 파악했다고 생각할 수 있습니까? 물론 지금이라도 우리가 이 이야기에 대해 말할 수 있는 점들은 있습니다. "그것은 흥분되는 이야기다, 복잡한 이야기다, 혹은 재미있는 인물들이 나오는 이야기다"라고 말할 수는 있습니다. 그러나 "그 의미는 이러하다, 혹은 그 전체 형식은 이러하다"라는 말만큼은 해서는 안 됩니다.

저는 안 된다고 보지만, 끝 부분이 잘려 나간 본문에서 전체 의미를 파악할 수 있다 하더라도, 우리에게 그런 본문이 있는가 하는 질문이 남아 있습니다. 수많은 일들 가운데 실제로 일어났던 일 그대로의 시간의 내용이 현재에 이르러서도 우리에게 있습니까? 결코 그렇지 않습니다. 과거는 그 정의상 현재가 아닙니다. 제가 지금 말하려는 점을 사람들이 "물론 우리가 다 알지는 못하죠"라고 태연하게 인정하며 대충 넘어가는 경우가 많아 저는 사람들에게 이 점을 제대로 납득시키는 일을 단념했습니다. 문제는 모든 것을 다 알지 못하는 데 있지 않습니다. (최소한 양적으로) 아는 것이 거의 없다는 것이 문제입니다. 우리 각자는 자신의 삶에서 시간의 매 순간이 완전하게 채워져 있음을 발견합니다. 너무도 많아서 신경 쓸 수 없고 십중팔구 그냥 무시할 수밖에 없는 감각, 감정, 생각에 우리는 매 초마다 폭격당합니다. 실제로 살아 낸 1초에는 기록할 수 있는 것 이상이 들어 있습니다. 이전에 살았던 모든 사람에게 과거의 모든 순간이 그러했습니다. 과거(저는 역사주의자의 입장에서 우리가 인간의 과거만 고려하면 된다고 보는 것입니다)의 실재는 그런 순간들 수십 억 개가 으르렁거리며 흐르는 급류입니다. 그 순간들 가운데 어느 순간도 전체를 포착하기에는 너무도 복잡하고, 그 순간들의 총합은 모든 상상을 초월할 정도입니다. 이처럼 넘쳐 나는 실재 가운데 거대한 부분이 발생하자마자 인간의 의식에서 달아나 버렸습니다. 가령 지난 24시간 동안 자신의 삶에서 일어난 일을 이 순간 전부 이야기할 수 있는 사람은 아무도 없습니다. 우리는 이미 그것을 잊어버렸습니다. 혹시 기억한다 하더라도 우리에겐 시간이 없습니다. 새로운 순간들이 밀어닥칩니다. 초침이 째깍할 때마다 사람이 사는 곳이라면 어디서나, 상상할 수 없을 만큼 풍성하고 다양한 '역사'의 부분들이 세상에서 떨어져 나가 완전히 망각됩니다. '실제 그대로의 과거'에 일어난 대부분의 경험이 주체 자신에 의해 순식간에 잊힙니다. 그가 기억하는 (그러나 완벽하고 정확하게는 기억하지 못하는) 것의 극히 적은 분량도 자신과 가장 친밀한 사람에게조차 전달하지 못합니다. 그 가운데 기록된 분량은 더 적으며, 그 기록된 부분 가운데 또 일부만이 후대에 전달됩니다. 드높은 명성이 내뱉은 한 번의 입김이 우리에게 다가온 것뿐입니다.[14]

일단 우리가 '실제 그대로의 과거'가 무엇을 의미하는지 깨닫고 나면, (두 번째 의미의) 역사 대부분이—거의 전부가—우리에게 전혀 알려지지 않았으며 앞으로도 그럴 거라는 사실을 기꺼이 인정할 수밖에 없습니다. 그리고 불가능한 일이 벌어져 전체가 알려진다 하더라도 우리는 그것을 전혀 감당할 수 없을 것입니다. 나폴레옹의 생애에

14) *Ad nos vix tenuis famae perlabitur aura.* 버질, 《아이네이스》 VII, 646.

포함된 1분이라는 시간 전부를 알려면 우리 삶에서도 그대로의 1분이 필요할 것입니다. 이렇게 좇아갈 수는 없는 노릇이지요.

이처럼 꽤 명백한 성찰을 듣고도 역사주의자가 불편해하지 않는다면 이는 그에게 답이 있기 때문입니다. 그는 이렇게 말할 것입니다. "물론 우리는 현재를 채우고 있는 것처럼 과거를 채웠던 모든 사소한 일들의 덩어리를 다 알지 못하고, 알 수도 없다는 (그리고 알고 싶지도 않다는) 것을 나도 인정합니다. 키스 하나와 찌푸린 얼굴 하나하나까지, 긁힌 자국, 재채기, 딸꾹질, 기침 하나하나까지 다 알지는 못합니다. 그러나 중요한 사실들은 알고 있습니다." 이런 대답은 역사가에게는 완벽하게 논리적인 대답입니다. 하지만 역사주의자에게도 알맞은 대답인지는 잘 모르겠습니다.

이제는 우리가 첫 번째 의미의 역사—하나님의 손가락으로 쓰신 전체 이야기—에서 이미 꽤 멀어졌음을 여러분도 눈치 챌 것입니다. 첫째로, 우리는 아직은 미래에 머물고 있는 이야기들을 버려야 했습니다. 그런데 이제 보니 우리가 '과거'라고 부르는 부분도 갖고 있지 않은 것처럼 보입니다. 우리에게는 선별된 부분만이 있습니다. 그리고 그 선별된 부분들을 원래의 텍스트와 분량 면에서 비교하자면, 단어 하나를 대영박물관에 있는 모든 책에 비교하는 것과 맞먹습니다. 그와 같은 척도로 선택된 부분으로부터 (기적적인 영감을 받지도 않은) 사람이 원본의 의미나 계획이나 요지에 도달할 수 있다는 말을 믿으라고 역사주의자는 요구하는 것입니다. 그 선별된 부분이 양적으로 부족한 부분을 질적으로 채우고 있다는 것을 증명해 보여야만 그들의 말을 신뢰할 수 있을 것입니다. 그리고 그렇게 되려면 그 질은 참으로 탁월해야 할 것입니다.

"과거의 중요한 부분은 살아남는다." 만약 역사가가 이런 말을 한다면 (대부분의 역사가들이 정말 그렇게 말할지는 저도 잘 모르겠습니다) 그가 의미하는 '중요성'은 자신이 선택한 특정 연구와의 상관성을 말하는 것입니다. 따라서 그가 만약 경제사가라면 그에게는 경제적 사실이 중요하고, 군대 역사가라면 군사적 사실이 중요한 것입니다. 그리고 그렇게 상관성 있는 증거가 존재한다고 할 이유가 없었다면 그는 자신의 연구에 착수하지도 않았을 것입니다. 그에게 '중요한' 사실은 대체로 살아남아 있는데, 그 이유는 그가 중요하게 여기는 사실들을 얻을 가능성을 토대로 그 작업에 착수했기 때문입니다. 때로는 자신이 틀렸음을 발견하기도 합니다. 그러면 그는 자신의 실패를 인정하고 새로운 질문을 시도합니다. 이 모든 것은 무척 평범한 과정입니다. 그러나 역사주의자는 입장이 다릅니다. 그가 "과거의 중요한 부분은 살아남는다"고 말한다면 그가 의미하는 '중요한'이란 (그가 자신의 목적에 부합하게 하는 말이라면) 역사의 내적 의미를 드러내 주는 것을 일컫습니다. 헤겔주의 역사주의자에게 과거의 중요한 부분이란 절대정신이 점진적으로 자기 자신을 드러내는 일들일 것입니다. 그리스도인 역사주의자에게 중요한 부분이란 하나님의 목적을 드러내 주는 일들일 것입니다.

그런데 이와 같은 주장에서 저는 두 가지 어려움을 보게 됩니다. 첫째는 논리적인 문제입니다. 만약 역사가 역사주의자가 말하는 대로라면—즉 절대정신의 자기 현시顯示, 하나님의 손가락으로 쓰신 이야기, 다른 모든 계시를 포함하는 계시라면—그는 역사 자체에서 무엇이 중요한지 배워야 할 것입니다. 어떤 종류의 사건들이 다른 것보다 차원 높은 것이고 절대정신의 자기 현시들이라고 어떻게 그가 미리 알겠습니까? 그것을 알지 못한다면, 바로 그런 종류의 사건들이 기록으로 남게 된 것이라고 (이 얼마나 편리한 주장입니까!) 어떻게 확신하겠습니까?

두 번째 난제는, 과거에 대한 사실이 후대에까지 전해지거나 전해지지 못하게 되는 과정을 잠시만 생각해 보아도 명백히 알 수 있습니다. 선사시대의 도기가 살아남은 이유는 그것이 쉽게 깨지지만 가루 상태로 되지는 않기 때문입니다. 선사시대의 시가 사라져 버린 이유는 글로 기록되기 이전의 말은 날아가 버리기 때문입니다. 그렇다면 선사시대에 시가 없었다고 결론을 내리거나, 아니면 역사주의자의 기준에 따르자면 시가 도기보다 덜 중요했다고 결론 내리는 것이 합리적입니까? 중요한 사본은 살아남고 덜 중요한 것은 사라진다는 법칙이 발견된 적이 있습니까? (예를 들어, 아버지의 집을 부수기 전) 옛날 서랍을 뒤지면서, 사소한 서류들은 남아 있는데 누구나 보존할 가치가 있다고 생각했을 법한 것들은 왜 사라졌는지 의아해해 본 적이 없습니까? 진짜 역사가라면 자신이 작업하고 있는 과거의 실제 파편들은 그보다 더 오랜 작업에서 현명하게 발췌된 것이라기보다는 그와 같은 옛날 서랍에 훨씬 가깝다는 사실을 인정할 것입니다. 살아남거나 사라지는 대부분의 것들은 우연히 살아남거나 사라집니다. 즉, 역사가나 역사주의자의 관심사와는 아무 상관 없는 원인의 결과로 그렇게 되는 것입니다. 물론, 하나님이라면 언제든지 역사주의자가 필요로 하는 바로 그것이 살아남도록, 그러한 우연들을 규정하실 수 있을 것입니다. 그러나 하나님이 그렇게 하셨다는 증거를 저는 하나도 찾을 수 없습니다. 그리고 그렇게 하겠다는 하나님의 약속도 기억할 수 없습니다.

역사가들이 말하는 '문헌' 사료들은 그것을 기록한 사람이 어떤 이유에서든 중요하다고 생각한 것들을 분명히 기록으로 보존하고 있을 것입니다. 그러나 그것을 기록한 사람들이 생각하는 중요성의 기준이 하나님의 기준과 같지 않다면 그것은 별 쓸모가 없습니다. 그런데 같을 가능성은 없어 보입니다. 그들의 기준은 서로 일치하지 않고 우리의 기준과도 일치하지 않습니다. 그들은 우리가 그다지 알고 싶어 하지 않는 것들은 종종 이야기해 주고 우리가 본질적이라고 생각하는 것들은 생략합니다. 왜 그런지는 쉽게 알 수 있는 경우가 많습니다. 그들의 중요성의 기준은 그들이 처한 역사적 환경으로 설명될 수 있습니다. 물론 우리 기준도 마찬가지입니다. 역사적 중요성의 기준은 그것 자체가 역사 속에 깊이 뿌리를 두고 있습니다. 그렇다면 어떤 기준으로 우리는 잘나가는 헤겔 철학의 의미에서 '중요한 것'이 살아남았다고 판단할 수 있겠습니까? 우리의 기독교 신앙을 제외하고, 우리가 중요하다고 간주하는 역사적 사건들이, 하나님이 만약 우리에게 전체 텍스트를 보여 주시고 황송하게도 논평해 주실 경우 중요한 것으로 발견될 그 사건들과 일치한다는 확신이 우리에게 있습니까? 칭기즈칸에게 희생당한 사람의 인내나 절망보다 칭기즈칸 자신이 더 중요할 이유가 무엇이란 말입니까? 우리가 중요한 인물이라고 하는 사람들—위대한 학자들, 군인들, 정치가들—이 중요한 가장 큰 이유가, 우리가 한 번도 들어 보지 못한 개개인들의 영혼이 특정한 상태에 도달할 기회를 주었기 때문일 수도 있지 않겠습니까? 물론, 우리가 위대하다고 하는 사람들도 그리스도께서 대신하여 죽으신 불멸의 영혼이라는 것을 제가 부인하는 것은 아닙니다. 그러나 역사 전체의 플롯에서는 그들이 중요하지 않은 인물일 수도 있습니다. 이 드라마 전체를 다 보지 못한 우리가, 그리고 이미 공연된 장면 중에서는 극히 적은 부분만을 전해 들은 우리가, 간혹 잘 차려입은 단역 배우를 주인공의 한 사람으로 오인한다 해도 이상한 일이 아닐 것입니다.

지금 우리에게 주어진 것처럼, 과거 전체로부터 그토록 적은 양의 우연히 선택된 부분만으로 역사주의자 노릇을 하는 것은 제가 보기에는 시간 낭비 같습니다. 역사 철학이라는 분야는 유한한 우리 인간에게는 필요한 자료가 부족한 분야입니다. 그런데 그런 시도가 늘 시간 낭비인 것만도 아닙니다. 그것은 적극적으로 악의를 가진 행위일 수도 있습니다. 그러한 역사주의는 무솔리니 같은 사람이 '역사가 그의 목을 졸랐다'고 말하게 합니다. 실제로 그의 목을 조른 것은 욕망이었는데도 말입니다. 우월한 인종 혹은 내재적 변증과 같은 헛소리는 잔인과 탐심의 손에 힘을 실어 주고 양심의 부담을 덜어 주는 데 사용될 수 있습니다. 자신의 책략은 불가피한 것이고, '그렇게 될 수밖에 없으며', 이 세상이 이미 가고 있는 방향으로 가는 것이라는 확신으로 추종자를 설득하거나, 저항하는 사람을 위협하지 않을 사기꾼이나 배신자가 어디 있겠습니까?

대화 중에 이 주제에 대해 제 견해를 설명하려 했을 때 저는 때로 다음과 같은 대꾸를 듣기도 했습니다. "역사가들이 모든 것을 다 알지 못한다고 해서 그들이 알고 있는 것을 이해하려는 노력마저도 금하겠는가?" 하지만 이와 같은 대꾸는 제가 보기에 요점을 다 놓치는 것입니다. 저는 어떤 의미에서 역사가들이 과거를 이해하려고 해야 하는지 앞에서 이미 설명했습니다. 그들은 알려진 사건에서 알져지지 않은 사건을 유추할 수 있고, 재구성할 수 있으며, (그들이 고집한다면) 예측까지 할 수 있습니다. 그들은 사실상, 역사의 형이역사적 metahistorical 의미 외에는 역사에 대해 그들이 원하는 대로 무엇이든 거의 다 제게 말해 줄 수 있습니다. 그 이유는 정말이지 아주 분명합니다. 불충분한 증거를 사용할 가치가 있는 연구가 있습니다. 확실성은 얻지 못할지 모르지만 개연성은 얻을 수 있으며, 빵이 하나도 없는 것보다는 반 덩이라도 있는 게 나은 법입니다. 그러나 불충분한 증거가 아무런 증거도 없는 것이나 다름없는 연구들도 있습니다. 우스운 일화를 들을 때, 일화의 요점이 들어 있는 마지막 여섯 단어를 제외하고 전부 들었다면 그 일화의 우스운 요소를 판단해야 하는 당신의 입장은 그것을 하나도 듣지 못한 사람과 같을 것입니다. 제가 보기에 역사가는 첫 번째 종류의 연구를 하는 사람이고, 역사주의자는 두 번째 종류의 연구를 하는 사람입니다. 하지만 이것보다 좀 더 근접한 비유를 하나 들어 봅시다.

남아 있는 부분들이 다 합해서 여섯 행밖에 되지 않는 유실된 그리스 희곡이 있다고 합시다. 그 여섯 행이 살아남은 이유는 물론 문법학자들이 보기 드문 어형 변화를 설명하기 위해 그것을 인용했기 때문입니다. 즉, 그것이 살아남은 이유는 누군가가 어떤 이유에서든 그것이 중요하다고 생각했기 때문이지 그것이 그 희곡에서 중요한 부분이었기 때문이 아닙니다. 남아 있는 행 중에 어느 것이라도 극적인 중요성을 지닌 것이 있다면 그것은 우연히도 운이 좋아서일 뿐이며, 우리는 그것에 대해 전혀 아는 바가 없을 것입니다. 제가 역사가를 단순한 연보 작가라고 비난하지 않는 것처럼, 그 고전 학자를 겨우 그 정도의 사례만 제시했다고 해서 비난하지는 않을 것입니다. 그 학자는 자료의 오류를 수정하고, 운율이든 종교든, 그리스 언어의 역사에 대해 그가 끌어낼 수 있는 결론을 무엇이든 끌어내면 됩니다. 그러나 그가 그 일부를 가지고 희곡으로서의 중요성에 대해 말하고 나서면 안 됩니다. 그런 목적을 위해서라면 그가 가진 증거는 아무런 가치도 없는 증거일 것이기 때문입니다.

불완전한 텍스트의 예는 다른 방식으로도 사용될 수 있습니다. 몇몇 단락만을 읽을 수 있는 훼손된 사본이 있다고 해봅시다. 우리가 여전히 읽을 수 있는 부분은, 예를 들어 철자나 필체처럼 텍스트 전체에 일정하고 고르게 나타날 법한 특징들의 괜찮은 증거가 될 수 있습니다. 그런 증거로 고문서 학자는, 지나친 배짱을 부리지 않으면서도 그 문서를 기록한 사람의 성격이나 국적을 추측해 볼 수 있을 것입니다. 문학 비평가의 경우라면 그 텍스트 전체의 요지를 정확하게 추측해 낼 가능성이 훨씬 적을 것입니다. 고문서 학자는 순환적이거나 반복적인 것을 다루는 반면, 문학 비평가는 독특한 것, 텍스트 전체에 걸쳐 독특하게 전개되는 것을 다루기 때문입니다. 그럴 가능성은 별로 없지만, 찢기거나 얼룩지거나 사라진 장들이 모두 서로 다른 서기에 의해 기록되었을 수도 있습니다. 그렇지 않다 해도, 우리가 확인할 수 없는 모든 단락에서 그 서기가 필체를 계속 바꾸었을 가능성은 매우 희박합니다. 하지만 (한 페이지의 맨 아래 쪽에) "에리미언은 열 형제 중에서 가장 훌륭하다"라는 해독 가능한 행이 있었는데, 지금은 사라진 그다음 페이지에 바로 이어서 "사람들은 그렇게 믿었다. 그들의 믿음이 얼마나 잘못되었는지 모른다"라는 문장이 따라왔을 가능성은 얼마든지 있습니다.

지금까지 제 말을 듣고 "당신 말대로 역사적 전제는 역사적 결론만 낳아야 한다면 과학적 전제는 과학적 결론만 낳아야 하는 거요?"라고 물을 수 있겠습니다. 위의 예가 그 질문에 대한 답을 줍니다. 우리가 화이트헤드,[15] 진스,[16] 혹은 에딩턴[17]의 고찰을 ('과학'과는 구분되는 의미에서) '과학주의'라고 부른다면, 저는 역사주의자를 비판하는 것만큼이나 과학자를 비판하는 것이 됩니까? 현재 제 입장에서 볼 때 제 대답은 아니다 쪽으로 기울고 있습니다. 과학자와 역사가는 제가 제시한 비유에서 고문서 학자와 문학 비평가에 해당하는 것처럼 보입니다. 과학자는 실재에서 반복되는 요소들을 연구합니다. 역사가는 독특한 요소들을 연구합니다. 두 사람 모두 불완전한 사본을 갖고 있지만 그 결함이 그들 모두에게 동일한 손해를 끼치는 것은 아닙니다. 중력의 한 표본과 필체의 한 표본은 아무리 봐도 다른 표본들과 마찬가지입니다. 그러나 하나의 역사적 사건이나 한 줄의 시

15) Alfred North Whitehead, 1861~1947년. 영국의 철학자이자 수학자. 기호논리학을 확립한 사람 중 하나다.
16) James Hopwood Jeans, 1877~1946년. 영국의 물리학자, 천문학자.
17) Stanley Eddington, 1882~1944년. 영국의 천체물리학자.

행은 다른 것들과 다 다르며, 그것이 다른 맥락에 있을 경우와 실제 맥락에 있는 경우가 다르고, 이와 같은 모든 차이에서 전체의 독특한 성격이 생겨납니다. 그래서 제 생각엔, 과학주의자가 되는 과학자가 역사주의자가 되는 역사가보다 유리한 입장에 있습니다. 물리적인 세계에 대해 알고 있는 것으로 '하나님은 수학자다'라는 결론을 내리는 것이 썩 지혜롭지 못할 수는 있지만, 단순한 역사로부터 하나님의 '심판'에 대한 결론을 도출하는 것보다는 훨씬 지혜롭습니다. 《그리스도를 본받아》의 저자[18]는 "조심하라. 하나님께서 감추어 두신 심판들에 대해 논쟁하는 것을*Caveas disputare de occultis Dei judiciis*"이라고 말합니다. 그는 심지어 "원수가 그런 생각들을 불어넣을 때*quando haec suggerit inimicus*" 우리가 어떤 해독제를 사용해야 하는지에 대해서도 조언해 줍니다.

역사에 나타난 하나님의 계시에 대해 제가 어떤 접근도 부인하는 것은 아니라는 점이 이해되었기를 바랍니다. 위대한 특정 사건들(사도신경에 구체화되어 있는 사건들)에 대해서는 신의 해석이 주어졌다고 저는 믿으며, 그렇기 때문에 우리가 알 필요가 있고 아는 것을 감당할 수 있는 그 의미의 상당 부분이 명백합니다. 다른 사건들—어쨌거나 그 대부분이 알려지지 않은 다른 사건들—에 대해서는 우리가 그와 같은 해석을 받은 적이 없습니다.

중요하게 기억해야 할 점이 또 있습니다. 우리 모두가 첫 번째 의

18) 토마스 아 켐피스(1380~1471년)를 일컬음.

미의 역사에, 제한적이긴 하지만 직접 접근할 수 있다는 것입니다. 우리는 그 역사를 한 줄 한 줄 읽어도 되며, 실은 읽어야 합니다. 그 모든 문장에는 '지금'이라는 표가 붙어 있습니다. 물론 저는 흔히 '시사'라고 부르는 것, 즉 신문에 실린 내용을 언급하는 것이 아닙니다. 신문에 실린 내용은 어쩌면 모든 역사 중에서도 가장 공상적일 것입니다. 그것은 하나님의 손이 기록한 이야기가 아니라 외교부 사람들, 정치 선동가들 그리고 기자들이 기록한 것입니다.

제가 말하는 것은 각 사람 자신의 경험에서 순간순간 만나게 되는 참 역사 혹은 근원적primary 역사입니다. 그것은 매우 제한되어 있기는 하지만, 저자the Author[19]의 손에서 직접 나온 순수한, 편집되지 않고 삭제되지 않은 텍스트입니다. 구하는 자는 그 역사를 이해하기에 충분한 해석을 얻게 되리라고 우리는 믿습니다. 또 그래서 하나님은 매순간 '역사 속에 계시되는' 것이라고 우리는 믿습니다.

맥도널드는 그것을 "거룩한 현재"라고 불렀습니다. 영원하신 분을 현재가 아니면 어디서 만나겠습니까? 제가 역사주의를 공격한다면 그것은 제가 근원적 역사, 즉 모든 경험 가운데 하나님이 직접 던져 주시는 진짜 계시를 경시하려 해서가 아닙니다. 오히려 이 참된 고유의 역사를 너무도 존중하는 나머지, 그것이 마땅히 받아야 할 영광이 그것의 단편들에, 단편들의 복사본에, 단편들의 복사본의 복사본에, 혹은 복사본의 복사본의 떠다니는 추억들reminiscences에 아낌없

19) 하나님을 일컬음.

이 부어지는 것을 무심히 바라볼 수 없어서입니다. 불행히도 역사라는 일반적인 이름 아래 그와 같은 복사본들이 진짜 역사와 혼동되고 있습니다.

10 시편

저는 시편을 읽으면 주로 매우 고전적이라는 인상을 받습니다. 아주 오래 전 시대를 들여다보는 듯한데, 그 시대를 살던 사람들을 눈앞에까지 끌어다 주는 렌즈로 바라보는 것 같습니다. 그렇게 잠시 바로 눈앞에서 보게 된 그 사람들은 충격적일 정도로 낯섭니다. 전혀 감정을 억제하지 않고, 자기 연민에 빠져 허우적거리며, 흐느끼고, 저주하고, 환희 속에서 비명을 지르며, 거칠고 야만스런 무기들을 서로 부딪치거나, 이상한 악기의 소음에 맞춰 춤을 춥니다. 그러나 이런 광경과 함께 그것과는 사뭇 다른 이미지가 떠오릅니다. 성공회 교회의 성가대, 하얗게 세탁된 예복, 비누로 갓 씻은 듯한 소년들의 얼굴, 기도할 때 쓰는 무릎 방석, 오르간, 기도서, 그리고 열린 문 틈으로 햇살과 함께 흘러 들어오는 갓 깎은 공동묘지의 잔디 냄새까지 말입니다. 어떤 때는 전자의 이미지가, 또 어떤 때는 후자의 이미지가 흐려지기는 하지만 어느 것도 완전히 사라지지는 않습니다.

그런 아이러니는, 적들을 향해 광분하며 온갖 험악한 말들을 퍼부은 고대 용사들의 개인적 감정과는 완전히 동떨어진 아름다운 고음으로 소년이 독창을 할 때 최고조에 달합니다. 게다가 그 소년이 사랑의 하나님을 섬기기 위해 노래를 하지만 정작 속으로는 하나님이나 고대의 전쟁에 대해서는 전혀 생각하지 않고 눈깔사탕이나 만화책 생각을 하면서 노래할 것이라는 생각을 하면 더욱 그렇습니다. 이런 아이러니, 이런 이중 혹은 삼중의 그림이 시편이 주는 즐거움의 하나일 것입니다. 혹 그것이 시편이 주는 유익의 하나가 아닐까 하는 생각마저 들기 시작합니다.

시편이 얼마나 오래된 것인가 하는 것은 학자들이 고민할 문제일 것입니다. 실제로 다윗이 살던 시대에서 유래한 시편이 하나(시편 18편) 있다고 합니다. 그러니까 주전 10세기 때부터 전해 오는 시편이 있다는 것입니다. 그러나 대부분의 시편은 '유배 후' 시대의 것이라고 합니다. 그러니까 시편은, 오랫동안 바벨론에서 유배 생활을 하던 히브리인들이 진보적인 지도자였던 페르시아의 고레스 시대에 본국으로 송환되었을 때 하나로 묶인 책이라는 것입니다. 그렇다면 시편은 주전 6세기에 기록된 책이 됩니다. 얼마나 오래 전의 자료들을 그 책에 기록했는지는 확실하지 않습니다. 우리가 논의하려는 문제와 관련해서는 그것이 큰 상관이 없을 것입니다. 지금 우리에게 있는 시편을 관통하는 정신과 기법과 특징은 현존하지 않는 훨씬 오래된 종교시와 흡사할 수도 있습니다. 그들에게 그런 종교시가 있었다는 것을 우리는 알고 있습니다. 바벨론 침략자들이 그런 시를 한 편 읊어 보라고 한 것을 보면(시편 137편을 보십시오) 이미 그러한 예술로 그들이 유명했던 것이 분명합니다. 그리고 구약성경의 다른 곳에는 아주 초기의 시들이 등장합니다. 사사기 5장에 기록된, 시스라에 대한 승리를 노래하는 드보라의 노래는 그런 노래가 유래하게 된 주전 13세기의 전쟁만큼이나 오래되었을 수도 있습니다. 히브리인들이 시의 형식에 보수적이었다면 주전 6세기의 시들은 그 선조들의 시와 흡사했을 것입니다. 그리고 실제로 히브리인들은 보수적인 것으로 알려져 있습니다. 거기서 6세기를 건너뛰어 신약성경에 기록된 마리아의 찬가를 보면 알 수 있습니다. 마리아는 옛 시편 기자들과는 좀 다른 (그러나 더 중요한) 말을 전하지만, 그녀가 읊는 시는 분명 또 하나의 시편입니다. 특유의 문체, 그리고 언약을 묵상하는 것과 가난한 자의 권익 옹호에 기뻐하는 것 등은 옛 시편의 모형에 충실합니다. 옛 시편도 그것보다 더 오래된 시편의 모형에 충실했을 수 있습니다. 왜냐하면 그러한 시는 오늘날의 시와 달리, 개인들의 차이를 보여 주는 내용을 표출하거나 색다른 무엇을 시도하지 않았기 때문입니다. 심지어 우리가 읽는 시편이 전부 주전 6세기만큼이나 후대에 지어진 것이라 하더라도, 그것을 읽을 때 우리는 아주 먼 과거로까지 거슬러 올라가는 살아 있는 끈의 끄트머리를 쥔 셈일 거라고 저는 생각합니다.

대부분의 경우 제게 시편의 정서는 가장 오래된 그리스 문학의 정서보다 더 낯설게 느껴집니다. 그러나 그것은 시간상의 문제가 아닙니다. 정서의 차이가 시대적으로 더 가깝거나 먼 것의 차이와 늘 일치하는 것은 아닙니다. 대부분의 사람에게, 어쩌면 대부분의 경우 모든 사람에게[교육을 거의 못 받았거나 매우 경건한 (혹은 둘 다의) 경우가 아니라면], 그리스와 로마 시대로부터 내려오는 문명이 고대 이스라엘로부터 우리가 물려받은 유산보다 더 가깝고 친숙하게 느껴질 것입니다. 우리가 과학, 철학, 비평, 정부, 문학 등에 사용하는 단어와 개념들 자체가 모두 그리스와 로마의 것입니다. 일반적인 의미에서 우리를 '문명화'시킨 것은 바로 그리스와 로마이지 이스라엘이 아닙니다. 그러나 성경을 읽어 본 그리스도인이라면 누구나, 대개 아주 멀게 느껴졌던 이 고대 히브리인들에게서, 그리스인이나 로마인에게서는 한 번도 느껴 보지 못했던, 형제와 같은 느낌을 받는 순간이 있을 것입니다.

예를 들어 잠언서가 처음에는 얼마나 지루하고 우리와는 상관없는 이야기처럼 보입니까. 긴 수염을 한 동양인들이 《아라비안나이트》를 패러디라도 하듯 끝도 없는 상투어를 나열하는 것 같아 보입니다. 플라톤이나 아리스토텔레스에 비하면—심지어 크세노폰[1]에 비해도—그것은 결코 사상이라 할 수 없습니다. 그러다가 갑자기, 이제 막 포기하려는 찰나, "네 원수가 배고파하거든 음식을 먹이고 목말라하거든 물을 마시게 하라"(잠 25:21)는 글이 눈에 들어옵니다. 깜짝 놀라 눈을 비비고 다시 봅니다. '아, 그들은 벌써 이때부터 이 말을 했구나. 그리스도가 오시기 그토록 오래 전부터 그것을 알고 있었구나' 하는 생각이 듭니다. 그런 말은 그리스 사상에도 없고, 내 기억이 옳다면 공자의 사상에도 없습니다. 바로 이런 놀라움을 시편에서 자주 발견하게 됩니다. 이 이상하고 낯선 인물들은, (문화와 반대되는 의미

---

1) Xenophon, BC 431~350년경. 고대 그리스의 군인이자 작가. 《소아시아 원정기》는 고대 문학 비평가들에게 높은 평가를 받았다.

의) 영적인 혈통에서는, 고전 문학의 그 민족들[2]이 오히려 이방인이고 결국 자신들이 우리의 선조라는 사실을 시시때때로 보여 줍니다. 역으로 고전 문학을 읽을 때 우리는 간혹 그와는 반대의 놀라움을 느끼게 됩니다. 우리가 사랑하는 그 저자들, 그토록 교양 있고, 관용 있고, 인간적이고, 깨어 있는 그들이 때로는 우리와 현격하게 다름을 드러내는 것입니다. 그래서 플라톤은 남색男色에 대해 끝도 없이 짓궂게 히죽대며, 아리스토텔레스는 강한 자부심 때문에 그의 《윤리학》 곳곳을 코미디처럼 보이게 합니다. 그들 중 누구라도 (심지어 베르길리우스마저도) 만약 죽음에서 불러내어 대화를 나눌 수 있다면, 처음 몇 마디에 우리가 완전히 이질적인 존재임을 깨닫게 하는 말을 내뱉지는 않을까 하는 의혹마저 들기 시작합니다.

단순히 히브리인들이 그리스인이나 로마인보다 '낫다'는 뜻이 결코 아닙니다. 오히려 그 반대로 시편에서 우리는 고전 문학에 나오는 어떤 표현보다 앙심에 찬 잔인함과 완벽한 자기 의義의 표현들을 보게 됩니다. 그런 본문들을 무시하고 몇몇 선호하는 시편들만 골라서 읽는다면 요점을 놓치는 것입니다. 그 요점이란 바로 이렇습니다. 고전 문학에서 보는 계몽된 사람들이 아니라, 광신적이고 살인에 굶주린 듯한 이 히브리인들이 잠깐씩이긴 하지만 계속해서 기독교 수준의 영성에 도달하고 있다는 것입니다. 그들이 이방인보다 낫다거나 못하다는 것이 아니라, 나을 때도 있고 못할 때도 있다는 것입니

2) 그리스와 로마를 일컬음.

다. 어떤 면에서 이 낯선 시인들은 우리 선조이며, 고대에서 찾을 수 있는 유일한 선조임을 인정할 수밖에 없습니다. 그들에겐 이방인들에게는 없는 뭔가가 있습니다. 소크라테스가 몰랐던 것을 그들은 알고 있었습니다. 그들이 알고 있었던 그 무엇은, 그들의 성품에서 자연스럽게 우러나온 것 같아 보이지는 않습니다. 그것은 외부에서 주어진 것으로 보입니다. 사실 그것은, 스스로도 그렇게 주장하듯 계시인 것처럼 보입니다. 자신들이 '선택된' 민족이라는 그들의 주장은 매우 강력합니다.

물론 우리는 하나님의 그런 선택에 놀랄 수 있습니다. 우리가 주전 15세기의 세계를 볼 수 있었다면, 그리고 당시 존재하던 어떤 무리가 하나님 의식[神意識]을 위임받고 언젠가는 하나님 자신의 성육신이 이루어질 육신을 낳을 혈통을 이어 가는 일을 맡게 될지 알아맞혀 보라는 질문을 받았다면, 제대로 맞추는 사람이 많지 않았으리라 생각합니다.(저라면 이집트인들을 골랐을 것입니다.)

그와 비슷한 이상함은 다른 곳에서도 나타납니다. 뭔가를 만들어 내는 원재료는 그 과정을 이해하지 못하는 사람에게는 늘 그럴듯해 보이지 않게 마련입니다. 유리의 원재료를 보면 전혀 딱딱하지도, 잘 부서질 것 같지도, 투명해 보이지도 않습니다. 다른 예를 들어, 지금 우리가 당면한 문제와 좀더 비슷한 경우를 살펴본다면, 우리 선조들, 가족들이 사실 처음에는 별로 그럴듯해 보이지 않지 않습니까? 나중에 우리 안에 작용하는 유전적 형질을 깨닫기 시작하면 그제야 이해하게 됩니다. 하지만 처음부터 그것을 이해하는 건 결코 아닙니다. '내가 바로 이런 사람들의 아들(혹은 손자나 후손)이 되어야 한

단 말인가?' 하는 것이 젊은이가 느끼는 심정일 것입니다. 왜냐하면 대개 인생의 초기에는 나와 가장 공통점이 많을 듯한 사람, 나와 관심사가 같은 사람, '나의 숭배 대상이 되는 사람'은 대개 나의 혈족은 아니기 때문입니다. 그래서 내가 부적합한 가정에 태어났다는 생각은 아주 매력적인 신화가 됩니다. (《지그프리트》에서 주인공이 난쟁이에게서 자신이 그의 아들이 아니라는 고백을 받아 내는 장면을 우리는 무척 좋아합니다.) 누군가를 만들어 내는 원료가 그 누군가와 반드시 같은 것은 아니며(그 누군가의 자아상과는 더더욱 다르며), 처음 봐서는 실제보다 더 다르게까지 보입니다.

인간 종의 기원의 경우에도 마찬가지일 것입니다. 진화론자들은 우리가 원숭이와 비슷하게 생긴 동물인 '유인원'의 자손이라고 말합니다. (처음 그것을 보았을 때) 우리가 그것의 후손이 되겠다고 선택했겠습니까? 지금 우리와 같은 지성을 가진 어떤 존재에게 인류 발생 이전의 세계를 보여 주고 당시 존재하던 종들 가운데 하나의 종이 이성적이고 영적인 지위로 올라갈 것이고 종국에는 자신의 창조주를 직접 대면해서 보게 되리라고 말해 주었다면, 그는 그렇게 될 승자를 제대로 맞출 수 있었겠습니까? 그가 사람 손처럼 생긴 동물의 발의 중요성을 깨닫지 못한다면 제대로 알아맞히지 못할 것입니다. 화학을 어느 정도 이해해야만 유리의 원료를 알아맞힐 수 있는 것과 같은 이치입니다. 그래서 우리는 우리가 알지 못하는 그 어떤 부분 때문에 고대 히브리인들이 그렇게 '선택'되었다는 사실에 어리둥절할 따름입니다.

이런 관점에서 볼 때, 논의의 출발점으로 시편 109편보다 좋은 것은 없을 것입니다. 시편 109편은 그리스도인이라면 누구에게나 마음에 와 닿을 구절로 마무리되고 있습니다. 주님은 '갇힌 자의 친구'이시며, 가난한 자(혹은 친구가 없는 자) 곁에 서서 그를 불의한 심판관들로부터 구원하신다는 내용입니다. 이것은 시편에서 특징적으로 나타나는 내용 중 하나이며, 바로 이러한 특징들 때문에 우리는 시편을 사랑합니다. 이 구절은 '마리아의 찬가'의 분위기를 미리 보여 줍니다. 이방 문학에서는 이와 견줄 만한 것이 거의 없습니다.(그리스의 신들은 거만한 자를 누르는 데는 적극적이었지만, 겸손한 자를 높이는 일에는 거의 신경을 쓰지 않았습니다.) 이 구절은 현대의 불신자에게마저도—그가 선한 의지를 가진 자라면—호감을 살 만한 구절입니다. 꿈 같은 얘기라고 그가 말할 수는 있겠지만, 그 꿈 자체는 존중할 것입니다. 요약하자면, 우리가 그 마지막 구절만 읽는다면 이 시편 기자에게 전적으로 공감할 것입니다. 그러나 이 구절 앞에 나오는 구절을 돌아보는 순간, 그는 우리와는 거리가 멀어도 아득히 먼 사람처럼 보입니다. 아니, 더 심하게는 우리가 평생 없애 버리려고 그토록 애쓰는 우리 안의 그 무엇과 역겹도록 유사해 보입니다.

시편 109편은 지금까지 기록된 어떤 글보다도 노골적인 증오에 찬 찬가입니다. 이 시인은 원수에 대해 구체적인 실행 계획서가 있으며, 하나님이 그것을 이행해 주실 것을 기대합니다. 원수는 잔인한 통치자 밑에 있어야 한다고 그는 말합니다. 원수 곁에는 '고소하는 자'가 내내 머물러야 한다고 그는 말합니다. 그 고소하는 자가 성공회 기도서에서 해석하는 대로 악한 영, 즉 '사탄'이건 단순히 스파이나, 경찰 앞잡이나, 비밀경찰 요원 같은 사람이건 말입니다(6절). 만약 원수가 조금이라도 종교 생활을 하려 한다면 다음 저주 때문에 그의 형편은 오히려 더 나빠지고 말 것입니다. "그의 기도가 죄로 변하게 하시며"(7절). 그리고 그가 죽은 후에는—일찍 죽으면 더 좋아할 것인데(8절)—그의 아내와 자녀와 자손들은 끝도 없는 비참한 상태로 살아야 합니다(9-13절).

이 거침없는 복수심보다 더 우리를 오싹하게 하는 것은, 저자가 아무런 양심의 가책도 느끼지 않는다는 사실입니다. 그에게는 아무런 주저나, 망설임, 유보가 없습니다. 전혀 부끄러워하지 않고, 일종의 무시무시한 순진함으로 증오의 고삐를 풀어놓고 그것을 고조시키며 부추깁니다. 그는 자신의 이런 감정들을 있는 그대로 하나님 앞에 내어놓으며, 하나님이 그것을 받아들여 주실 것을 추호도 의심하지 않습니다. 그는 적에 대한 저주를 나열한 직후 이렇게 기도합니다. "그러나 주 여호와여 주의 이름으로 말미암아 나를 선대하소서. 주의 인자하심이 선하시오니 나를 건지소서"(21절).

물론 이 시인은 아주 오래 전에 살았던 사람입니다. 그가 원수에게(인간적으로 말할 때) 참기 힘든 피해를 입었을 수도 있습니다. 그가 교양 없는 다혈질의 사람인 것은 분명합니다. 오늘날로 치면 성인보다는 어린아이에 가깝습니다. 참 하나님에 대한 지식의 일부가 그의 종족에게 전해졌다고 우리가 믿기는 하지만(그리고 마지막 구절에서 그것을 확인할 수 있기까지 하지만), 그는 계시의 초봄 같은 시절, 아직은 모든 것이 얼어붙은 시대에 살았으며, 어렴풋이 비치던 지식의 첫 빛은 서리에 노출된 봄꽃 스노드롭과 같았을 것입니다. 그렇다면 그에게는 변명의 여지가 있었을 수 있습니다. 하지만 우리의 경우, 그런 글을 읽을 때 얻는 유익은 무엇이란 말입니까?

한 가지 유익은 분명히 있습니다. 억압과 불의를 당할 때 자연스럽게 생겨나는 감정들이 여기 노골적으로 표출되어 있습니다. 이 시편은 초상화입니다. 그 밑에는 다음과 같은 팻말이 붙어 있어야 합니다. '누군가를 학대하면 그 사람은 이런 모습이 된다.' 현대에 와서는 어린아이나 미개인에게서 그와 똑같은 결과를 볼 수 있을 것입니다. 오늘날 서구 유럽의 성인이라면, 특히 그리스도인으로 자처하는 사람이라면 그 결과는 좀더 세련되게 나타날 것입니다. 그는 사회의 유익에 관심이 있다고 주장하면서 정의를 사랑하는 사심 없는 마음을 가장할 것입니다. 그러나 그와 같은 가면 밑에 있는 감정은 여전할 것입니다. 하나님이 보시기에는 가면을 썼다고 해서 나을 것도 없습니다.(지금 제 머릿속에 있는 사례는 이런 것입니다. 나와 안면이 없는 어떤 여자가 나와 안면이 없는 또 다른 사람이 나를 욕하는 내용으로 그녀에게 보낸 편지를 건네는 겁니다. 그녀의 표현대로 하자면, "그렇게 하는 것이 제 의무인 것 같아서"라고 하면서 말이지요.) 우리가 보통 '유혹'(그러니까, 성적 유혹)이라고 부르는 사건의 경우, 유혹에 넘어간 사람의 죄만 따지고 유혹한 사람의 죄는 무시하는 것은 말도 안 되는 일이라고 생각할 것입니다. 그러나 따지고 보면 모든 상해나 억압도 유혹입니다. 증오하게 만드는 유혹이며, 그러한 의미에서 성적 유혹과 같습니다. 우리는 동료에게 해를 끼칠 때마다 그가 시편 109편을 기록한 사람과 같은 사람이 되도록 그를 유혹한 것입니다. 우리가 그에게 저지른 잘못을 회개했을 수도 있습니다. 하지만 그가 자신의 증오를 회개했는지는 모르는 일입니다. 만약 그가 회개하지 않았다면 그와 나 사이의 책임 문제는 어떻게 되는 것입니까?

그 질문에 대한 답은 저도 모르겠습니다. 하지만 우리가 저지른 일이 무엇인지, 움츠러들지 말고 정면으로 바라보는 것이 좋겠다고 생각합니다. 강아지들처럼 우리 '코를 들이밀어야' 하는 것입니다. 지금은 회개하고 있지만, 한때 어떤 여자를 유혹했다가 버렸고 지금은 그 여자가 어디 있는지도 모르는 사람이 있다면, 지금 그 여자가 처해 있을 수 있는 삶의 가혹한 현실로부터 눈을 돌리지 않는 게 좋을 겁니다. 그와 같은 이유에서 우리는 억압자를 저주하는 시편을 두려운 마음으로 읽어야 합니다. 누군가 우리를 향해서도 그와 비슷한 증오의 말을 퍼부었는지 모를 일이지요. 북아메리카 원주민들이, 흑인들이, 아시아인들이 우리에게 대항해서 어떤 기도를 자신들의 신에게 그리고 때로는 바로 하나님께 올려드렸겠습니까? 세계 전역에서 백인들의 범죄가 '하늘에까지 악취를 풍기고' 있습니다. 대학살, 조약 파기, 도적질, 유괴, 노예 삼기, 강제 이송, 채찍질, 폭력, 구타, 강간, 모욕, 놀림, 가증한 위선이 그 악취를 이룹니다.

이러한 역사적 사실이 우리와는 먼 이야기 같다면 좀더 가까운 예를 들어 봅시다. 권위가 거의 없는 사람, 좌지우지할 상대가 거의 없는 사람은 오히려 감사한 마음일 것입니다. 그러나 만약 누가 군대 장교라면(혹은 더 심하게는 하사관이라면) 어떻겠습니까? 병원 수간호사라면? 치안 판사라면? 교도관이라면? 학교 반장이라면? 노조 위원이라면? 어떤 종류건 우두머리 자리에 있는 사람이라면? 다시 말해서, 아랫사람이 '말대꾸'를 할 수 없는 자리에 있는 사람이라면 어떻겠습니까? 세상에서 아무리 선한 의지가 있어도 정의롭기란 쉽지 않습니다. 재촉받는 상황에서, 불안 속에서, 기분이 언짢은 가운데, 자기만족에 빠진 상태에서, 그리고 교만 속에서는, 정의에 대한 의지마저도 유지하기가 쉽지 않습니다. 권력은 타락합니다. '직위의 오만'이 조금씩 스며들 것입니다. 우리 윗사람에게서 그것을 너무도 분명하게 볼 수 있습니다. 그렇다면 아랫사람이 우리에게서 그런 모습을 보는 것이 그리 어려운 일이겠습니까? 윗사람 가운데서 때로 (어쩌면 종종) 우리의 용서가 필요했던 사람이 얼마나 많습니까? 마찬가지로 우리 자신도 아랫사람들의 용서가 필요하다는 사실을 명심해야 합니다.

때로 그와 같은 용서를 받지 못할 수도 있습니다. 우리가 용서받아야 할 이들은 그리스도인이 아닐 수도 있습니다. 혹은 용서라는 힘든 일을 터득하기에는 아직 믿음의 길에서 얼마 나아가지 못한 사람일 수도 있습니다. 원한을 떨쳐 내려 했지만 여의치 않았건 그런 시도조차 하지 않았건, 그들은 우리를 향해 만성화된 쓰라린 원한을 불태우고 있을지도 모릅니다. 본질적으로 시편 109편의 정서와 같은 정서가 되겠지요.

제 말이, 시편 기자가 내뱉은 그런 기도를 하나님이 들으시고 이루어 주실 것이라는 의미는 아닙니다. 그런 기도는 악한 것입니다. 하나님은 그런 기도를 정죄하십니다. 모든 원한은 죄입니다. 아랫사람들이 원한을 품는 일들이 실은 그들이 생각하는 것처럼 그렇게 심한 악은 아니라고 생각할 수도 있습니다. 그들을 윽박지른 것은 고의가 아니었으며, 우리가 보인 고압적인 자세는 자신의 무지와 무능을 인식하고 심기가 불편해진 탓이었으며, 부당하게 일을 분배한 것도 실은 부당한 처사가 아니었거나 어쨌든 고의는 아니었으며, 특정 아랫

사람에 대한 설명할 수 없는 사적인 반감은 그 사람에게나 그의 몇몇 동료들에게는 너무도 명백한 것이었을망정 우리는 전혀 의식하지 못했던 일일 수도 있습니다.(우리의 의식 속에서는 그것이 사적인 반감이 아니라, 상대방을 훈련시키거나 본을 보이려고 하는 일로 보일지도 모릅니다.)

어쨌거나 그들이 그렇게 우리를 미워하는 것은 매우 악한 일이라고 생각할 수 있습니다. 그렇습니다. 그러나 하나님이 그들에게 악을 불러일으킨 우리의 악은 제쳐 놓고 그들의 악만 보실 거라고 생각하는 것은 어리석은 일입니다. 그들이 증오의 죄를 짓는 까닭은 그렇게 하도록 우리가 그들을 유혹했기 때문입니다. 그런 의미에서 우리는 그들을 성적으로 유혹하고 타락시킨 것과 같습니다. 말하자면, 그들이 증오를 품은 어머니들이라면 우리는 그 증오가 생기게 한 아버지들인 것입니다.

바로 이런 관점에서 '마리아의 찬가'는 섬뜩한 것입니다. 성경에서 우리를 오싹하게 하는 것 두 가지가 있다면 그중 하나가 바로 이것입니다. 다른 하나는 요한계시록에 나오는 문구인 '어린 양의 진노'입니다. 성모 마리아에게 온유함이 없다면, 심지어 '매애' 하고 울면서 도살당하는 무력한 어린양마저 순진함의 상징이 아니라면, 우리는 무엇을 의지해야 한단 말입니까? 제가 앞에서 지적한 '마리아의 찬가'와 전통적인 히브리 시의 유사성은 단순한 문학적 관심의 차원에서 한 말이 아닙니다. 물론 거기에는 차이점도 있습니다. '마리아의 찬가'에는 저주도, 증오도, 자기 의도 없습니다. 그 대신 진술만이 있습니다. "주께서 교만한 자를 흩으시고, 힘 있는 자를 꺾으시며, 부자를 빈손으로 돌려보내셨다"는 것입니다. 앞에서 저는 시편 기자의 과격한 가사와 성가대 소년이 내는 고성이 아이러니한 대조를 이룬다고 했습니다. 여기서 그 대조는 한층 두드러집니다. 여기서도 고성의 음성이 들립니다. 이번에는 젊은 여자의 음성입니다. 그 음성은 선조들의 죄악에 찬 기도가 전혀 응답되지 않은 것이 아니라고, 죄를 짓지 않는 가운데 선언합니다. 그런데 광포한 환희에 찬 말은 물론 아니지만, 거기에는 누구도 의심할 수 없는 침착하면서도 소름 돋는 기쁨이 있습니다.

이 시점에서 저는 우리를 한편으로는 안도하게 하면서도 다른 한편으로는 긴장시키는 한 가지 의견으로 잠시 이탈하고픈 유혹을 느낍니다. 그리스도인들은 예수님의 어머니가 차지해야 하는 자리에 대해 불행히도 의견이 갈려 있지만, 어떤 의심도 허락되지 않을 듯한 한 가지 진실이 있습니다. 우리가 동정녀 탄생을 믿고 우리 주님이 신체적으로뿐만 아니라 심리적으로도 인간의 본성을 가졌다고 믿는다면(예수님이 인간의 육체는 갖고 계셨지만 인간의 영혼 대신 성삼위일체의 제2위격을 갖고 계셨다고 생각하는 것은 이단적입니다), 그 인간의 본성에는 인간의 유전적 형질이 있다고 믿을 수밖에 없습니다. 그 유전의 근원은 단 하나밖에 없습니다.(물론 그 근원 속에 모든 진정한 이스라엘이 요약되어 있지만 말입니다). 예수님에게 냉혹한 면이 있다면, 인간적으로 말해서 그것이 어디서부터 비롯한 것인지, 우리가 불경스러움에 빠지지 않으면서도 추측할 수 있지 않겠습니까? 예수님의 어린 시절 이웃 사람들이 '그 어머니에 그 아들'이라고 말하지는 않았겠습니까? 이런 사실은 예수님이 그의 어머니에게 혹은 그의 어머니에 대해 했던 몇몇 가혹한 말들을 새로운 관점에서 덜 고통스럽게 바라볼 수 있는 빛을 비춰 줄 것입니다. 우리는 그의 어머니가 그 말을 아주 잘 이해했으리라고 생각할 수 있습니다.

이런 견해를 저는 이탈이라고 했는데, 그것이 정말 이탈인지는 잘 모르겠습니다. 시편과 우리를 연결시켜 주는 것은 두 가지입니다. 하나는 '마리아의 찬가'이고 또 하나는 주님께서 계속 시편을 인용하신 사실입니다. 물론 시편 109편과 같은 것은 인용하지 않으셨지만 말입니다. 예수님이 그토록 심취해 있었던 책을 우리는 무시할 수 없습니다. 교회도 예수님의 발자취를 따랐고 바로 그 책[3]에 우리가 심취하게 했습니다.

한마디로 시편 기자들과 우리는 모두 교회에 속한 사람들입니다. 개인적으로 그들은 우리처럼 때로 교회의 아주 나쁜 구성원일 수 있습니다. 가라지일 수 있지만 우리에게는 그 가라지를 뽑아 낼 권한은 없습니다. 그들의 정신이 어떠하든 그들은 우리가 그렇듯이 종종 무지할 수도 있습니다.(그 양상은 다를 수 있지만 말입니다.) 그러나 우리는 그들을 파문시킬 수 없으며, 그들도 우리를 파문시킬 수 없습니다.

그들의 흉포함을 우리가 조금이라도 용인해야 한다는 의미가 결코 아닙니다.(물론 제 말이 그런 의미라고 지적하는 비평가들이 분명히 생기겠지만 말입니다.) 그러나 그 흉포함과 섞여 있는 선한 것을 보는 법을 우리는 배울 수 있습니다. 과도해 보이는 그들의 분노에는 정의에 대한 열정적인 갈망이 흐르고 있습니다. 그러한 갈망은, 억압받는 자에게

---

3) 시편을 일컬음.

그다지 큰 장점은 아니라고, 제일 악한 사람이 반칙 앞에서 페어플레이를 외치는 법이라고 말하고픈 유혹을 우리는 처음에는 받을 것입니다. 그러나 불행히도 그것은 옳지 않은 얘깁니다. 정말이지 바로 이 순간 정의를 외치는 정신이 사라지고 있는지도 모릅니다.

걱정스런 사례를 하나 들어 보겠습니다. 사회주의자인 것이 분명한, 어쩌면 마르크스주의자였을 수도 있는 학생이 하나 있었습니다. 그에게는 '집단' 즉 국가가 전부였고, 개인은 아무것도 아니었으며, 자유는 부르주아의 기만에 불과한 것이었습니다. 그러던 그가 어느 날 교장 선생님이 되었습니다. 그로부터 2년 후 우연히 옥스퍼드에 들르게 된 그는 나를 찾아왔습니다. 그는 자신이 사회주의를 포기했다고 했습니다. 그는 국가 통제에 대해 완전히 환멸을 느낀 것입니다. 학교와 학교장에 대한 교육부의 간섭은 거만하고 무지하며 참을 수 없는 것임을, 독재 그 자체임을 깨달은 것이지요. 저는 그런 말은 얼마든지 들어 줄 수 있었고 우리의 대화는 즐겁게 이어졌습니다. 그러다가 그가 나를 찾아온 진짜 목적이 갑자기 드러났습니다. 그는 너무도 '진절머리가 나서' 학교장 일을 그만두고 싶다고 했습니다. 그러면서 내가 혹시 교육부에 인맥이 있는지, 거기 일자리를 하나 얻어 줄 수 있는지 묻는 것이었습니다.

이것이 바로 새로운 인간형입니다. 그는 시편 기자처럼 증오할 수는 있지만 시편 기자처럼 정의를 갈망하지는 않습니다. 억압이 있다고 판단한 그는 즉시 묻습니다. '어떻게 하면 내가 억압자의 자리에 설 수 있을까?' 그는 독재자와 그들의 희생자로 이분된 세상에 아무런 이의를 제기하지 않습니다. 그에게 중요한 것은 자신이 그 두 그룹

중 어디에 속해 있느냐 하는 것입니다.(교육부에 대한 그의 생각에 당신이 동조하건 동조하지 않건 이 이야기의 교훈은 동일합니다.)

그렇다면 시편 기자들의 증오에는 밟아서 끄는 것이 아니라 부채질해서 살려내야 하는 불씨가 섞여 있는 것입니다. 그 불씨를 하나님은 보시고 부채질하셨으며, '마리아의 찬가'에서 또렷이 타오를 때까지 그렇게 하셨습니다. '심판'을 요구하는 탄원이 받아들여진 것입니다.

'심판'에 대한 고대 히브리의 사상은 그것 자체로 하나의 에세이감이 됩니다.

II

심판의 날이라는 개념은 그리스도인에게 매우 익숙하면서도 몹시 두려운 것입니다. "우리의 모든 고난의 때에, 우리의 모든 부유함의 때에, 죽음의 때에, 그리고 심판의 날에, 선하신 주여 우리를 구원하소서."[4] 우리 주님의 가르침 중에서 어떤 마술로도 없앨 수 없는 개념이 하나 있다면, 그것은 바로 거대한 분리일 것입니다. 양과 염소, 넓은 길과 좁은 길, 알곡과 가라지, 그것을 가르는 키, 지혜로운 처녀와 어리석은 처녀, 좋은 물고기와 찌꺼기, 어떤 사람은 안으로 들어가고 어떤 사람은 바깥 어둠 속에 남게 된 결혼 잔칫날의 단

---

4) 《성공회 기도서*Book of Common Prayer*》에 나오는 구절.

힌 문 등. 이것이 이야기의 전부는 아니라고, 노리치의 줄리안Julian of Norwich이 말한 것처럼 "모든 것이 잘될 것이고 모든 일이 잘 풀릴 것"이라고 우리는 감히 바랄지도 모릅니다. 실제로 그렇게 감히 바라는 사람들이 있습니다. 하지만 우리 주님이 하신 말씀에서는 그런 희망을 발견할 수 없습니다. 혹 사도 바울이 한 말에서는 발견할 수 있을지 모르나, 예수님의 말씀에는 그런 것이 전혀 없습니다. 예수님이 친히 하신 말씀에 근거해서 '최후 심판일'의 개념이 기독교에 들어온 것입니다.

이와 같은 개념이 초래한 결과의 하나는, 종교적인 맥락에서 나온 '심판'이라는 말이 우리에게는 대뜸 형사재판을 암시한다는 것입니다. 판사석에 재판관이 앉아 있고, 피고는 피고석에 앉아 있으며, 석방에 대한 희망과 유죄판결에 대한 두려움이 엇갈리는, 그런 광경이 떠오릅니다. 그러나 고대 히브리인들에게 '심판'은 대개 이것과는 아주 다른 것을 암시했습니다.

시편에서 심판은 양심이 찔리는 신자가 두려워하는 어떤 일이 아니라, 짓밟힌 신자가 기대하는 일이었습니다. 하나님은 "공의로 세계를 심판하시고", "압제당하는 자의 요새가" 되십니다(시 9:8-9). "주여 나를 판단하소서"라고 시편 35편의 기자는 외칩니다. 더욱 놀랍게도 시편 67편에서는 심지어 "나라들", 이방인들도 "기뻐하고 즐거워하라"는 명령을 받습니다. 하나님께서 "민족들을 공평하게 심판하실" 것이기 때문입니다.(우리가 두려워하는 것은 바로 하나님의 심판이 우리가 견딜 수 있는 것보다 훨씬 더 의로우면 어떻게 하는가 하는 것입니다.) 기쁨의 시인 시편 96편에서는 하늘과 땅도 "즐거워해야" 하며, 밭들도 "기뻐해야 하고", 숲의 모든 나무도 "주 앞에서 즐거이 노래해야" 합니다. 하나님께서 "땅을 심판하러 오실" 것이기 때문입니다. 우리가 그토록 두려워하는 그 심판을 앞두고 거기에는 마치 이방 시인이 디오니소스 신이 오는 것을 알리기 위해 벌였을 듯한 여흥이 있습니다.

앞에서 제가 말한 것처럼, 우리 주님께서 현대적이고 기독교적인 의미의 심판의 날 개념을 우리에게 심어 주신 것은 사실이지만, 또 다른 곳에서는 예수님 자신의 말씀이 옛 히브리의 개념을 조명해 줍니다. 제가 여기서 염두에 두고 있는 말씀은 예수님의 비유에 나오는 불의한 재판관입니다. 우리가 그 비유를 염두에 두고 있는 게 아니라면, 악한 재판관이라는 말을 들었을 때 대부분 곧바로 떠올리는 사람은 제프리스 판사[5] 같은 사람일 것입니다. 고함을 질러 대고 말을 가로막으며 피에 굶주린 짐승 같은 사람, 죄수를 교수형에 처하는 데 혈안이 되어 배심원과 증인들을 위협하는 판사 말입니다. 우리는 그런 판사에게 재판받는 일이 없기를 바랄 것입니다. 그러나 예수님이 말씀하신 불의한 재판관은 그런 사람과는 전혀 다른 인물입니다. 당신은 그 사람에게 재판받기를 원합니다. 재판해 달라고 그를 들볶습니다. 여기서 어려운 점은 당신의 소송을 재판관이 듣게 만드는 것입니다. 여기서 우리 주님이 염두에 두고 계신 것은 형사재판이 아니라 민사재판임이 분명합니다. 우리는 죄수의 입장에서가 아니라 원고

5) George Jeffreys(1645~1689년)를 일컬음. 영국 왕 제임스 2세 때 두드러진 활약을 했던 판사로 대법관 자리까지 올라갔다. 교수형 판사Hanging Judge로도 알려져 있는데, 이 명칭은 신속하면서도 확고한 정의를 보여 주려는 사람에 대해 쓰인 명칭이다.

의 입장에서 '정의'를 바라보는 것입니다. 확실한 소송거리가 있는 원고 말입니다. 그런데 피고를 법정으로 끌어들이는 것이 문제입니다.

이런 광경이 생소한 까닭은 법조계의 직업이 예외적으로 잘 정착된 나라에 우리가 살고 있기 때문입니다. 우리는 판사들에게 뇌물을 줄 필요가 없다는 것과 뇌물을 줘도 통하지 않는다는 것을 당연하게 여깁니다. 그러나 이것은 보편적인 자연 법칙이 아니라 보기 드문 성과입니다. 우리도 이런 제도를 잃어버릴 수 있고(그것을 지키기 위해 애쓰지 않는다면 확실히 잃게 될 것입니다), 이것은 우리가 영어를 사용하는 것과는 아무 상관이 없는 성과입니다. 세계 곳곳에서, 역사의 곳곳에서 가난하고 중요하지 않은 사람들은 자신들의 소송이 공정하게 처리되게 하는 데 어려움을 겪었을 뿐만 아니라, 자신들의 소송을 들어줄 사람조차 찾기 어려웠습니다. '심판'을 기대하는 히브리인들의 지속적인 희망 속에서 우리가 듣는 것은 바로 그런 사람들의 목소리입니다. 언젠가는, 어떻게든 잘못이 바로잡히리라는 희망은 바로 그들의 목소리입니다.

그런데 이런 사상은 법정과만 연관된 것이 아닙니다. 구약성경에서 매우 흥미로운 제목을 달고 있는 역사서인 사사기에 나오는 '사사들'[6]은, 사법상의 기능이라고 할 만한 일들을 때로 행했기 때문에 그렇게 불린 것이 아니리라 생각합니다. 실제로 그 책은 그런 의미의 '재판'에 대해서는 별로 이야기하는 바가 없습니다. 거기에 나

6) 영어로는 '재판관들 Judges'이라는 뜻.

오는 '재판관'들은 주로 영웅들이고 전사들이며, 이국의 압제자들로부터 이스라엘을 구하는 사람들입니다. 적을 물리치는 사람들인 것입니다. 우리가 '재판관들'이라고 번역하는 그 명칭은 '정당성을 입증하다', '복수하다', '무엇의 잘못을 바로잡다' 등의 의미를 띤 동사와 연관된 것이 분명합니다. 그들을 투사, 복수자라고 불러도 무방할 것입니다. 고뇌에 빠진 처녀들을 해방시켜 주고 그들을 위해 정의를 굳게 지켜 주느라 세월 가는 줄 모르는 중세의 기사 이야기에 나오는 협객들이 히브리인들에게는 거의 '재판관'이나 마찬가지였을 것입니다.

그러한 재판관, 마침내 우리를 위해 잘못을 바로잡아 주는 사람, 구원자, 보호자, 압제자를 진압하는 자가 바로 시편에 나오는 지배적인 이미지입니다. 시편 기자가 '심판'에 대해 생각할 때 두려움에 떠는 본문이 몇 군데 있기는 합니다. "주의 종에게 심판을 행하지 마소서 주의 눈앞에는 의로운 인생이 하나도 없나이다"(143:2). 혹은 "여호와여 주께서 죄악을 지켜보실진대 주여 누가 서리이까"(130:3). 그러나 그와는 반대의 태도가 훨씬 많습니다. "여호와여 의의 호소를 들으소서"(17:1). "여호와여 나를 판단하소서"(26:1), "여호와여 나와 다투는 자와 다투시고"(35:1), "하나님이여 나를 판단하시되"(43:1), "세계를 심판하시는 주여 일어나사"(94:2). 시편 기자의 기도에는 용서보다는 정의를 구하고 심리審理를 들어줄 것을 청하는 기도가 훨씬 많습니다.

이로써 우리는 매우 역설적인 결론에 이르게 되었습니다. 유대교와 기독교, 모세의 통치와 그리스도의 통치가 율법 대 은혜, 정의 대

자비, 엄격함 대 온유함으로 대비되는 것은 일반적이며 물론 타당한 일입니다. 그런데 더 엄격한 통치하에 사는 사람들은 하나님의 심판을 기대하는 반면 좀더 온건한 통치를 받는 사람들은 그것을 두려워합니다. 어떻게 이런 일이 일어날 수 있습니까? 그에 대한 답은 시편을 주의 깊게 읽은 사람이라면 대체로 누구나 쉽게 알 수 있을 것입니다. 시편 기자들이 심판을 열렬히 기대하는 이유는, 극소수를 제외하고는 자신들이 전적으로 올바른 편에 있다고 믿기 때문입니다. 다른 사람들이 그들에게 죄를 지은 것입니다. 그들 자신의 행동은 (그들이 종종 우리에게 장담하는 것처럼) 흠잡을 데가 없습니다. 그들은 자신이 아주 성공적으로 통과하리라 확신하며 하나님의 검열을 간절히 요청합니다. 그들의 적은 숨길 것이 있을지 몰라도 그들에게는 없습니다. 하나님께서 그들의 소송을 검토하면 할수록 그것은 더욱더 반박의 여지가 없는 것으로 나타날 것입니다. 반면 그리스도인은 자신이 죄인임을 알기 때문에 두려움에 떱니다.

따라서 어떤 의미에선 심판 앞에서 유대인이 갖는 확신은 유대인의 자기 의에서 비롯되는 것이라고 할 수 있을 것입니다. 그러나 그것은 지나치게 단순한 결론입니다. 그와 같은 자기 의의 발언이 나오게 되는 경험 전체를 고려해야 합니다. 그리고 두 번째로, 좀더 깊은 차원에서 그런 발언의 참된 의미를 생각해야 합니다.

그 경험은 어둡고 무시무시한 경험입니다. 우리는 그것을 '영혼의 어두운 밤'이라고 불러서는 안 될 것입니다. 그 명칭은 (제 생각에) 어떤 시편 기자가 도달한 것보다도 훨씬 높은 차원에서 만나게 되는 또 다른 어두움 그리고 또 다른 두려움에 적합하다는 것이 이미 밝혀

졌기 때문입니다. 하지만 우리는 그것을 '육신의 어두운 밤'이라고 부를 수 있을 것입니다. 여기서 '육신'은 자연인을 의미합니다. 왜냐하면 그 경험이 반드시 그 자체로 종교적인 것은 아니며, 수많은 불신자들도 우리 시대에 겪고 있기 때문입니다. 그 원인은 자연발생적인 것이지만, 시편 기자들에게 그것이 종교적이 되는 이유는 그들이 종교적인 사람들이기 때문입니다.

이 어두운 밤을 채색하고 있는 그 모든 본문들을, 우리가 원한다면 신경증의 표출로 간주할 수도 있다는 것을 처음부터 인정해야겠습니다. 일부 시편 기자들이 신경 쇠약 상태에서 혹은 신경 쇠약에 걸리기 직전의 상태에서 글을 썼다고 주장하기로 마음먹는다면, 우리는 모든 사실을 다 설명하는 이론을 세울 수 있을 것입니다. 즉 시편 기자는, 어떤 환자가 특정한 신경증의 상태에서 자신이 어떤 상황에 처해 있다고 잘못 믿는 것처럼, 자신의 상황에 대해 그와 같은 잘못된 주장을 한다고 말할 수 있을 것입니다. 현재 우리의 목적과 관련해서는 이것이 그리 큰 문제가 되지 않는다고 저는 생각합니다. 신경증은 일어날 수 있는 일입니다. 우리는 그런 증상의 계곡을 이미 지나왔을 수도 있고, 앞으로 지날 수도 있습니다. 우리의 관심사는 하나님을 믿는 특정 신자들이 우리보다 앞서 겪은 그런 상황에서 어떤 태도를 취했는가 하는 것입니다. 결국 신경증은 상대적인 용어입니다. 자신은 결코 그런 상태 근처에도 가보지 못했다고 누가 말할 수 있겠습니까? 시편이 신경증 환자가 쓴 것이라 하더라도 우리와 전적으로 무관할 수는 없습니다.

하지만 물론 우리는 그들이 신경증 환자였다고 결코 확신할 수 없습니다. 신경증 환자는 자신이 특정한 악의 위협을 받는다고 잘못 생각합니다. 그러나 또 다른 사람이(혹은 신경증 환자 자신이 또 다른 때에) 바로 그것과 똑같은 악의 위협을 실제로 받을 수도 있습니다. 환자가 자신이 암에 걸렸다거나, 재정적으로 파산했다거나, 지옥에 가리라고 그토록 확신하게 만드는 것은 환자 자신의 신경증에 불과한 것일 수도 있습니다. 하지만 그렇다고 해서 암이나 파산이나 천벌 같은 것은 없다고 밝혀지는 것이 아닙니다. 일부 시편에 묘사된 상황이 상상된 게 분명하다고 주장하는 것은 제가 보기에 소망적 사고[7] 같습니다. 그런 상황은 실제 삶에서 일어납니다. 그것을 의심하는 사람이 있다면, 제가 그와 같은 육신의 어두운 밤을 제시해 볼 테니, 다음과 같은 일들이 주관적인 인상이 아니라 실제 상황이 되기가 얼마나 쉬운지 한번 생각해 보기 바랍니다.

1. 정말로 나쁜 영국 공립학교에서 두 번째 학기를 맞이하는, 작고 못생기고 운동도 못하고 인기도 없는 소년. 2. 군대 막사에서 인기 없는 신병. 3. 히틀러 통치하의 독일에 사는 유대인. 4. 경쟁자들이 없애 버리려고 하는, 나쁜 회사 혹은 정부 관직에서 일하는 사람. 5. 16세기 영국의 가톨릭 신자. 6. 16세기 스페인의 개신교도. 7. 말란[8]이 통치하던 시기의 아프리카에 살던 아프리카인. 8. 매카시[9] 상원의원의

7) wishful thinking. 사실, 사건, 인식 등을 실제 증거에 따라서가 아니라 바라는 소망에 따라 해석하는 것.

8) D. F. Malan, 1874~1959년. 남아프리카공화국 수상이었으며, 포괄적인 백인 우월주의 정책을 펼치면서 인종 격리apartheid를 정착시켰다.

손아귀에 있는 미국의 사회주의자, 혹은 야만적인 마녀 사냥을 하던 시기에 샤카[10]가 혐오한 줄루 부족 사람.

육신의 어두운 밤은 객관적 상황일 수 있습니다. 그것은 그리 드물지도 않습니다.

누군가가 홀로 있습니다. 첫날에는 친구 같았던 동료 신병, 지난 학기에는 친구였던 남자 아이들, 조직적인 유대인 박해가 시작되기 전에는(혹은 매카시 상원의원의 이목을 끌기 이전에는) 친구였던 이웃들, 심지어 지인들과 친척들마저도 그와 멀찌감치 거리를 두기 시작했습니다. 아무도 그와 함께 있는 모습을 들키고 싶어 하지 않습니다. 길을 가다 아는 사람을 보게 되면 그들은 우연히도 언제나 다른 쪽을 보고 있습니다. "내 친구가 놀라고 길에서 보는 자가 나를 피하였나이다"(31:11). 사랑하는 자, 친구들, 친척들이 모두 "멀리 섰나이다"(38:11). "내가 나의 형제에게는 객이 되고"(69:8). "주께서 내가 아는 자를 내게서 멀리 떠나게 하시고 나를 그들에게 가증한 것이 되게 하셨사오니"(88:8). "오른쪽을 살펴보소서 나를 아는 이도 없고"(142:4).

이런 일을 겪는 것이 개인이 아니라 집단(종교 단체 혹은 심지어 국가 전체)일 때도 있습니다. 회원들이 떨어져 나가고, 동맹국이 등을 돌

---

9) Joseph Raymond McCarthy, 1908~1957년. 미국의 정치가. 매카시즘으로 알려진 미국 역사상 유례가 없는 극단적인 반공 활동과, 공산주의 성격의 미국 유명 인사에 대한 청문, 고소 및 추방으로 알려져 있다.

10) Chaka, 1787~1828년경. 남아프리카 줄루 부족이 국가로서의 기반을 갖추게 한 줄루 족장. 매우 호전적이고 파괴적이었던 것으로 알려져 있다.

리고, 우리에게 대항하는 거대한 패거리가 날마다 더 커지고 강해집니다. 줄어드는 동지들의 수와 갈수록 심해지는 소외보다 더 견디기 힘든 것은 '우리 편'이 무력하다는 증거가 갈수록 늘어난다는 것입니다. 세상은 악인에 의해 거꾸로 뒤집어졌고, (터가 무너졌으니) "의인이 무엇을" 할 수 있겠습니까(11:3). 우리의 대응책이 무엇입니까? 한때는 우리에게 유리한 예언이 있었고 위대한 지도자들이 우리 편이었습니다. 하지만 그런 날은 이제 지나가 버렸습니다. "우리의 표적은 보이지 아니하며 선지자도 더 이상 없습니다"(74:9). 오늘날 유럽 속에서의 영국 그리고 영국 속에서의 그리스도인들은 종종 이와 같은 심정입니다.

그리고 그렇게 격리된 사람에게 언제나 불신자들이 사방에 있습니다. 그들은 우리가 무엇을 믿는지 혹은 믿으려고 애쓰는지("나의 믿음 없는 것을 도와주소서") 잘 아는데, 우리가 믿으려는 그것을 완전히 환상이라고 생각합니다. "많은 사람이 나를 대적하여 말하기를 그는 하나님께 구원을 받지 못한다[11] 하나이다"(3:2). 하나님이 존재하기라도 한다면, 그 하나님이 우리를 돌보는 것 외에는 다른 할 일이 없겠느냐고 그들은 말합니다. 그런데 사실상 "하나님은 없다"(14:1)고 그들은 말합니다. 고통받는 자의 하나님이 정말 존재한다면 "그를 기뻐하시니 건지실 걸!"(22:8) 하고 그들은 비웃습니다. "네 하나님이 어디 있느뇨?"(42:3) 하고 그들은 묻습니다.

---

11) 영어 성경으로는 "도움을 받지 못한다There is no help."

육신의 어두운 밤 속에 있는 사람은 다른 모든 사람의 눈에는 무척 우스워 보입니다. 그는 학교 전체 혹은 막사 혹은 사무실의 놀림거리입니다. 그를 보면 사람들은 웃음을 참을 수 없습니다. 사람들은 그를 보면 대놓고 싫은 내색을 합니다(22:7). 술꾼들은 그들의 우스개 노래에 그 사람의 이름을 집어넣습니다(69:12). 그는 '이야깃거리' 입니다(44:14). 불행히도 이 모든 웃음이 딱히 정직한, 자발적인 웃음은 아닙니다. 목소리나 생김새가 특이한 어떤 사람이 그러한 웃음을 견디는 법을 배우고 결국 같이 따라 웃기까지 하는, 그런 웃음이 아닙니다. 이 조롱하는 자들은 그것이 그 사람에게 상처를 줌에도 불구하고 웃는 것이거나, 혹은 심지어 그것이 상처를 주건 말건 상관않고 웃는 것도 아닙니다. 그들은 그것이 상처를 주기 때문에 웃습니다. 조롱당하는 자의 굴욕이나 잘못은 무엇이든지 그들에게 유쾌한 일입니다. 그들은 그가 낙심할 때 즐거워합니다. "내가 실족할 때에" 그들이 크게 기뻐했습니다(38:16).

일종의 귀족적이고 스토아적인 자부심을 가진 사람이라면, 경멸에는 경멸로 맞서고, (어떤 의미에서는) 심지어 코번트리 팻모어[12)]처럼 "공공연한 비방이라는 고산高山의 희박한 공기 속에서" 사는 것을 기뻐할 수도 있습니다. 만약 그렇게 할 수 있다면 그는 완벽하게 어두운 밤으로 들어간 것은 아닐 겁니다. 그러나 여기서 말하는 고통받는 사람은, 이렇든 저렇든 그런 사람이 아닙니다. 그가 한때 그런 사람이었

12) Coventry Patmore, 1823~1896년. *The Unknown Eros*(1877), Book I, XV, "Peace."

다 하더라도 지금은 아닙니다. 끊임없이 계속되는 조롱, 경멸, 굴욕이 (주위 환경에 따라 부분적으로 가려진 채로 아니면 난폭할 정도로 명백하게) 그의 방어막을 뚫고 그의 속을 파고듭니다. 그는 자신이 보기에도 적들이 말하는 바로 그런 존재입니다. 그에게는 회복의 길이 없습니다. 수치가 그의 얼굴을 덮었습니다(69:7). 그는 차라리 말 못하는 자가 되는 게 나을 것입니다. 그의 입에는 반박할 말도 없습니다(38:13). 그는 "벌레요 사람이 아닙니다"(22:6).

11 종교의 언어

종교적인 언어에 대해 강연해 달라는 부탁을 받았는데, 제 생각을 요약하자면 종교적인 언어가 별도로 존재하지 않는다는 것입니다. 물론 종교적인 사람들이 하는 어떤 말들을 과학적 진술을 다루는 것과 똑같이 취급할 수 없다는 것을 저도 인정합니다. 그러나 그렇게 똑같이 취급할 수 없는 이유가 그들이 사용하는 말이 어떤 특별한 언어의 사례이기 때문이라고는 생각하지 않습니다. 오히려 과학적 진술을 특별한 언어라고 하는 것이 더 정확할 것입니다. 종교의 언어는—이제 곧 이 말을 신학의 언어와 구분하겠지만—전반적으로 일상적 대화에서 사용하는 언어와 같은 종류거나 아니면 시에서 쓰는 언어와 같은 종류, 혹은 그 둘 사이의 어딘가에 있는 언어라고 봅니다. 이 말을 좀더 명확하게 설명하기 위해, 이 글의 제목이 말하는 내용에서 잠시 벗어나 언어에 대한 이야기를 좀 하겠습니다.

우선 세 개의 문장으로 시작하겠습니다. (1) 그날은 매우 추웠다. (2) 영하 13도였다. (3) "아, 참으로 모진 추위였다! 부엉이의 깃털도 모두 얼어 버리고, 산토끼는 얼어붙은 풀밭 위로 덜덜 떨며 절름발로 뛰었고, 한데 모여 선 양떼는 소리도 없었으며, 기도하는 자[1]의 손가락은 얼어서 감각이 없었다." 첫 번째 문장은 일상 언어라고 설명해야 할 것이며, 두 번째 문장은 과학적 언어, 그리고 세 번째 문장은 시적 언어라고 해야 할 것입니다. 물론 이 언어들은 라틴어와 중국어가 다른 것처럼 서로 다른 언어들은 아닙니다. 두 번째와 세 번째 문장의 언어는 첫 번째 문장에서 사용된 것과 같은 언어에서 발전된 용례입니다. 과학적 언어와 시적 언어는 일상 언어를 각기 다른 방식으로 인위적으로 완성시킨 것입니다. 인위적이라고 하는 이유는 그 언어들이 기능에 의존하기 때문이고, 다르다고 하는 것은 그 언어들이 일상 언어를 두 개의 서로 다른 방향으로 개선시켜 주기 때문입니다. 일상 언어가 이쪽 혹은 저쪽 방향으로 조금씩 나아가면서 차츰 과학적 언어나 시적 언어가 되어 간다는 점도 눈여겨볼 만합니다. 예를 들어 '매우 추웠다'는 '얼음이 얼었다'로, '얼음이 얼었다'는 '지난밤보다 더 심하게 얼었다'로 대신할 수 있습니다. 이것은 과학적 언어로 기울어지는 용례입니다. 반면에 '모진 추위'라는 표현을 쓴다면 시적 언어로 더 기울 것입니다. 사실, 위에서 시인 키츠가 추위를 묘사하는 데 쓴 용어 가운데 하나쯤은 여러분도 예상했을 것입니다.

과학적 설명의 우월함은 그날 밤의 추위를 정확하게 양적으로

---

1) Beadsman. 일반적으로 연금 수령자나 구호를 받는 자로서 자신을 후원해 주는 사람을 위해 기도할 의무가 있는 자.

측정할 수 있고, 측정 결과를 도구로 실험할 수 있다는 데 있습니다. 그런 실험은 모든 논쟁을 끝내 버립니다. 그 진술이 실험을 통과한다면, 그것으로부터 다양한 추론을 확신 있게 이끌어 낼 수 있을 것입니다. 예를 들어, 동·식물의 생명에 미칠 영향을 예측할 수 있습니다. 따라서 그것은 베이컨Francis Bacon이 '조직적 행위operation'라고 부른 것에 유용하게 쓰입니다. 우리는 그것을 기초로 행동할 수 있는 것입니다.

반면에 과학적 설명은 그 자체로는 우리에게 추운 겨울밤의 질에 대해서는 아무런 정보도 주지 않습니다. 우리가 그런 날 문밖에 나서면 어떤 느낌일지에 대해서는 아무것도 말해 주지 않습니다. 우리가 평생 열대지방에서 살아서 모진 서리가 어떤 것인지 모른다면, 온도계의 눈금을 읽는 것 자체만으로는 아무런 정보도 얻지 못할 것입니다. 그럴 경우에는 일상 언어가 더 낫습니다. '귀가 아플 것이다', '손가락이 감각을 잃을 것이다', '귀가 떨어지는 것 같은 느낌이 들 것이다' 등. 만약 제가 수영을 해본 가장 차가운 물의 온도를 말해 줄 수 있다면(아쉽게도 그럴 수 없지만), 그 정보는 여러 온도의 물에서 수영을 해보았고 그 온도를 다 측정해 본 소수의 사람에게만 실제적인 의미가 있을 것입니다. 제가 "그 물이 너무 차가워서 처음에는 마치 끓는 물 같았다"고 말해 준다면, 좀더 잘 이해할 것입니다. 태어날 때부터 시각장애인인 학생에겐 광학에 대해 진술하는 것이 무의미합니다. 마찬가지로 과학적 진술도 그 의미를 이해하게 해줄 기반이 될 아무런 경험도 없다면, 그것이 정확하고 입증 가능하고 조직적 행위에 사용될 수 있는 합당한 가치를 지닌다 하더라도, 한 가지 의미에서는 아무것도 전해 주지 못하는 것입니다. 물론 한 가지 의미에서만 그렇습니다. 시각장애인 학생도 그 진술로부터 추론해서 더 많은 지식을 얻는 데 그 진술을 사용할 수 있을 것입니다.

이제는 시적 언어에 대해 이야기하겠습니다. 시적 언어가 일상 언어보다 우월하다는 점은 훨씬 다루기 힘든 문제입니다. 시적 언어의 우월성이 어디서 비롯되지 않는지에 대해서는 비교적 분명한 확신이 제게 있습니다. 즉, 시적 언어는 그것이 더 많은 감정emotion을 배출하거나 불러일으키기 때문에 우월한 것은 아닙니다. 시적 언어가 종종 그 두 가지 중 하나 혹은 두 가지 모두를 할 수는 있지만, 그것이 바로 시적 언어의 차별성이라고는 생각하지 않습니다. 앞에서 인용한 키츠의 시가 '그날은 매우 추웠다'라는 일상 언어와 다른 이유가, 무엇보다도 그 시가 키츠로부터 추운 밤을 싫어하는 그의 감정을 더 이끌어 냈다거나 나에게서 추운 밤을 더 싫어하는 마음을 불러일으켰기 때문이라고 저는 생각하지 않습니다. '아'라는 감탄사와 '모진'이라는 비유는 분명 단순한 '감정의 토로'입니다. 개인적으로 저는 그런 감정이 키츠 혹은 나의 감정이라는 생각이 들지 않습니다. 제게는 그것이 그 이야기에 나오는 상상의 인물들이 '아' 혹은 '모진'이라고 말하는 것처럼 들립니다. 그래서 그들의 불편함에 내가 동참하게 하는 게 아니라 그날 밤이 얼마나 추웠는지 내가 상상해 보게 하는 것입니다. 그 나머지 부분은 전부 그런 날 밤에는 어떤 광경을 볼 수 있는지에 대한 그림을 제시하고 있습니다. 그 시는 나의 감정에 호소하는 것이 아니라 나의 감각에 호소합니다. 제가 보기에 키츠는 추운 밤의 질을 전할 뿐, 나에게 아무런 감정도 강요하지 않는 것 같습니다.(물론 뭔가가 상상력에 생생하게 전달될 때 느끼는 쾌감은 제외하고 말입니다.) 그는 사실상 과학적 진술이 배제하는 모든 구체적이고도 질적인 정보를 주고 있습니다. 그렇지만 물론 그의 말은 입증 가능하지도 않고, 정확하지도, 조직적 행위에 큰 쓸모가 있지도 않습니다.

그러나 공정하지 못하게 선택되었을 수 있는 단 하나의 문장을 기초로 우리의 관점을 형성해서는 안 됩니다. 지금까지의 논의와는 사뭇 다른 지점에서 시작해 봅시다. 제가 지금까지 읽은 모든 시와 모든 명백한 산문의 가장 분명한 차이점 중 하나는(제가 여기서 '명백한'이라고 쓴 것은 시에 근접한 산문은 제외하기 위해서입니다) 사람들이 거의 말하지 않는 것이긴 한데, 시에는 형용사가 훨씬 많다는 점입니다. 이것은 너무도 자명한 사실입니다. 배는 검정색이었고 바다는 짜고 심지어 물로 되어 있다는 것까지 하나도 빠뜨리지 않고 다 말해 주는 호메로스에서, '텅 빈 골짜기'와 '겹겹의 장미' 등의 표현을 쓴 엘리엇에 이르기까지, 모든 시인이 그렇게 합니다. 시인들은 언제나 잔디는 초록색이며, 천둥소리는 크며, 입술은 빨갛다는 것 등을 말해 줍니다. 시인들은 무엇이 충격적이라거나 즐겁다는 것을 우리에게 늘 말해 주는 것이 아닙니다. 시를 잘 못 쓰는 시인들을 제외하고 말입니다. 시는 그렇게 직접적인 방법으로 감정을 배출하거나 불러일으키려 하지 않습니다. 오히려 시는, 우리가 산문의 관점에서 본다면 무관하거나 진부하다고 여길 수 있는 것들에 대한 사실적 정보를 다량으로 퍼부으려 애쓰는 것 같습니다.[2]

감정을 배출하기 위해 어떤 청중에게나 그것을 분명히 표현해야 하는 것은 아닙니다. 여기서 '표현'이란 우리가 어떻게 느끼는지를 다른 사람들에게 분명하게 알려 주는 말을 뜻합니다. 물론 배출과 표현 사이에는 여러 중간 단계가 있습니다. 그러나 완벽한 청자聽者 앞에서 하는 완벽한 표현은 당신이 어떤 느낌이었는지 정확하게 알려 줄 것입니다. 그것이 듣는 이에게 같은 감정이나 그 감정의 복제품을 어느 정도까지 불러일으키는지, 다시 말해서 완벽한 표현이 얼마나 감정을 일으키는지는 저도 모릅니다. 제 생각에는, 표현에 반응하는 것은 누군가에게 감정을 불러일으키는 것과는 원칙적으로 다른 것 같습니다. 일종의 환각 감정을 불러일으키는 일은 늘 있겠지만 말입니다. 누군가가 자신의 두려움을 잘 표현했기 때문에 그 사람의 감정을 이해하는 것과, 종종 그렇듯이 그 사람의 두려움에 실제로 감염되는 것은 다른 것 같습니다. 다시 말하면, 셰익스피어의 작품에 나오는 트로일러스[3]가 밀회를 앞두고 느꼈을 감정을 이해하는 것과, 포르노그래피 작가가 우리에게 감염시키려고 할 때처럼 트로일러스와 비슷한 감정에 감염되는 것은 다릅니다.

그러나 정말 중요한 점은 바로 세 번째 지점입니다.[4] 시적 언어가 종종 감정을 표현하고 따라서 (어느 정도까지인지는 확실하지 않지만) 감정을 불러일으킨다 하더라도, 감정 표현이 언제나 시적 언어의 유일

---

2) 여기서부터 4쪽과 5쪽까지가 없어졌다. 6쪽은 이하와 같이 시작한다.—편집자.

3) 《트로일러스와 크레시다*Troilus and Cressida*》에 나오는 남자 주인공.

4) 앞의 사라진 원고에서 루이스가 열거해 오던 것을 언급하는 것임이 분명하다.—편집자.

하거나 주된 기능은 아닙니다. 왜냐하면 일상 언어에서도 무엇인가를 설명하는 가장 좋은 방법은 그것이 우리에게 어떤 반응을 자극해 냈는지를 알려 주는 것이기 때문입니다. 어떤 남자가 "그 사람들은 방에 지나치게 난방을 했어. 그곳에 들어간 지 5분도 안 되어 나는 땀이 줄줄 흘렀다니까"라고 말한다면, 그는 자신이 땀을 흘렸다는 자서전적 사실을 우리에게 전하는 것 자체를 목적으로 삼고 자신이 땀을 흘린 사실에 관심을 갖는 것이 아닙니다. 그는 그곳이 얼마나 더웠는지 우리가 깨닫기를 바라는 것입니다. 그리고 그가 택한 방법은 옳습니다. 사실 최종적으로 따져 볼 때 다른 방법은 거의 없습니다. 어떤 것이 파랬다, 딱딱했다, 시원했다, 역겨운 냄새가 났다, 시끄러웠다고 말하는 것은 그것이 우리의 감각에 어떤 영향을 미쳤는지 알려 주는 것입니다. 어떤 사람이 지루하다거나, 좋은 사람이라거나, 혹은 혐오스러운 사람이라고 하는 것은 그가 우리의 감정에 어떤 영향을 미쳤는지 알려 주는 것입니다. 마찬가지로, 시적 언어는 감정 표현 자체를 목적으로 표현한다기보다는, 그 감정을 불러일으킨 대상에 대한 정보를 주기 위해 종종 감정을 표현하는 것이라고 저는 생각합니다. 제가 보기에는 시적 언어가 확실히 그런 정보를 주는 것 같습니다. 번즈[5]는 어떤 여자가 빨갛고 빨간 장미와 같다고 우리에게 말해 주고, 워즈워스는 또 다른 여자가 이끼 낀 돌멩이 곁에 반쯤 가려진 채 핀 바이올렛과 같다고 말해 줍니다. 물론 한 여자가 장미를

5) Robert Burns, 1759~1796년. 영국의 시인.

닮은 것과 또 다른 여자가 반쯤 가려진 바이올렛을 닮은 것은 그 여자들의 크기, 무게, 모양, 색채, 해부 구조, 혹은 지성이 그렇다는 것이 아니라, 그 꽃들이 불러일으킬 법한 감정과 어떻게든 비슷한 감정을 그 여자들이 불러일으킨다는 점에서 서로 닮았다는 뜻입니다. 그러나 또 한편으로 우리는 그런 감정을 불러일으키는 여성은 어떤 여성이었을지(그리고 그 둘이 서로 얼마나 달랐을지) 잘 알게 됩니다. 그 두 가지 진술은 그 여성들에 대한 단순한 감탄의 표현으로 결코 축소되지 않습니다. 그 감탄이 어떤 종류의 감탄이었는지, 따라서 그들이 어떤 여자였는지를 말해 줍니다. 그것은 심지어, 자기 나름의 방식으로 증명하거나 반증할 수 있습니다. 실제로 그 두 여성을 보고 나면 우리는 "그 여자를 장미에 비유한 까닭을 알 것 같아" 그리고 "그 여자를 바이올렛에 비유한 까닭을 알 것 같아"라고 말할 수도 있고, 아니면 그런 비유는 적합하지 않다고 생각할 수도 있습니다. (예를 들어 와이엇[6]의 몇몇 시처럼) 시인이 자신의 감정에만 관심이 있고, 그가 말하는 상대 여자에 대해서는 우리가 아무런 인상도 받지 못하는 사랑의 시들도 있다는 사실을 부인하는 것은 물론 아닙니다. 저는 그런 시가 보편적인 법칙이라는 주장을 부인합니다.

마지막으로 시적 언어가 우리의 일상에서는 결코 접해 볼 수 없는 경험을 표현하는 경우들이 있습니다. 시인 자신도, 일반적인 의미에서 그런 경험을 '했다'기보다는 상상했을 수 있는 경험 말입니다.

6) Thomas Wyatt, 1503~1542년경. 영국의 시인이자 정치가.

그런 예 중 하나는 《사슬에서 풀린 프로메테우스*Prometheus Unbound*》[7]에서 아시아Asia가 "나의 영혼은 마법에 걸린 배다"라고 말하는 경우입니다. 이것이 "야! 이거 정말 좋은 걸"이라는 말을 좀더 음악적이고 우아하게 표현한 것에 불과하다고 생각하는 사람이 있다면 저는 동의하지 않습니다. 마법에 걸린 배는 노도 돛도 없이 예정된 항구로 나아갑니다. 아시아는 그 순간 변모의 과정, 거의 신격화의 과정을 거치고 있는 것입니다. 바라는 목표, 그러나 아직은 보이지 않는 목표를 향해 힘도 들이지 않고 방해도 받지 않으면서 움직여 간다는 것이 그 문장의 요점입니다. 우리가 아시아의 신격화 과정을 경험한다면 바로 그런 기분을 느낄 것입니다. 그런데 사실 우리는 한 번도 신격화를 경험해 본 적이 없습니다. 그 시의 저자인 셸리도 마찬가지일 것입니다. 그러나 그런 경험에 따르는 감정을 전하는 것은 신격화가 의미하는 바를 우리가 이전보다 좀더 온전하게 알게 하기 위함입니다.

이것이 바로 시적 언어의 가장 특별한 능력입니다. 즉, 우리가 못해본 경험, 그리고 어쩌면 결코 해보지 못할 경험의 질을 우리에게 전해 주는 것, 우리의 경험 안에 있는 요소들로 경험 밖에 있는 것을 가리키게 하는 것이 시적 언어의 가장 특별한 능력입니다. 지도상의 두 개 혹은 그 이상의 길이 지도에 다 표시되지 못한 어떤 도시가 어디쯤 있을지 가늠하게 해주듯이 말입니다. 워즈워스가 《서곡*Prelude*

---

7) 영국의 시인 셸리Percy Bysshe Shelley(1792~1822년)의 4막짜리 서정시극.

XIII》의 거의 끝 부분에 기록한 그런 경험을 우리 대부분은 전혀 해보지 못했습니다. 그러나 그가 "환상 같은 황량함"이라고 할 때 우리가 그것을 어렴풋이 눈치는 챈다고 저는 생각합니다. (제게만 해당하는) 또 다른 예는 마벨[8]의 "초록 그늘에서의 초록 생각"이고, (모든 사람에게 해당할) 또 다른 예는 포프[9]의 "향기의 고통 속에서 장미로 인해 죽다"일 것입니다. 그중에서도 가장 놀라운 예는 《신곡》에 나오는 것일 텐데, 거기서 단테는 프톨레마이오스의 우주 한 영역에서 그다음 영역으로 올라갔을 때 자신이 좀더 빨리 앞으로 움직이고 있다는 것을 알고서야 다음 영역으로 올라간 사실을 알았다고 말합니다.[10]

저는 시적 언어에 대해 이야기하고 있을 뿐, 시에 대해 이야기하는 것이 아니라는 점을 반드시 기억해 주기 바랍니다. 시에는 물론 시의 언어 외에도 다른 특징들이 있습니다. 그중 하나는 시가 종종 가상의 이야기라는 것입니다. 시는 실제로 살지 않았던 사람들과 실제로 일어나지 않았던 일들에 대해 이야기합니다. 그래서 플라톤은 시인들을 거짓말쟁이라고 비웃었던 것입니다. 그러나 모든 시적 언어의 표본에 가공의 이야기라는 딱지를 붙이는 것은 크게 혼동하는 것입니다. 키츠가 묘사한 겨울밤이 실제로 있었던 일인지 아니면 그가 상상해 낸 것인지 우리는 알 수 없습니다. 실제의 장소, 사람, 그리고

---

8) Andrew Marvell, 1621~1678년. 17세기 영국의 시인.

9) Alexander Pope, 1688~1744년. 18세기 영국의 시인.

10) 나 자신은 《신곡》에서 이 부분을 찾을 수 없다. 그러나 어쩌면 이것은 여러 절을 합쳐 놓은 것인지도 모른다. 《신곡》 VIII, 13; X, 35; XIV, 85를 보라.—편집자.

사물의 질을 전하는 데 사용하는 언어는 가장된 것의 질을 전하는 데에도 필요한 언어입니다.

원래의 논의에서 벗어나 시적 언어에 대해 지금까지 제가 길게, 그리고 어쩌면 지루하게 해온 논의가 이제 거의 끝나 갑니다. 저의 결론은, 시적 언어는 결코 단순한 감정의 표현이나 감정의 자극제가 아니라 정보를 전달하는 진짜 매체라는 것입니다. 그 정보는 다른 모든 정보와 마찬가지로 사실일 수도 있고 아닐 수도 있습니다. 영Mr. Young[11]의 (물레방아용) 둑weirs처럼 사실일 수도 있고, 《베오울프Beowulf》[12]에서 용이 코를 킁킁거리며 길을 가는 부분처럼 거짓일 수도 있습니다. 시적 언어는 종종 감정을 표현함으로써 감정을 자극하기는 하지만 그것은 대체로 우리에게 그와 같은 감정적인 반응을 일으키는 대상을 보여 주기 위해 그렇게 하는 것입니다. 시인 로버트 콩퀘스트 씨가 저와 비슷한 관점을 제시했습니다.

> 실제 사건에 대한 관찰은 관찰자 자신을 포함한다. 그의 '가슴heart'과 그의 전부를 포함한다.(측정 가능한 공통된 특징들은 이 부분을 생략함으로써 얻어진다.)

---

11) 여기서 루이스는 캐넌 앤드류 영Canon Andrew Young 목사를 일컬을 것이다. 루이스는 그의 시가 워즈워스와 마벨을 합쳐 놓은 것과 같다고 생각했다. '(물레방아용) 둑'에 대한 흥미로운 언급은 '느린 경주The Slow Race'라는 영의 시에서 찾아볼 수 있다. 그 외의 다른 가능성에 대한 논의는 나의 편지 "루이스의 신비A C. S. Lewis Mystery"(*The Spectator*, 28 October 1966, p. 546를 보라.—편집자.

12) 8세기 초의 고대 영어로 된 서사시.

그러나 감정적인 것에는 다른 인간들과 공유하는 공통된 측면이 있는데, 이것은 '예술'을 통해 전달된다.
시는 이 모든 것을 결합한다. ……[13]

'실제로' 일어난 사건들이건 정말 이루어져야만 '실제로' 일어난 일이 될 가상의 사건들이건, 사건들은 관찰자의 가슴과 인간의 공통된 감정적 반응 없이는 전달될 수 없기 때문에, 시가 가슴 그 자체만을 위해 오직 가슴만을 대변한다는 결론은 잘못된 것입니다.

이쯤에서 이 이야기는 그만하는 게 좋겠습니다. 저는 시적 언어가 정보를 전달한다고 생각합니다. 그러나 과학적 언어와 비교할 때 시적 언어는 두 가지 장애를 안고 있습니다. (1) 시적 언어는 어느 한도까지만 증명 혹은 반증할 수 있으며 그나마도 다소 모호하게 할 수 있을 뿐입니다. 번즈의 정부情婦를 보고 '빨갛고 빨간 장미'라고 하는 이미지가 좋았다거나 나빴다고 말할 수 있는 사람은 어느 정도 식별력 있는 일부 사람들뿐입니다. 그런 의미에서 과학적 진술은, 오늘날 사람들이 말하는 것처럼 훨씬 쉽게 '현금화'할 수 있습니다. 그러나 이 말에 대해 시인은, 천 파운드짜리 수표를 현금화하는 것보다는 30실링짜리 수표를 현금화하는 것이 늘 더 쉬운 법이며, 어떤 의미에서 과학적 진술은 아주 소액의 수표와 같은 것이고 따라서 모

13) Robert Conquest, '은하계 위원회에 보내는 보고서 발췌문Excerpts from a Report to the Galactic Council', *The Listener*, vol. LII (14 October 1954), p. 612.—편집자.

든 구체적 실재의 넘쳐나는 복잡함 가운데서도 '측정 가능한 공통된 특징들'만을 제공할 뿐이라고 당연히 대꾸할 것입니다. (2) 시적 언어가 줄 수 있는 정보는 그것을 일단 사실로 받아들여야 얻을 수 있습니다. 시인의 머리에다 엄밀한 논증의 권총을 들이대면서 도대체 어떻게 강이 머리카락을 가질 수 있으며, 생각이 초록색일 수 있으며, 어떤 여성이 빨간 장미일 수 있느냐고 다그치는 것은 아무 소용이 없습니다. 그렇게 하면 그 시인을 궁지에 몰아넣는다는 의미에서 여러분이 이길 수는 있을 것입니다. 그러나 시인이 여러분에게 뭔가 알려 줄 것이 있다면 그런 식으로 해서는 결코 그 정보를 얻을 수 없을 것입니다. 일단 시인을 신뢰해야 합니다. 그렇게 해야만 그 시인이 믿을 만한지 아닌지 알게 됩니다. 여기서는 '나는 이해하기 위해 믿는다'[14]는 태도만이 답입니다.(이 정도 시점이면 신학적 표현이 등장해도 될 것 같습니다.)

제가 보기에 우리가 자신의 종교적 신념과 그 밖의 종교적 체험들을 표현하는 언어는 특별한 언어가 아니라 일상 언어와 시적 언어 사이의 어디쯤에 존재하는 언어입니다. 그러나 일상 언어로 일단 출발은 한다 하더라도, 엄밀한 논증을 해야 한다는 압력 하에 그것은 종종 신학적 혹은 시적 언어가 되어 버립니다. 한 가지 예를 들면 제가 이와 같은 삼분법을 사용하는 이유를 가장 잘 이해할 수 있을 것

14) 나는 이해하기 위해 믿는다*credo ut intelligam*는 캔터베리의 안셀름이, 히포의 아우구스티누스가 신앙과 이성을 연결시키기 위해 했던 말, '이해하기 위해 믿으라*crede, ut intelligas*'에 기초해서 말한 격언이다.

입니다. '나는 하나님을 믿는다'라는 말은 일상 언어라고 저는 생각합니다. 여러분이 그 말의 의미가 무엇인지 추궁하며 묻는다면 우리는 두 방향 중 하나를 택해야 할 것입니다. 우리는 "나는 비물질적 존재자를 믿는다. 그 존재는 사랑의 주체이자 객체가 될 수 있다는 의미에서 인격적이며, 그 존재에 다른 모든 존재들이 일방적으로 의존하고 있다"라고 말할 수 있습니다. 이런 말이 바로 제가 말하는 신학적 언어입니다. 물론 신학적 언어를 가장 훌륭하게 사용한 표본이라고는 할 수 없지만 말입니다. 이렇게 말할 때 우리는 종교적인 문제를, 과학적인 문제를 이야기하는 데 사용하는 형식에 최대한 가깝게 표현해 보려는 것입니다. 가르치고, 명료하게 하고, 논쟁하는 등의 목적을 위해서는 이와 같은 표현이 필요할 때가 많습니다. 그러나 그것이 종교를 자연스럽게 표현해 주는 언어는 아닙니다. 그것은 우리로서는 어떤 것보다도 구체적인 사건을 정확한, 따라서 추상적인 용어를 사용해서 표현한 것입니다. 우리가 이런 사실을 늘 온전하게 느끼는 게 아니라면, 제 생각에 그 까닭은 그와 같은 문장을 말하거나 읽는 (불신자를 포함한) 거의 모든 사람이, 자신이 다른 출처, 예를 들어 전통이나 문학 등의 출처를 통해 아는 것을 그 문장에 넣어서 이해하기 때문입니다. 그렇지 않다면 그 문장은, 한 번도 영하의 날씨를 경험해 보지 못한 사람들에게 '영하 15도다'라고 말하는 것만큼이나 아무런 정보도 전달해 주지 못합니다.

이점은 그리스도인 변증가가 처한 매우 불리한 상황이기도 합니다. 변증은 논쟁입니다. 구체성을 전해 주는 유일한 언어가 시적 언어인데 시적 표현으로는 논쟁을 할 수 없습니다. 논쟁에서는 가능한 한

정의 내릴 수 있고 명료한 용어를 사용해야 하는데, 그런 용어들은 언제나 관념적입니다. 이 말은 우리가 실제로 이야기하고 있는 것들은 결코 토론에는 등장할 수 없다는 뜻입니다. 하나님이 누구이신지를 전할 수 있는 모든 수단이 거부된 상황에서 그 하나님의 존재를 증명해야 하는 것입니다. 이것은 마치 자신이 잘 아는 친구의 성격처럼 아주 구체적인 것을 반대 신문이라는 상황에서 전달해야 하는 증인의 입장과 흡사한 면이 있습니다. 다른 상황에서라면 그는 자기 친구의 진짜 인상이 어떤지 잘 전달할 수도 있을 것입니다. 그러나 적대적인 반대 신문 상황에서는 그럴 수가 없습니다. 햄릿이 호레이시오에게 한 말을 기억할 것입니다. "호레이시오, 너는 그냥 평범한 남자 같구다." 이와 같은 말을 증인석에서는 결코 끄집어 낼 수 없는 것입니다.

이것이 우리가 "나는 하나님을 믿는다"라는 말에서 나아갈 수 있는 한 가지 방향입니다. 즉, 우리는 신학적 방향으로 나아갈 수 있습니다. 어떤 의미에서 신학적 언어는 종교와는 맞지 않으며, 종교를 왜곡하기도 하고, 정말 중요한 것들은 거의 다 생략해 버립니다. 그러나 그 모든 것에도 불구하고 때로는 성공을 거둡니다.

다른 한편으로 우리는 종교의 자연스런 경향을 따라 시적인 언어로 방향을 틀 수도 있습니다. 하나님이 무슨 뜻이냐는 질문에 여러분은 "하나님은 사랑이시다" 혹은 "하나님은 빛의 아버지시다" 혹은 "그 빛 아래 영원한 힘이 있다"라고도 답할 수 있습니다. 앞에서 제가 이야기한 것으로 미루어 여러분은 제가 이러한 시적 표현을 단순한 감정 표현으로 보지 않는다는 것을 이해할 것입니다. 물론 이런 말들은 그것을 내뱉는 사람이 누구든 그 사람 내면의 감정을 표현하고,

믿는 마음으로 그 말을 듣는 사람에게는 감정을 불러일으킵니다. 하지만 "50개의 러시아 사단이 오늘 아침 영국 남부에 상륙했다"는 문장도 마찬가지 구실을 할 것입니다. 중대한 사건은 그것을 믿는 사람에게는 어떤 형식의 언어로 전달되건 감정을 불러일으킵니다. 더 나아가 이런 진술들은 번즈가 장미에 대한 우리의 감정을 이용하듯 감정을 이용합니다. 제가 보기에 이 모든 예는 시적 언어가 본질적으로 정보를 전달한다는 사실과 일맥상통합니다. 물론 그것을 일단 믿는 마음으로 받아들이는 사람에게만 정보가 될 것입니다.

이와 같은 시적 표현의 필요성은 그러한 시적 표현을 믿게 되는 근거와 밀접한 연관이 있습니다. 그 근거는 일반적으로 두 가지인데, 바로 권위와 종교적 체험입니다.

그리스도인들이 예수 그리스도를 하나님의 아들로 믿는 이유는 예수님이 그렇게 말씀하셨기 때문입니다. 예수님에 대한 또 다른 증거가 예수님이 정신이상자도 사기꾼도 아니라는 것을 그들에게 확신시켜 주었습니다. 물론 예수님이 하나님의 아들이라는 이 진술이, 예수님과 하나님이, 동물의 세계에서 자식과 아버지가 맺는 육체적이고 세속적인 관계와 똑같은 관계를 맺고 있다는 뜻은 아닙니다. 그렇다면 그것은 시적인 진술입니다. 그리고 그와 같은 표현이 여기서 필요한데, 그것은 예수님이 이야기한 실재가 우리의 경험을 넘어선 것이기 때문입니다. 여기서 다시 한 번 종교적인 진행 방향과 신학적인 진행 방향이 갈립니다. 신학자는 그것을 '유추'라고 설명함으로써, 우리의 생각이 시의 작업 도구인 상상력과 감정을 미묘하고도 민감하게 이용하는 것에서 일순간 벗어나, 강의실에서 행해지는 명쾌하지만 서툰 논리로 향하게 합니다. 그는 아버지와 아들의 관계를 실재와 비교할 때 어떤 면에서 유추가 될 수 없는지까지도 설명할 것입니다. 그렇게 배제함으로써 그것이 유추가 되는 지점을 찾아가기를 희망하면서 말입니다. 그는 등불과 거기서 흘러나오는 빛 등, 자신이 생각해 낸 다른 유추도 덧붙일 수 있습니다. 이 모든 것은 특정 목적을 위해서는 피할 수가 없고 필요하기도 합니다. 그러나 거기에는 사장될 수밖에 없는 요소들이 있습니다. "예수 그리스도는 하나님의 아들이다"라는 문장은 "예수님과 하나님 사이에는 동질성이 포함된, 비대칭적이고 사회적이며 조화로운 관계가 있다"라는 언어 형식에 모두 담길 수가 없습니다. 종교는 그 문장을 다르게 취급합니다. 좋은 아들이자 좋은 아버지인 어떤 남자가 있다고 합시다. 그는 성부와 성자에 대한 묵상을 통해 더 좋은 아들과 더 좋은 아버지가 되도록 계속 마음을 다잡게 되며, 그리하여 결국 성부와 성자의 관계를 인간인 자기 자신의 아들 됨과 아버지 됨의 규범으로 삼게 됩니다. 물론 그 규범에 대해 그 사람의 아들 됨과 아버지 됨은 여전히 유추 관계만 있을 뿐이지만 말입니다. 이런 사람이 바로 그 계시를 가장 제대로 받아들이는 사람입니다. 그런 사람에게 "~은 하나님의 아들이다"라는 문장 형식이 어떤 알 수 없는 X는 어떤 알 수 없는 측면에서 아버지와 아들의 관계와 '같다'는 것을 말하는 거라고 알려 주는 것은 쓸모없는 일입니다. 그 사람은 그 진술을 일단 믿고 받아들였습니다. 그에게 정보가 주어진 것인데, 제가 보기에 그것은 정보가 주어지는 유일한 길입니다.

두 번째로, 종교적 체험이 있습니다. 종교적 체험은 신자가 예배,

용서, 유기遺棄, 신의 도움 등에서 겪는 가장 평범한 체험에서 신비가들의 아주 특별한 체험에 이르기까지 다양합니다. 그와 같은 경험을 통해 자신이 믿는 교의가 입증되는 것을(혹은 때로는 반증되는 것을) 보게 된다고 그리스도인들은 생각합니다. 그런 체험은 시적 언어의 성질을 어느 정도 공유하는 언어로밖에는 서로에게 전달될 수 없으며, 특히나 불신자에게는 더욱 그렇습니다. 그래서 어떤 사람들은 종교적 체험이 감정에 불과하다고 생각합니다. 시적 언어는 순전히 감정적일 뿐이라는 관점을 받아들이는 사람이라면, 시적 언어로만 표현될 수 있는 것들은 감정일 수밖에 없다고 생각하는 것이 당연합니다. 그러나 시적 언어를 감정적 언어와 같은 것으로 보지 않는다면, 이 문제는 계속 논의할 여지가 있습니다.

제가 보기에는, 일반적으로 우리의 체험은 정확하고, 문자적인 언어로 전달될 수 있는데 그렇게 할 수 없는 특별한 종류의 체험(예를 들어, 감정)도 있다고 생각하는 것은 오류입니다. 오히려 그 반대가 맞는 것 같습니다. 시적 언어를 사용하지 않고도 전달할 수 있는 특별한 영역의 체험이 있습니다. '측정 가능한 공통된 특징'이 있는 특정 체험은 그렇게 할 수 있습니다. 그러나 대부분의 체험들은 그렇게 할 수 없습니다. 과학적 언어로 전달될 수 없는 것이, 제가 판단하건대 체험의 정상적 상태입니다. 우리의 모든 감각적 체험들이 바로 그런 상태에 있습니다. 그러나 우리가 공통된 체험이 많고 따라서 힌트만 주어도 무엇을 말하려는지 모두가 이해하다 보니 우리는 그 사실을 잘 깨닫지 못합니다. 그러나 만약 여러분이 의사에게 특이한 감각을 설명해야 한다면, 앞에서 예로 든 아시아의 마법에 걸린 배와

(본질적으로) 같은 성질의 힌트를 사용할 수밖에 없음을 곧 알게 될 것입니다. 자신을 찾아온 병사가 꾀병을 부리진 않을까 하는 군의관 앞에서 그 병사는 곧 더듬거리거나 앞뒤가 안 맞는 말밖에 못하게 될 것입니다. 그러나 혹시라도 그 병사가 꾀병을 부린 게 아니라면 그 의사는 아주 흥미로운 증상이었을 수도 있을 그 병세에 대해 아무런 지식도 얻지 못하게 됩니다.

그러나 제가 앞서 주장한 것처럼, 감각 (그리고 물론 감정) 외에 이와 같은 범주에 있는 다른 경험들이 실제로 있을까요? 저는 있다고 생각합니다. 그러나 솔직히 말해서 지금 저는 저 스스로를 그야말로 궁지에 몰아넣고 있습니다. 제가 뜻하는 바를 명쾌하게 설명해 내지 못할 거라는 확신마저 들지만, 그래도 시도는 해봐야겠습니다.

상상한다는 것은 정신적인 이미지를 갖는다는 것 이상의 의미가 있는 듯합니다. 내가 (예를 들어, 전쟁터에 나간 햄릿이나 북극으로 가는 헤라클레스의 여정 같은) 상상을 할 때, 내 생각 속에서는 이미지들이 떠오릅니다. 그 이미지들은 빠르게 나타났다 사라지면서 내가 진짜로 상상이라고 생각하는 것들을 형성하도록 돕습니다. 내가 그 모든 것을 일시적인 대용품으로 여기고 그것이 자신의 (일시적인) 몫을 다했으면 바로 버려야만 진짜 상상입니다. 그중에 어떤 것이라도 정지되거나 너무 명확해지거나 충만해지면 제대로 된 상상을 할 수 없습니다. 지나치게 생생한 시각적 상상력은 독자에게든 작가에게든 독입니다. 너무 정교하고 실물 같은 장난감이 아이들의 놀이를 망치는 것처럼 말입니다. 어원학상의 의미에서 볼 때 그것은 상상력의 찌꺼기입니다. 용광로의 용재鎔滓에 불과한 것입니다. 마찬가지로 사고思考란,

논쟁에서 자신의 '생각'을 남에게 성공적으로 제시할 때 사용하는 연결된 개념의 연속체가 아닌 다른 무엇인 듯합니다. 제게는 그것이 늘 앞서 일어난 활동에 대한 일종의 해석처럼 여겨집니다. 그런데 실제로 우리가 그와 같은 개념과 연결을 찾게 해준 것은 바로 앞서 일어난 그 활동뿐입니다. 그러한 개념과 연결을 찾을 가능성은 앞서 일어난 활동의 가치를 시험해 보는 좋은 실험이 될 수 있습니다. 사실상 그것은 우리가 할 수 있는 유일한 실험입니다. 자기 안에 값진 사상들이 있는데 (불행히도) 그것을 끄집어 낼 수 없다는 착각에 빠지는 것은 위험합니다. 하지만 어쩌면 내가 아닌 다른 사람의 경우—그럴 때 나는 중립적인 위치에 있게 되는데—에는, 그 사람이 논쟁에 익숙지 않아 논점을 다루는 방식은 서툴지만 그의 사상은 아마 그의 논쟁 방식보다는 나은, 현명한 사람일 거라고 생각하는 것이 그리 틀리지는 않을 것입니다. 만약 그런 사람에게 도움을 주자 그가 "그래 맞아! 바로 그거야. 내가 정말 하려던 말이 바로 그거야"라고 한다면, 그를 늘 위선자라고 할 수는 없을 것입니다.

끝으로, 우리의 모든 종교적, 심미적, 혹은 자연적 기쁨과 슬픔도 마찬가지라고 저는 (매우 강하게) 생각합니다. 그것은 전부 무엇에 대한 것이며, (논리적으로 볼 때) 앞서 행해진, 무엇인가에 주의를 기울인 attending to 혹은 무엇인가를 향해 바라본looking towards 행위의 부산물입니다.[15] 우리가 정말 관심을 갖는 것은 감정이 아닙니다. 감정은 다

15) 여기서 '향해 바라본'이 '주의를 기울인'보다 더 혹은 덜 비유적일 이유는 없지요.—저자.

른 무엇에 대한 우리의 관심 그 자체입니다.

어떤 어머니가 전쟁터에 나가 있는 아들 때문에 불안해한다고 합시다. 그 어머니의 불안을 없애 줄 수 있는 약이나 최면술이나 마법을 그 어머니에게 제시하는 것은 아무 소용이 없습니다. 그 어머니가 원하는 것은 불안을 없애는 것이 아니라 아들의 안전입니다.(전반적으로 그렇다는 말입니다. 특히나 불안해서 잠이 오지 않는 어떤 밤에는 누군가 제공한 마술이 분명 고맙기도 할 것입니다.) 만약 그 어머니의 아들이 전사했다면, 그 어머니가 아무런 슬픔도 느끼지 못하게 해주는 마술을 제시하는 것도 아무 소용이 없습니다. 그 어머니가 두려워하는 것은 슬픔이 아니라 아들의 죽음이기 때문입니다. 마찬가지로, 내가 〈마술 피리〉 서곡을 처음 들었을 때 느낀 감정을 다시 느끼게 해줄 약을 나에게 주는 것도 아무 소용이 없습니다. 횡경막이 움찔했던 그 감정은, 그 자체로는 나에게는 매우 평범한 관심거리밖에 되지 못합니다. 그 감정이 가치 있는 것은 그 감정을 불러일으킨 바로 그것 때문입니다. 그리스도인의 체험도 마찬가지입니다. 우리가 회개할 때 슬픔을 느끼고 경배할 때 기쁨을 느끼는 것은 당연합니다. 그러나 그것은 특정 대상에게 주의를 기울여서 생긴 부산물입니다.

만약 제가 뜻하는 바를 조금이라도 명쾌하게 설명했다면 (그러나 아마 그렇게 하지 못했을 것입니다) 여러분은 제가 어떤 결론에 도달했는지 알 것입니다. 매일매일, 하루 종일 의식적인 존재로서 우리 인생의 핵심을 구성하는 그, 무엇은 힌트나 직유, 은유, 그리고 감정의 표현을 통해서밖에는 전달할 수 없습니다. 이 감정은 그것 자체로는 별로 중요하지 않으며 그것을 불러일으킨 그 무엇을 지시할 뿐입니다.

심리학자들이 알고 있는 무의식에 대해 이야기하는 것이 결코 아닙니다. 제가 말하는 이 영역은, 많은 사람의 경우, 비록 온전히 성찰될 수는 없지만 결코 무의식적이지는 않습니다. 제가 '많은 사람의 경우'라고 했는데, 때로는 그런 사람들이 끝까지 살아남을 수 있을지 의문을 갖게 됩니다. 진화는 아직 끝나지 않았는지도 모릅니다. 그리고 진화에서는 어떤 종이 새로운 능력을 습득하는 것만큼이나 이전의 능력을 (새로운 것을 습득하기 위해서일 수도 있지만) 잃을 수도 있습니다. 상상력이란 정신적 이미지의 현존을 의미할 뿐이라고 생각하는 사람들이 있는 것 같습니다.(라일 교수[16]처럼 심지어 그런 사실마저 부인하는 사람도 있습니다.) 생각이란 말로 내뱉지 않은 무엇에 불과하다고 보는 사람들, 감정은 감정 자체로 궁극적이며 감정과 그 감정을 일으킨 것은 별개라고 생각하는 사람들이 있습니다. 만약 그렇다면, 그리고 그런 사람들이 늘어난다면, 그런 사람들과 그들 이전에 존재하던 부류의 사람들 사이에는 진정한 의사소통이 불가능하게 될 것입니다.

이와 비슷한 일이 이미 일어나고 있는지도 모릅니다. 웰스의 《눈먼 이들의 나라*Country of the Blind*》를 기억합니까? 그곳에 사는 사람들은 남자들인데, 시각 능력을 갖춘 선조들의 자손임이 분명합니다. 수 세기에 걸쳐 시력 감퇴 현상이 차츰 일어나면서 종족 전체에 퍼졌을 것입니다. 그러나 그 어느 때라도, 그 과정이 다 진행되기 전까지

---

16) Gilbert Ryle, 1900~1976년. 옥스퍼드 대학의 형이상학 철학 교수였다.

는, 모든 개인에게 (아마도) 같은 속도로 시력 상실이 진행되지는 않았을 것입니다. 이와 같은 중간기에는 매우 흥미로운 언어학적 상황이 발생했을 것입니다. 그들은 시력을 잃지 않았던 선조로부터 모든 시각 관련 용어를 물려받았을 것입니다. 색채의 이름, '보다', '응시하다', '어둡다', '밝다' 등과 같은 단어들을 말입니다. 그 단어들을 지금 우리가 사용하는 것과 같은 의미로 여전히 사용하는 사람들이 있었을 것입니다. 초록색 잔디를 보고 새벽에 밝아 오는 빛을 감지하는 고전적 부류의 사람들 말입니다. 또 어떤 사람들은 시력의 희미한 자취만 있어서, 분명하게 식별할 수 없을 정도로 미미한 감각을 설명하기 위해 그와 같은 단어를 사용했을 것이고, 그 의미도 갈수록 모호해졌을 것입니다.(그것을 외부에 존재하는 어떤 사물이 아니라 자기 눈동자의 감각이라고 생각하게 되는 순간이 중요한 전환점이 될 것입니다.) 그리고 완전히 시력을 잃어버린 셋째 부류의 사람들이 있을 것입니다. 그들에게 '보다see'는 '이해하다understand'의 동의어이고, '어둡다dark'는 '어렵다difficult'의 동의어일 뿐입니다. 그런데 이 부류의 사람들이 선구자들이고 미래는 그들 손에 달려 있다고 한다면, 아직까지 시력이 있는 고전적 부류의 사람들에게 아주 조금만 반대 신문을 해보아도, 옛날에 사용하던 시각적 단어에 다른 의미를 부여하려는 그 고전적 부류들의 시도는 모호하고 감정적인 언어 사용일 뿐이요 범주적 오류일 뿐이라고 그들은 확신하게 될 것입니다. 욥이 "내가……이제는 눈으로 주를 뵈옵나이다. 그러므로 내가 스스로 거두어들이고 티끌과 재 가운데에서 회개하나이다"[17]라고 한 말은 감정의 표현에 불과하며 그럴 수밖에 없다고 확신하는 오늘날의 많은 사람들처럼 그들은

확신할 것입니다.[18]

저는 그런 생각들이 언뜻언뜻 떠오릅니다. 하지만 이 주제 전체에 대해 의심스러운 부분이 많고, 제가 말한 모든 것은 시험적인 것에 불과합니다. 이것은 변증이 아니라는 점도 지적하는 게 좋겠습니다. 저는 종교적인 말이 사실이라는 점을 증명하려던 것이 아니라, 의미 있는 말이라는 점을 증명하려 했을 뿐입니다. 만약 호감을 가지고, 의미를 찾으려는 준비된 마음으로 그것을 접한다면 말입니다. 혹이라도 그 말에 실재에 대한 정보가 있다면 다른 방법으로는 그것을 얻을 수 없을 것이기 때문입니다. 증거에 대해 말하자면, 저는 때로 존재론적 신 존재 증명 자체가 개념이나 말로 담아낼 수 없는 어떤 체험을 부분적으로 해석해 내지 못해서 생겨난 것은 아닌가 싶습니다. 완전한 존재의 개념으로부터 완전한 존재의 존재를 주장하는 것은 애초부터 안 될 일이라고 저는 생각합니다. 혹시 존재론적 신 존재 증명을 펼친 이들이 실은 속으로는 어떤 영광스러운 존재를 체험하고, 그 체험을 근거로 그런 존재가 주관적으로 만들어 낸 것일 리 없다는 주장을 내세운 것 아닐까요?

---

17) 욥 42:5-6.

18) 이것과 같은 주제를 흥미롭게 변화시켜 다룬 글을 루이스의 시 'The Country of the Blind'에서 볼 수 있다. *Poems*, ed. Walter Hooper, (Bles, 1964), pp. 33~34.—편집자.

12 청원 기도: 해답 없는 문제

오늘 여러분께 내놓는 문제는 기도 전반에 대한 것이 아니라 요청이나 간청이 들어 있는 기도에만 국한된 것입니다. 그러니까 그것 말고 다른 종류의 기도도 많고 그중에는 어쩌면 더 수준 높은 기도도 있다는 점을 지적해서 제 문제의 해결을 도우려는 사람이 아무도 없기를 바랍니다. 그러한 다른 기도들이 있다는 데는 저도 동의합니다. 그러나 여기서 제가 청원 기도에만 논의를 한정하는 이유는 그 기도가 기도의 유일한 형태이거나, 최선의 형태이거나, 가장 기도다운 기도여서가 아니라, 문제를 제기케 하는 기도 형태이기 때문입니다. 기도 생활에서 우리가 청원 기도에 얼마나 낮은 지위를 부여하건 그것을 아예 거부할 수는 없습니다. 그렇지 않으면 우리는 일용할 양식을 위해 기도하라고 가르치신 주님의 교훈을 저버리는 것이고, 이 잔을 지나가게 해달라고 기도하심으로써 우리 주님이 몸소 청원 기도를 하신 사실을 부정하는 것이 됩니다. 그리고 청원 기도가 어떤 자리든 일단 기도에서 한자리를 차지하고 있는 한, 저는 이 문제를 생각해 보지 않을 수 없습니다.

이 문제가 어디서 비롯되지 '않는지'부터 우선 분명히 해야겠습니다. 저는 불신자들이 때로 하나님께 간청한다는 개념 자체에 제기하는 난점에는 전혀 관심이 없습니다. 절대 지혜는 우리의 요구가 무엇인지 듣지 않아도 알 것이라거나, 절대 선은 자비를 베풀라 하지 않아도 자비를 베푼다거나, 불변하고 감정에 좌우되지 않는[1] 존재는 우리의 영향을 받지 않는다는, 그러니까 하나님과 우리의 관계가, 우리는 능동적으로 요청하고 하나님은 수동적으로 거기에 응하는 관계일 수 없다는 등의 근거에서 불신자들은 문제를 제기합니다. 이 모든 난제들은 분명 진지하게 토론할 가치가 충분한 것들이지만, 이 자리에서 논의하지는 않겠습니다. 게다가 여기서 왜 어떤 간청은, 심지어 거룩한 사람의 열렬한 간청마저도 이루어지지 않는지는 더더군다나 묻지 않겠습니다. 그 문제는 원칙적으로는 제게 전혀 어려운 문제가 아닙니다. 무지한 자가 순진하게 요청하는 것을 지혜 있는 자가 때로 거절할 수밖에 없다는 것은 자명한 사실로 보입니다.

저의 문제는 한 가지 사실, 그것도 단 하나의 사실에서 비롯합니다. 즉, 기독교는 얼핏 보면 조화되지 않는 서로 다른 두 유형의 청원 기도를 다 가르치는 것 같다는 사실입니다. 두 기도의 신학적 함의도 조화되지 않겠지만, 제가 아는 한 누구도 두 유형의 기도를 동시에 할 수 없다는 실제적인 의미에서 그 모순은 훨씬 명백하고 무시할

1) impassible. 고통과 같은 감정에 좌우되거나 수동적으로 반응하지 않는 신의 속성.

수 없는 것입니다. 저는 그것을 유형 A와 유형 B라고 부르겠습니다.

유형 A는 우리 주님이 직접 가르쳐 주신 기도에 나옵니다. "주님의 뜻이 이루어지이다"라는 문구는 성격상 뒤에 이어지는 청원을 제한합니다. 이 위대한 복종의 그림자(아니, 그보다는 오히려 빛이라고 하는 게 좋겠습니다) 아래서는 조건적으로만, 그러니까 그 기도가 이루어지는 것이 하나님의 뜻과 일치하는 선에서만 뭔가를 간구할 수 있습니다. 물론 "주님의 뜻이 이루어지이다"라는 말이 단순한 복종의 의미라는 말은 아닙니다. 그것은 기쁘게 열망하는desire 목소리, 배고픔과 목마름으로부터 자유로운 열망의 목소리여야 하며, 우리가 계속 성장한다면 그 기도는 갈수록 더 많이 그러한 기쁨의 소리가 될 것입니다. 그것을 단순한 복종의 문구나 단념의 문구로 취급하면 그 기도가 참으로 빈약한 것이 된다고 저는 강하게 주장합니다. 그러나 또 한편으로는, 그 기도가 체념이나 복종의 의미보다 훨씬 낫고 풍부한 의미의 기도여야 하기는 하지만, 그렇다고 해서 그런 복종에 미치지 못하는 기도가 되어서도 안 됩니다. 최소한 복종의 기도 정도는 되어야 합니다. 그렇기 때문에 그 기도는 이어지는 모든 문구의 대전제가 됩니다. 패턴 A의 또 다른 예는 겟세마네에서 우리 주님이 몸소 보여 주신 바 있습니다. 특별한 사건을 요청하시면서 주님은 "그러나 내 뜻대로 하지 마시고 아버지 뜻대로 하십시오"라는 단서를 다셨습니다.

이 본문들로 볼 때, 우리 주님의 명령으로 보나 모범으로 보나 모든 청원 기도는 이와 같은 조건부의 형태로 드려야 할 것 같습니다. 지혜로우신 하나님이 우리가 구하는 것을 주시는 것이 마땅하지 않다고 보실 수도 있음을 잘 알고, 따라서 거절당할 가능성에 우리의 의지를 미리 굴복시키며, 그렇게 거절당해도 그것이 전적으로 합당하고, 자비롭고, 유익하다는 것을 결국 알게 되리라는 점을 충분히 인식하고 그러한 기도를 해야 할 것 같습니다. 제가 보기에 대부분의 사람들이 이런 식으로 기도하려고 애쓰며, 대부분의 영적 지도자들이 우리에게 이렇게 기도하라고 가르칩니다. 이와 같은 기도의 유형 A에 저 자신은 전적으로 만족합니다. 이것은 저의 가슴과 머리 모두와 일치하는 기도입니다. 여기에는 아무런 이론적 난점이 없습니다. 저의 반항적인 의지와 변덕스런 소망과 두려움 때문에 이것을 실천하는 데는 꽤 많은 어려움이 따르리라는 것은 분명합니다. 그러나 지적인 이해 차원에서는 아무 문제가 없습니다. 가는 길은 쉽지 않을 수 있겠지만 일단 지도는 분명합니다.

기도 유형 A에서는 간청하는 사람이 하나님의 존재, 선함, 그리고 지혜에 대해 어떤 믿음을 갖고 있건, 자신이 요구하는 특정한 것을 하나님이 주시리라는 확실하고도 흔들리지 않는 믿음만큼은 결코 갖고 있지 않다는 것을, 그 기도의 성격상 그럴 수밖에 없다는 것을 여러분도 눈치챌 것입니다. 겟세마네에서 우리 주님이 이 잔을 치워 달라고 청했을 때 그분의 말에는 그 잔이 그렇게 치워질 것이라는 확신이나 간절한 기대가 암시되기는커녕, 오히려 그것이 치워지지 않을 가능성이 암시되고 있습니다. 그 가능성, 그 개연성은 너무도 완벽하게 예견되어 그 사건에 복종할 준비를 이미 하고 계시는 듯한 인상입니다.

제가 보기에 여기서 우리는 그 기도를 드리신 존재의 유일무이

하고 거룩한 인격 때문에 거론되는 특별한 문제들에 신경 쓸 필요가 없습니다. 우리가 그분의 모범을 따라 기도해야 한다면, 어떤 의미에서는 믿음을 가지고 기도해야 하지만, 우리가 구하는 것을 받으리라는 확신으로 기도해서는 안 된다는 사실을 지적하는 것으로 충분합니다. 우리가 구한 것을 받으리라는 진정한 확신은 거절당할 가능성에 대비한 만반의 준비와는 공존할 수 없기 때문입니다. 불가능하다고 생각하는 일에 대비해 만반의 준비를 하는 사람은 없습니다. 그리고 거절이 불가능하다고 생각하지 않는 한, 어떻게 우리의 기도가 확실히 이루어진다고 믿을 수 있겠습니까?

다시 한 번 말하지만 이것이 우리가 가진 유일한 기도 형태라면 저는 퍽 만족스러울 것입니다. 우리에게 요구되는 믿음이 늘 하나님의 선함에 대한 믿음이라면, 기도가 이루어지건 이루어지지 않건 하나님은 동일하게 우리에게 가장 좋은 것을 주신다는 믿음이라면, 그리고 우리가 구하는 바로 그것을 주신다는 믿음이 결코 아니라면 아무 문제가 없을 것입니다. 정말이지 그와 같은 복종하는 믿음은 제가 보기에, 제 방식대로만 생각한다면, 필연적으로 무지할 수밖에 없는 우리의 간청대로 이루어질 것이라는 확신보다 훨씬 낫습니다. 지혜로운 이교도들이 두려워해야 했던 그 잔인한 자비—악한 신들에 의해 응답된 기도들[2]—로부터 우리가 안전하다는 것에 저는 감사할

2) *numinibus vota exaudita malignis.* 악한 신이 어리석은 인간의 바람을 듣고 그들의 소원을 들어줌으로써 그들에게 벌을 주는 것.

것입니다. 제가 했던 특정 기도들이 이루어지지 않아 다행이라고 저는 종종 생각할 수밖에 없습니다.

그런데 실제 상황은 그렇지 않습니다. 유형 A에 맞서서 유형 B가 버티고 있습니다. 신약성경에서 우리는, 제가 앞에서 설명한 일반적이고 (제가 보기에) 영적인 의미의 믿음을 요구하는 것이 아니라, 그것보다 훨씬 특수하고 (제가 보기에) 투박한 종류의 믿음을 요구하는 경우가 거듭 나타나는 것을 보게 됩니다. 간구하는 사람이 구하는 바로 그것이 그에게 주어질 것이라는 믿음 말입니다. 그것은 마치 하나님이 겟세마네에서 당신 아들이 갖지 않았던 믿음, 만약 그 믿음을 가졌더라면 잘못된 믿음이었을 그러한 믿음을 우리에게 요구하시는 것 같습니다.

첫 번째로 떠오르는 것은 물론, 우리 주님이 병을 치유해 주신 사람들에게는 믿음이 요구되었다는 것을 보여 주는 여러 본문들입니다. 그중 일부는 현재 우리가 논의하고 있는 문제와 관련해서는 다소 모호할 수도 있습니다. 따라서 마태복음 9장 22절에서 예수님이 혈루증을 앓는 여인을 향해 "네 믿음이 너를 구원하였다"고 하던 말씀을 어떤 사람들은 신학적 명제가 아닌 의학적 명제로 해석할 것입니다. 그 여인은 자기 암시로 치료 받은 것이라고 말입니다. 그런 관점에서 보자면 아무 부적이나 가짜 처방에 대한 믿음도 그리스도에 대한 믿음만큼이나 효과가 있었을 것입니다. 물론 그런 종류의 믿음까지도 불러일으키시는 그리스도의 능력은 결국 신학적 함의가 있는 것으로 볼 수 있기도 하겠지만 말입니다. 그러나 그와 같은 관점은 모든 경우에 해당하진 않기 때문에, 이론 체계는 간결할수록 좋다는 원칙상 여기서는 다루지 않는 것이 좋겠습니다. 게다가 믿음이, 말하자면 대리 믿음인 경우에까지 그러한 의학적 명제를 적용하는 데는 무리가 있습니다. 병든 종의 경우(마태복음 8장 13절) 본인이 아니라 그의 주인인 백부장에게 믿음이 있었으며, 가나안 여인의 아이는 어머니의 믿음에 치유가 달려 있었습니다.

문제의 믿음이 특정한 치유가 이루어질 것에 대한 믿음이 아니라, 그리스도의 인격 자체에 대한 더 깊고 포괄적인 믿음인 경우가 있다고 주장할 수도 있습니다. 간구하는 사람들이 그리스도의 신성을 믿었으리라 생각할 수 없는 것은 당연하지만, 그들이 그분의 거룩한 성품, 적어도 그분의 신비로운 성품은 인식하고 받아들였을 것이라는 가정은 할 수 있습니다. 이런 관점은 일리가 있다고 저는 생각합니다. 그러나 때로는 믿음이 특정한 선물을 받는 것과 분명하게 결부되어 있는 것처럼 보이기도 합니다. 그래서 마태복음 9장 28절에서는 앞을 보지 못하는 사람이 "네가 나를 믿느냐?"라는 질문을 받은 것이 아니라 "내가 능히 이 일을 할 줄을 믿느냐?"라는 질문을 받았습니다. 하지만 여기서도 예수님이 하신 말씀은 '내가 할 수 있다고'이지 '내가 할 뜻이 있다고'가 아니기 때문에 이 예도 그냥 넘어갈 수 있을 것입니다. 그러나 마태복음 14장 31절에서 베드로가 믿음을 잃고 바다에 빠졌기 때문에 "믿음이 적은 자여*ὀλιγόπιστε*"라고 불린 경우에 대해서는 어떻게 생각해야 합니까? 이 시점에서 물 위를 걷는 사건을 역사적인 사건으로 받아들이는 데 제가 아무런 어려움도 느끼지 못한다는 말을 하는 것이 좋겠습니다. 사람들이 '자연의' 기적과 다른 종류의 기적을 구분하는 이유는, 대부분의 사람들이 중력보다는 병리학이나 심리학에 대해 아는 것이 더 적기 때문일 거라고 생각합니다. 우리가 모든 것을 안다면, 하나님이 제게 암시해 주는 단 하나의 새로운 생각이, 폭풍을 잠잠케 하거나 오천 명을 먹이는 것과 별 차이 없는 '자연의' 기적으로 보일 것입니다. 하지만 여기서 제가 제기하고 싶은 문제는 그것이 아닙니다. 저는 "믿음이 적은 자여"라는 말의 함의에만 관심이 있습니다. 왜냐하면 베드로가 하나님의 선함과 능력을 알고 그리스도의 신성까지 믿었겠지만 자신이 계속 물 위를 걸을 수 있는지는 전혀 확신하지 못했음을 보여 주는 듯하기 때문입니다. 이 경우 그의 믿음은 그에게 자신이 물 위를 걷건 물 속에 가라앉건 동일하게 하나님의 손에 있다는 것을 분명히 알려 주었을 것입니다. 그는 겟세마네에서의 기도의 정신에 따라 자신을 복종시키면서 자신이 살든 죽든 하나님을 영화롭게 할 준비를 부족하나마 했을 것이며, 그렇게 하지 못한다면 그것은 (어떤 의미에서든) 믿음이 부족해서가 아니라 본능을 제대로 억제하지 못했기 때문이었을 것입니다. 그렇다면 그가 부족하다고 지적 받은 그 믿음은 그 특정 사건에서의 믿음, 즉 계속 물 위를 걷는 것에 대한 믿음을 말하는 것이 틀림없습니다.

그러나 이 모든 예들은 엄격한 의미에서 기도의 예라고 할 수 없다는 점에서 배제할 수 있습니다. 그렇다면 기도의 예가 되는 것들을 한번 살펴봅시다.

여러분이 여기서 마태복음 21장 21절을 포함시키는 것에 동의할지 모르겠습니다. 그 본문에서 우리 주님은 "만일 너희가 믿음이 있고 의심하지 아니하면ἐὰν ἔχητε πίστιν καὶ μὴ διακριθῆτε……이 산더러 들려 바다에 던져지라 하여도 될 것이요"라고 말씀하십니다. 육신의 출생으로 따지자면 우리 주님은 동양인이셨고 동양인들은 과장법을 사용한다는 사실을 우리에게 진지하게 상기시키면서 그것으로 이 본문의 문제는 해결되었다고 생각하는 사람이 없기를 바랍니다. 동양인은 물론 서양인도 과장법을 사용하며, 우리 주님의 말씀을 그 자리에서 들은 사람들도 그 말의 의미를, 지형을 바꾸어 버리는 장난의 소지가 다분한 일이 믿음을 실현하는 일상적이거나 건설적인 일이라는 뜻으로 받아들이지는 않았을 것입니다.

하지만 제정신인 사람이 과장법을 사용할 때는 이유가 있는 법입니다. (문자적으로는 사실이 아니지만) 어떤 대단한 사건을 들먹임으로써 실제로 어떤 대단한 일을 암시하는 것입니다. 가슴이 찢어지는 것 같았다고 말하는 사람은 실제로 그의 특정 신체 기관이 파열되었다는 것이 아니라, 문제의 그가 심각한 고통 속에 빠져 있다고 말하는 것입니다. "그 사람이 좀 우울하다"는 말을 하려고 "그의 가슴이 찢어지는 것 같았다"라고 말할 사람은 허풍쟁이밖에 없습니다. 동양인이라는 사실만으로 모든 동양인이 허풍쟁이라고 운명지어진다면(물론 이것도 사실은 아니지만) 진리 자체이신 분, 하나님 아버지의 지혜이신 그분이 동양인의 인성과 결합되지 않았을 것이며, 그렇게 될 수도 없었을 것입니다.(이 점은 따로 지적할 만합니다. 어떤 사람들은 하나님이 성육신의 시기와 장소를 매우 지각 없이 선택했다는 말을 하고 싶어서 우리 주님의 말씀이 지닌 지역적이고 일시적인 조건들을 문제 삼습니다.) 주께서 산을 옮기는 일에 대해 하신 말씀이 문자적으로 사실일 필요는 없습니다. 하지만 그 말씀이 적어도 어떤 위대한 일을 하는 것을 의미하는 것임은 분명합니다. 여기서 요지는, 그와 같은 위대한 일을 하기 위한 조건이 흔들리지 않고 주저하지 않는 믿음이라는 것입니다. 실제로 예수님은 바로 뒤에 이어서 아무런 비유법도 사용하시지 않은 채 똑같은 말씀을 하십니다. "너희가 기도할 때에 무엇이든지 믿고 구하는 것은 다 받으리라 *πάντα ὅσα ἂν αἰτήσητε ἐν τῇ προσευχῇ πιστεύοντες λήψεσθε.*"[3)]

여기서 피스튜온테스 *πιστεύοντες*[4)]를 '하나님의 능력과 선함에 대해 전반적인 믿음이 있는'으로 해석할 수 있을까요? 그렇게 할 수는 없습니다. 이 본문에 상응하는 마가복음의 본문은,[5)] 이 문제에 새로운 어려움을 더해 주기는 하지만, 적어도 이 점만큼은 당혹스러울 정도로 분명하게 밝혀 줍니다. 여기 나오는 말은 "너희가 기도하고 간청하는 모든 것들을 받으리라고 믿어라. 그러면 그것들이 너희에게 있게 되리라 *πάντα ὅσα προσεύχεσθε καὶ αἰτεῖσθε πιστεύετε ὅτι ἐλάβετε καὶ ἔσται ὑμῖν*"입니다. 이 문장의 시제는 현재 혹은 (더 어렵게는) 단순 과거인데, 이 시제 문제도 참으로 난감합니다. 그 두 가지 시제가 각각 아람어로는 무엇을 의미하는지 누군가가 설명해 줄 수 있으면 좋겠습니다. 그러나 우리가 믿어야 하는 내용이 우리가 구하는 '모든 것'을 얻게 되리라는 사실인 점만은 의심의 여지 없이 분명합니다. 우리는 자신

---

3) 마태복음 21장 22절.—편집자.

4) believing, 믿고 있는 혹은 믿는 자들. 복수형 주격. 여기서는 주격 보어.

5) 마가복음 11장 23-24절, "내가 진실로 너희에게 이르노니 누구든지 이 산더러 들리어 바다에 던져지라 하며 그 말하는 것이 이루어질 줄 믿고 마음에 의심하지 아니하면 그대로 되리라. 그러므로 내가 너희에게 말하노니 무엇이든지 기도하고 구하는 것은 받은 줄로 믿으라. 그리하면 너희에게 그대로 되리라."—편집자.

이 구하는 것이나 그보다 훨씬 좋은 것을 받으리라고 믿어서는 안 되고, 우리가 구하는 바로 그것을 받게 될 거라고 믿어야 합니다. 그것은 자신이 구하는 그 일에 대한 흔들리지 않는 믿음, 성공이 약속된 믿음입니다.

이처럼 놀라운—저의 자연스런 감정으로는 심지어 충격적인—약속이 다른 곳에서 반복되는데, 거기에는 현재 이 논의의 목적에 도움이 될 수도 있고 그렇지 않을 수도 있는 내용이 덧붙여져 있습니다.

마태복음 18장 19절에서 우리는 두 사람이(혹은 두세 사람이) 뜻을 모아 어떤 것을 구하면 그것이 이루어질 것이라는 말을 듣습니다. 여기서는 믿음이 명백하게 언급되지는 않지만 그것을 가정하고 있음은 분명합니다. 만약 믿음을 가정하지 않고 있다면 이 약속은 더 놀라운 것이 되고, 겟세마네의 기도 유형과는 (제 생각에는) 더욱더 거리가 멀어지게 됩니다. 그 약속에 대한 이유가 이어서 나옵니다. "두세 사람이 내 이름으로 모인 곳에는 나도 그들 중에 있느니라." 이 말씀과 요한복음 14장 13절 말씀이 서로 통합니다. "너희가 내 이름으로 무엇을 구하든지 내가 행하리니." 이것 아니면 훨씬 더 좋은 다른 것이 아니라 "너희가 무엇을 구하든지" 바로 그것을 주시겠다는 약속입니다.

어떤 사람들은 이 본문에서 문제 전체의 해결책을 찾기도 합니다. 이 본문에서 (그분의 이름으로 두세 명이 모이는 순간) 교회가 이루어지고 교회 안에 현존하신 그리스도를 보게 되기 때문입니다. 따라서 아버지가 들어주시는 그 기도는 아들의 기도이고, 그 관계에서 기도와 기도의 응답은 모두 하나님 안에서 일어나는 일인 것입니다.

이런 해석이 그러한 기도에 대한 약속을 덜 놀라운 것으로 만든다는 점에는 저도 동의합니다. 그러나 이러한 해석이 그 본문들을 유형 A의 기도와 조화시켜 줍니까? 그리고 사실과도 조화시켜 줍니까? 교회 전체가 기도했는데도 거절당하는 경우들이 분명히 있지 않았습니까? 제 생각에는 금세기에 적어도 두 번은 교회 전체가 평화를 위해 기도했는데 아무런 평화도 주어지지 않았습니다.[6] 제 생각에는 우리가 교회를 어떻게 정의하든 교회 전체가 기도했다고 할 수밖에 없다고 봅니다. 이탈리아의 농부들, 러시아의 교구 성직자들, 피블스[7]의 장로들, 케임브리지의 성공회 신자들, 리버풀의 회중교회주의자들, 이스트 런던의 구세군들 등 모두가 말입니다. 기도한 사람들 중에는 교회에 속하지 않은 사람들도 있었다고 할 수 있을 것입니다.(저라면 그렇게 말하지는 않겠지만 말입니다.) 그러나 교회에 속한 사람 중에 기도하지 않은 사람을 찾기란 힘들 것입니다. 하지만 그 잔은 지나가지 않았습니다. 원칙적으로 저는 기도가 응답되지 않은 사실은 당혹스럽지 않습니다. 기도가 응답되리라고 했던 그 약속이 당혹스러울 뿐입니다.

이와 같은 사실은 이 문제가 얼마나 실제적인지 보여 주는 질문을 즉각 제기합니다. "교회가 어떻게 기도했는가? 유형 A로 기도했는가, 아니면 유형 B로 기도했는가? 평화가 주어지리라는 흔들리지

6) 두 번에 걸친 세계대전을 일컬음.
7) Peebles. 스코틀랜드의 자치 도시의 이름.

않는 믿음으로 기도했는가, 아니면 겟세마네의 모범을 겸손하게 따라서 '만약 아버지의 뜻이라면……나의 뜻이 아니라 아버지 뜻대로 하소서'라는 말을 덧붙여 그 특별한 복이 거절당할 것을 미리 각오하고, 만약 거절당한다 해도 그 거절은 자비로 가득하리라는 신념에 자신의 믿음을 다 걸었는가?" 저는 교회가 후자의 기도를 했다고 생각합니다. 그렇다면 그것이 교회의 끔찍한 실수였다고 볼 수 있습니까? 교회가, 아무것도 받을 생각을 하지 말아야 한다고 야고보가 말한[8] '의심하는 자*διακρινόμενος*'와 같았단 말입니까? 수년 동안 제가 한 모든 중보기도가 잘못되었단 말입니까? 왜냐하면 저는 제 친구의 질병이 '만약 하나님의 뜻이라면' 낫게 해달라고, 병이 낫지 않을 가능성을 분명히 직시하면서 늘 기도했기 때문입니다. 혹시 이것은 전부 거짓 겸손이자 잘못된 영성이었을까요? 그렇다면 친구는 제게 아무것도 감사할 게 없겠지요. 혹시 제가 의심하지 않는 자*μηδὲν διακρινόμενος*라면, 하나님의 거절은 생각지도 말아야 했던 것은 아닐까요?

다시 말해서, 진정한 기도가 교회의 기도와 연결되고 교회의 기도는 그리스도의 기도와 연결되며 따라서 결코 거절될 수 없는 것이라면, 겟세마네에서 그것과는 다른 방법으로 기도하시고 거절당하신 분은 그리스도가 아니란 말입니까?

---

8) 야고보서 1장 6-8절, "오직 믿음으로 구하고 조금도 의심하지 말라. 의심하는 자는 마치 바람에 밀려 요동하는 바다 물결 같으니, 이런 사람은 무엇이든지 주께 얻기를 생각하지 말라. 두 마음을 품어 모든 일에 정함이 없는 자로다."—편집자.

또 다른 해결책은 이렇게 시도해 볼 수 있을 것입니다. "기도 응답의 약속은 그리스도의 이름으로 하는 기도에 국한된 것이다." 물론 이 말은 '우리 주 예수 그리스도의 이름으로'라는 정형화된 문구로 끝나는 기도만을 말하는 것이 아니라 그리스도의 영 안에서 한 기도, 우리가 그리스도 '안에' 있을 때 한 기도를 의미합니다. 바로 그런 기도가 우리가 구하는 복이 우리에게 주어지리라는 흔들리지 않는 믿음으로 드릴 수 있는 기도입니다. 그리고 이런 설명은 "그의 뜻대로 무엇을 구하면 들으심이라"라는 요한1서 5장 14절 말씀을 그 근거로 제시합니다.(저는 이 말씀이 그러한 설명의 근거가 되어선 안 된다고 생각합니다.) 하지만 어떻게 해야 이런 관점을 유지하는 동시에 이 관점이 겟세마네에서 그리스도 자신이 그리스도의 영 안에서 기도하지 못했음을—이것은 결코 말해서는 안 되는 것이므로*quod nefas dicere*—암시하는 것이 되지 않을 수 있을까요? 왜냐하면 그리스도는 그와 같은 영이 정당화해 주는 기도의 형식을 사용하지도 않으셨고, 그러한 영이 보장해 주는 응답도 얻지 못했기 때문입니다. 요한이 기록한 본문들의 경우, 지적이지만 단순한 질문자들 앞에 우리가 감히 그것을 맥락 그대로 제시할 수 있겠습니까? 그들은 우리에게 와서(그런 일이 종종 있습니다) 기독교의 하나님에 대한 믿음을 갖고 기도하는 사람은 자신이 구하는 것을 얻을 것이라는 말을 들었다며, 그래서 그렇게 했는데 구한 것을 얻지 못했으니 이를 어떻게 설명할 거냐고 묻습니다. 그럴 때 우리는 하나님이 "네가 구하는 것을 얻을 것이다"라고 약속하실 때의 그 숨은 뜻은 "내가 너에게 주고 싶어 하는 것을 네가 구하면 네가 얻을 것이다"라고 감히 말할 수 있겠습니까? 생일 선물로 무엇을 택하든 그것을 주겠다고 아들에게 약속한 어떤 아버지가, 아들이 자전거를 달라고 했는데 수학책을 주면서 그제야 그 약속이 지닌 암묵적인 조건을 이야기한다면, 그 아버지를 우리는 어떻게 생각하겠습니까?

물론 그 아들에게 자전거보다 수학책이 더 좋을 수는 있습니다. 그리고 굳건한 믿음이 있다면 그렇게 믿게 될 수도 있습니다. 하지만 문제는 그것이 아닙니다. 여기서 받게 되는 잔인하게 놀리는 듯한 느낌은 그런 것이 아닙니다. 그 아들은 자전거를 주지 않은 것에 불평하는 것이 아니라, '네가 무엇을 선택하든'이라는 약속이 주어진 것에 불평하고 싶을 것입니다. 우리의 경우도 마찬가지입니다.

이 자리에 계신 분들 중에 전적으로 유형 B의 입장인 분도 있을 것입니다. 기도로 사람이 치유되는 것을 많이 본 분이겠지요. 그런 분은 우리 대부분이 사실상 기도 생활을 심각하게 잘못하고 있다고 답하고 싶을 것입니다. 흔들리지 않는 믿음에는 기적이 주어진다고, 불순종하는 거짓 겸손과 소심한 가짜 영성을 버린다면 생각지도 못했던 복이 곳곳에서 쏟아질 거라고 말하고 싶을 것입니다. 저는 그런 사람의 말을 회의적인 태도로 듣지도 않을 것이고, 비웃는 일은 더더군다나 없을 것입니다. 저는 지금 이곳에서 기적이 일어날 수 있다는 사실을 믿습니다. 하지만 만약 이것이 완전한 답이라면, 유형 A의 기도가 처음부터 주어진 이유가 무엇이란 말입니까?

학식이 있는 분과 없는 분, 평신도와 목회자, 저와 교파가 같은 분이나 다른 분을 가리지 않고 제가 아는 모든 그리스도인에게 이 질문을 해 보았지만 아직 답을 얻지 못했습니다. 하지만 이 글을 마치기 전에 제가 관찰한 것 한 가지를 다소 주저하며 이야기하고 싶습니다.

한 가지만큼은 분명해 보입니다. 믿음의 의미가 무엇이든(간청한 복을 받는 믿음을 말합니다. 다른 의미의 믿음은 여기서는 생각할 필요가 없습니다) 그것이 심리적인 확신의 상태를 의미하는 것은 아니라고 저는 생각합니다. 그러니까 강력한 의지가 행사되고 우리의 상상력이 거기에 따르게 되는 자연적인 작용에 의해 안에서부터 만들어지는, 그런 확신을 말하는 게 아니라는 겁니다. 산을 움직이는 믿음은 산을 만드신 그분의 선물입니다. 그렇다면 하나님이 나에게 그런 믿음을 주실 때까지 나는 아무런 실제적인 결정을 할 필요가 없다고, 사실상 내가 유형 B를 따라 기도할 수 없기 때문에 유형 A를 따라서만 기도해야 한다고 하면서 문제를 좀 쉽게 만들 수 있을까요? 반면에 하나님이 그런 믿음을 주셨다면, 그래도 나에게 선택의 여지가 없기는 마찬가지입니다. 나는 당연히 유형 B를 따라 기도할 것이기 때문입니다. 이것은 제가 예전에 제시했던 의견, 즉 우리가 기적을 행하지 못한다는 사실에 모두가 부끄러워해야 하고 그것을 충분히 수치스러워하지 않는다는 사실 또한 부끄러워해야 한다는 의견과 통하는 부분이 있습니다. 우리는 자신의 상태를 정상적인 것으로 여기고 기적을 예외적인 것으로 여깁니다. 하지만 기적을 행하는 사람이 아무리 드물다 하더라도, 우리는 그들을 진정한 그리스도인의 모범으로 여기고 우리 자신을 영적인 불구자로 여겨야 하는지도 모릅니다. 하지만 이 해결책이 제게 썩 만족스러운 것은 아닙니다. 우리는 겟세마네에서의 기도를 이렇게 해결할 수 있을지도 모릅니다. 우리 주님이 마치 제 역할을 하는 몰약이 섞인 포도주를 거절하신 것처럼, 그리고 의지가 강철 같은 인간 본성이 아니라 민감하고, 움츠러들고, 당하는 고난을 다 받을 수밖에 없는 인간 본성과 결합하기로 (제가 생각하기에) 하신 것이라고 말입니다. 그렇게 우리 주님은 그 온유하신 겸손으로 그날 밤 그리스도인의 경험의 깊이를 측량해 보기로, 하나님의 군대의 영웅들을 닮는 것이 아니라 가장 연약한 부대의 졸병들과 비적임자들을 닮기로 선택하신 것이라고 할 수도 있습니다. 심지어 그와 같은 선택이 누군가가 무의식적으로 내뱉은 심오한 말—"그가 다른 사람은 구원했지만 자기 자신은 구원하지 못한다"—에 암시되어 있다고 할 수도 있습니다. 그러나 여기에도 불편한 점은 여전히 남아 있습니다. 저는 하나님이 "네가 믿음으로 구하는 것을 내가 이루어 주겠다"라고 말씀하시고는 "왜냐하면 네게 주고 싶은 것을 네가 요청하지 않는 한, 구하는 것을 이루어지게 할 그 믿음을 네게 주지 않을 것이기 때문이다"라고 덧붙이는 분이라고 보고 싶지 않습니다. 여기에도 여전히 놀리는 듯한 느낌이 희미하게 배어 있습니다. 마치 광고에서는 상품이 실제보다 조금 더 커 보이는 것처럼 말입니다. 그 상품에 결함이 있다는 것은 아닙니다. 우리를 불편하게 하는 것은 광고가 실제보다 조금 더 많은 것을 약속하는 듯한 의혹을 살짝 준다는 사실입니다. 하지만 현재 저로서는 여기까지가 이해의 한계입니다. 존경하는 신부님들(목회자들)께 지도를 구합니다. 오늘 밤 저는 어떻게 기도해야 합니까?

13 현대 신학과 성경 비평

이 글은 지난 학기 어느 날 밤, 제가 학장님[1]과 나눈 대화의 결과로 쓰게 되었습니다. 그날 저는 알렉 비들러의 책이 탁자에 놓인 것을 보고 그 책에서 이야기하는 신학에 대한 저의 반발감을 털어놓았습니다. 제 반발감은 섣부르고 무지한 것이었는데, 저녁을 먹은 후 마음이 느긋해져서 그랬던 것 같습니다.[2] 제 말은 꼬리에 꼬리를 물었고, 현재 많은 신학대학의 지배적인 사상이라고 제가 알고 있는 그 사상에 대해 처음 의도한 것보다 훨씬 많은 말을 하고야 말았습니다.

---

1) Westcott House, Cambridge의 학장. 후에 에든버러의 주교가 된 Rt. Rev. Kenneth Carey.—편집자.

2) 주교가 자리를 비운 사이에 루이스는 알렉 비들러Alec Vidler의 《윈저 설교*Windsor Sermons*》(S. C. M. Press, 1958)에 나오는 '가나의 기적'을 읽었다. 주교가 루이스에게 그 글에 대해 어떻게 생각하느냐고 묻자 루이스는 "그 설교에 대해 아주 자유롭게 자신의 의견을 이야기하면서, 비들러라는 신학자가 나타나서 지금까지 교회가 기적이라고 믿고 있었던 것이 실은 비유였다고 말해 주기까지 거의 2천 년을 기다려야 했다는 것이 참으로 놀랍다고 말했다"고 주교는 전했다.—편집자.

그러자 학장님은 이렇게 말씀하시더군요. "한번 오셔서 우리 학교 젊은 학생들에게 그 이야기를 좀 해주시면 좋겠습니다." 물론 학장님은 제가 이 모든 주제에 매우 무지하다는 것을 알고 계셨습니다. 하지만 학장님의 의도는, 특정 부류의 신학이 신학교 외부 사람에게는 어떻게 보이는지 알아야 한다는 취지였던 것 같습니다. 여러분께 제가 제시할 수 있는 것은 오해들뿐일지 모르지만, 그런 오해가 존재한다는 것을 여러분은 알아야 합니다. 자기가 속한 그룹에서는 그와 같은 외부인의 오해를 간과하기 쉽습니다. 여러분이 날마다 만나는 사람들은 여러분이 다루는 것과 같은 연구 내용과 지배적인 의견을 따라 생각할 수밖에 없습니다. 그래서 여러분은 모든 사람이 같은 생각을 하는 줄로 착각할 수 있습니다. 여러분은 사제로서, 당연히 신학교 내부 사람이 아니라 외부인들을 대면해야 합니다. 장기적으로 여러분은 바로 그 목적을 위해 존재합니다. 목동들이 정말로 연구해야 할 대상은 양떼지 (우연한 경우를 제외하고는) 다른 목동들이 아닙니다. 그리고 복음을 전하지 않으면 여러분에게 화가 있을 것입니다. 저는 제 할머니를 가르치려 드는 것이 아닙니다. 저는 양이고, 오직 양만 할 수 있는 말을 목동에게 하는 것입니다. 이제부터 저의 '매애' 소리[3]를 시작하겠습니다.

외부인에는 두 부류가 있습니다. 교육 받지 못한 사람과, 어떤 식

3) 양의 울음을 뜻함. 자신을 양이라고 했으니 자신이 하는 말은 양의 매애 하는 울음과 같은 것이라고 본 것.

으로든 교육을 받기는 했지만 여러분이 받은 교육은 받지 않은 사람들입니다. 여러분이 로이지Loisy나 슈바이처Schweitzer나 불트만Bultmann이나 틸리히Tillich, 심지어 알렉 비들러와 같은 의견이라면, 교육 받지 못한 사람들을 여러분이 어떻게 다뤄야 하는지 저는 전혀 모르겠습니다. 여러분이 정말로 믿는 바를 그들에게 말할 수는 없다는 것은 알겠습니다. 여러분도 그럴 수 없다는 것은 안다고 들었습니다. 거의 2천 년 동안 그리스도인의 생활과 감정과 사상과 긴밀히 연결된 복음서의 거의 모든 내용의 역사성을 거부하는 신학—이러한 신학은 모든 기적을 거부하거나, 더 이상하게도 부활과 같은 굵직한 기적은 받아들여 놓고 수천 명을 먹인 것과 같은 사소한 기적은 거부합니다—을 교육받지 못한 사람에게 제시한다면 두 가지 효과 중 하나를 낳을 수밖에 없습니다. 그는 가톨릭으로 개종하거나 무신론자가 될 것입니다. 그는 여러분이 제시하는 것을 기독교라고 생각하지 않을 것입니다. 그가 자신이 기독교라고 부르는 것을 고수한다면, 기독교를 더 이상 가르치지 않는 교회를 떠나 제대로 가르치는 교회를 찾을 것입니다. 그가 여러분의 관점에 동의한다면, 그는 더 이상 자신을 그리스도인이라고 부르지 않을 것이며 교회에도 나오지 않을 것입니다. 그리고 그렇게 우직한 사람으로서 그는 여러분도 자신처럼 교회를 떠나면 더욱더 여러분을 존경할 것입니다.

경험 많은 한 목회자가 제게 말하기를, 이 문제에 직면한 자유주의 사제들은 두 개의 진리라는 중세 후기의 개념을 다시 살려 냈다고 했습니다. 두 개의 진리란, 대중에게 설교할 수 있는 단순한 진리와 목회자들 사이에서 사용하는 비밀교祕密敎의 진리입니다. 여러분이 이 두 가지 진리를 실제로 사용해야 할 때가 오면 이 개념이 그다지 마음에 들지 않을 거라고 생각합니다. 만약 제가 심각하게 고민하면서 또는 강한 유혹을 참으며 교구민들에게 단순한 진리를, 그것도 진지하게 열정적으로 제시해야 한다면, 그런데 정작 저는 그것을 믿지 않는다는 것을 처음부터 인식하고 있었다면, 저는 이마가 벌게지면서 땀이 흐르고 칼라가 목을 조이는 느낌이 들 것입니다. 하지만 그건 여러분의 문제지 제 문제는 아닙니다. 어쨌거나 여러분이 입는 옷의 칼라는 제 것과는 다르니까 말입니다. 저는 둘째 부류의 외부인에 속합니다. 교육을 받기는 했지만 신학 교육은 받지 못한 부류 말이지요. 그 부류에 속한 한 사람이 이 문제를 어떻게 생각하는지 이제 여러분에게 말씀드리겠습니다.

옛 정통 교리를 침해하는 것은 주로 신약성경 비평에 종사하는 사람들의 몫이었습니다. 그 분야 전문가들의 권위를 존중하여 우리는 초대교회와 교부들, 중세 시대 사람들, 종교개혁가, 그리고 심지어 19세기 사람들이 공통적으로 믿었던 참으로 많은 것들을 포기하도록 요구받고 있는 것입니다. 이러한 권위에 제가 회의적이 되는 이유를 설명하고 싶습니다. 제가 무지하면서 회의적이라는 것을 여러분 모두 곧 알게 될 것입니다. 그러나 회의주의scepticism는 무지의 아버지입니다. 스승을 신뢰할 수 없는 분야를 꾸준히 제대로 공부하기는 힘든 법이지요.

첫째, 성경 비평가로서는 어떨지 모르지만 비평가로서의 그들을 저는 신뢰하지 않습니다. 제가 보기에 그들은 문학적 판단력이 부족하며, 자신들이 읽고 있는 텍스트 자체의 성격을 파악하지 못하고 있습니다. 평생 그 책에 코를 박고 산 사람들에게 부과하는 혐의 치고는 좀 이상하게 들릴 것입니다. 하지만 문제는 바로 그것인지도 모릅니다. 신약성경 원문과 그 원문에 대한 다른 사람들의 연구를 깊이 파고드는 데 청년기와 성인기를 바친 사람은 오히려 신약성경에서 자명한 것을 놓치기 쉽다고 저는 봅니다. 그런 사람들이 신약성경을 읽으면서 하게 되는 문학적 경험에는 문학 전반에 대한 폭넓고 깊고 친근한 경험에서만 나올 수 있는 비교의 기준이 부족합니다. 그런 사람이 제게 복음서에 나오는 어떤 내용이 전설 혹은 소설이라고 말해 준다면, 저는 그가 복음서 연구에 얼마나 많은 세월을 보냈는지가 아니라, 전설과 소설을 얼마나 많이 읽었는지, 그 독특한 맛으로 전설과 소설을 감지해 낼 만큼 그의 문학적 미각이 잘 발달되었는지를 알고 싶을 것입니다. 예를 들어 설명하는 것이 좋겠습니다.

이미 아주 옛날 책이 되어 버린 어느 주석서에서 저는 제4복음서를 '영적 소설', '역사가 아닌 시'라고 간주하는 학파가 있다는 내용을 읽은 적이 있습니다. 그 학파는 제4복음서가 나단의 비유, 요나서, 《실낙원》, "좀더 정확하게는 《천로역정》"과 같은 규범에 따라 판단되어야 한다는 입장이었습니다.[4] 이런 말을 하는 사람이 다른 어떤

---

4) 루이스는 월터 로크Walter Lock의 "요한이 기록한 복음The Gospel According to St. John"에서 인용하고 있다. 위경을 포함한 성서에 대한 새로운 주석*A New Commentary on Holy Scripture, including the Apocrypha*, ed. by Charles Gore, Henry Leighton Goudge, Alfred Guillaume(S. P. C. K., 1928), p. 241. 로크 자신은 James Drummond의 네 번째 복음서의 성격과 저자에 대한 연구*An Inquiry into the Character and Authorship of the Fourth Gospel*(Williams and Norgate, 1903)에서 인용하고 있다.—편집자.

책에 대해 하는 말에 귀 기울일 필요가 있을까요? 이 사람이 《천로역정》을 요한복음과 가장 유사한 책으로 꼽는 점에 주목하십시오. 《천로역정》은 처음부터 그 내용이 꿈이라는 것을 밝히는 이야기이고, 거기 나오는 모든 고유명사부터가 자신의 우화적인 속성을 한껏 자랑하는 책입니다. 또한 이 사람은 밀턴 작품의 장엄한 서사적 측면은 아예 고려하지 않는 점도 주목하십시오. 그러나 우리가 이런 더 심각한 어리석음은 논외로 하고, 요나서를 다루는 태도 하나만 본다 해도 얼마나 감각이 무딘지 모릅니다. 요나서는 욥기서만큼도 역사적 설명을 덧붙이려 애쓰지 않는 이야기이며, 그 사건도 기괴하고, 교훈적이긴 하지만 전형적인 유대인의 유머가 분명하게 묻어나는 이야기입니다. 하지만 요한복음을 보십시오. 거기 나오는 대화를 읽어 보십시오. 우물가에서 만난 사마리아 여인과의 대화나, 태어날 때부터 앞을 보지 못하는 사람을 치유한 후 이어지는 대화를 보십시오. 그 장면들을 한번 상상해 보십시오. 예수님이 흙에다 손가락으로 낙서를 하신 일, 그리고 결코 잊지 못할 "밤이었다 ἦν δὲ νύξ"(13장 30절)[5]는 말 등. 저는 평생을 시, 소설, 비전 문학,[6] 전설, 신화를 읽은 사람입니다. 저는 그런 문학 형식들이 어떠한지 압니다. 그런데 어떤 것도 이 요한복음서 같지가 않습니다. 요한복음에 대해서는 두 가지 관점만이 가능합니다. 하나는 그것이 비교적 사실에 가까운—물론 오

---

5) "유다가 그 조각을 받고 곧 나가니 밤이러라."
6) Vision literature. 중세 기독교 문학에서 사후 세계의 천국과 지옥을 다루는 문학.

류가 없지는 않을 것입니다—보고 문학이라는 것입니다. 요한복음의 저자는 보즈웰[7]만큼이나 사실에 가깝게 기록했습니다. 보고 문학이 아니라면 두 번째 관점으로, 2세기에 한 무명 작가가 갑자기 나타나 전무후무하게 현대적이고, 소설의 성격을 띠며, 사실적인 내러티브 기술을 일찌감치 제시한 글이라고 볼 수 있을 것입니다. 요한복음의 내용이 사실이 아니라면, 이와 같은 종류의 내러티브인 것이 분명합니다. 이것을 간파하지 못하는 독자는 독서법을 배우지 못한 사람이라고 볼 수밖에 없습니다. 그런 사람에게는 아우어바흐를 읽을 것을 권합니다.[8]

또 다른 예로 불트만의 《신약 신학》에 나오는 다음 글도 있습니다. "종말의 예언(막 8:38)이 수난의 예언(막 8:31)에 어떻게 비동화적非同化的 unassimilated인 방식으로 따라오는지를 보라."[9] 도대체 이 말이 무슨 뜻입니까? 비동화적? 불트만은 종말의 예언이 수난의 예언보다 오래된 것이라고 믿습니다. 따라서 그 두 가지 예언이 같은 본문에 등장하면 거기에는 불일치 혹은 '비동화'가 있을 수밖에 없다고 그는 믿고 싶은 것이고, 사실상 그렇게 믿는 것이 분명합니다. 하지만 그런 방식으로 해석해서 덧붙이는 것은 심각한 무지에서 비롯한

---

7) James Boswell, 1740~1795년. 영국의 전기 작가. 《새뮤얼 존슨의 전기》로 유명하다.

8) 내 생각에 여기서 루이스는 에리히 아우어바흐Erich Auerbach의 《미메시스: 서구 문학에 나타난 실재의 재현*Mimesis: The Representation of Reality in Western Literature*》, translated by Willard R. Trask(Princeton, 1953)을 말하는 것 같다.—편집자.

9) Rudolf Bultmann, *Theology of the New Testament*, translated by Kendrick Grobel, vol. 1(S. C. M. Press, 1952), p. 30.—편집자.

것이 틀림없습니다. 베드로는 예수님을 기름 부음을 받은 그분이라고 고백했습니다. 그 영광의 섬광이 채 사라지기도 전에 어두운 예언이 시작됩니다. 즉 인자가 고난을 받고 죽어야 한다는 것입니다. 이 같은 대비는 계속 반복됩니다. 자신의 신앙 고백으로 잠시 칭찬받은 베드로는 실족하고 맙니다. "사탄아, 내 뒤로 물러가라"는 단호한 물리침이 이어집니다. 그리고 그렇게 베드로가 순간적으로 무너질 때마다 주님의 음성은 군중을 향해 그 교훈을 일반화합니다. "누구든지 나를 따르는 사람은 십자가를 져야 한다." 고난을 피하는 것, 자기를 보존하는 것은 삶의 진정한 목적이 아니라는 것입니다. 그러고서 더욱 분명하게 순교를 명합니다. "너희를 맞서는 자리에 서야 한다. 지금 이곳에서 그리스도를 부인하면, 나중에 그리스도가 너희를 부인할 것이다." 논리적으로, 감정적으로, 그리고 상상적으로도 이 연쇄적 순서는 완벽합니다. 불트만 같은 사람만이 그렇지 않다고 생각할 것입니다.

끝으로, 역시 같은 저자의 말을 인용하자면 "바울의 케리그마든 요한의 케리그마든 예수의 개성은 전혀 중요하지 않다. ……사실상 초대교회의 전통은 심지어 무의식적으로라도 예수의 개성이라는 그림을 보존하지 않았다. 그것을 재구성하려는 모든 시도는 주관적 상상력의 작용일 뿐이다."[10)]

그러니까 신약성경에는 우리 주님의 개성이 나타나지 않는다는

10) 같은 책, p. 35.—편집자.

말입니다. 도대체 어떤 이상한 과정을 거쳤기에 이 학식 있는 독일인은 자신을 제외한 다른 모든 사람이 보고 있는 사실에 스스로 눈을 감아 버린단 말입니까? 만약 예수의 개성이 거기에 나타난다면 그가 그것을 알아볼 수 있게 우리가 제시할 수 있는 증거는 무엇입니까? 우리가 다루는 사람이 불트만이라는 거장이니 우리 같은 범인으로서는 이런 고민을 할 수밖에 없습니다. 복음서를 대할 때 모든 신자에게, 심지어 많은 불신자에게 공통적인 것이 있다면, 그것은 복음서 안에서 개성을 지닌 인물을 만나는 느낌입니다. 우리는 대부분의 역사적 인물들을 역사 속 인물로 인지하지만 개인적으로 안다고 느끼지는 않습니다. 알렉산드로스 대왕이나 아틸라[11] 혹은 오렌지 가家의 윌리엄[12]이 그렇습니다. 반면에 역사적으로 실존 인물이었다고 주장하진 않지만 현실에서 접하는 인물인 것처럼 느껴지는 사람들이 있습니다. 폴스타프,[13] 토비 아저씨,[14] 피크위크 씨[15]가 그렇습니다. 하지만 첫째 부류와 같은 실존성을 주장하면서도 둘째 부류의 실존성도 지닌 인물은 셋밖에 없습니다. 그들이 누구인지는 다들 잘 압니다. 플라톤의 글에 나오는 소크라테스, 복음서의 예수, 그리고 보즈웰이 쓴 전기의 주인공 존슨입니다. 우리가 그들을 잘 안다는 사실은 여러 방식으로 드러납니다. 외경의 복음서를 볼 때 이런저

---

11) 5세기 전반에 동양에서 유럽에 침입한 훈족의 왕.
12) 영국 왕 윌리엄 3세.
13) 셰익스피어의 작품에 등장하는 쾌활하고 재치 있는 허풍쟁이 뚱뚱보 기사.
14) 영국 소설가 로렌스 스턴의 소설에 나오는 인물.
15) 찰스 디킨스의 소설 《피크위크 페이퍼스》의 주인공.

런 예수 어록에 대해 "아니야. 좋은 말이긴 하지만 예수가 한 말이 아니야. 그는 그런 식으로 말하지 않았어"라고 늘 말하지 않습니까. 우리가 사이비 존슨 글을 대할 때 그렇게 하듯 말입니다. 우리는 각 인물의 내면에서 상반되는 면들을 접해도 전혀 혼란스러워하지 않습니다. 소크라테스에게는 신비로울 정도의 열정과 늘상 보이는 분별력이, 그리스의 동성애에 대한 바보 같고 외설스러운 킥킥거림과 결합되어 나타납니다. 존슨에게는 심오한 진지함과 우울함, 재미와 난센스를 애호하는 면이 공존합니다. 패니 버니[16]는 존슨의 그런 면모를 이해했으나 보즈웰은 결코 그러지 못했지요. 예수에게는 시골 사람 특유의 능숙함과 극도의 엄격함, 저항할 수 없는 부드러움이 함께 보입니다. 그 개성에서 풍겨나는 향기가 너무도 강렬해서, 그를 온전한 의미에서 성육신하신 하나님이라고 하지 않는다면 끔찍하게 교만하게 들릴 그의 발언에도 거부감이 들지 않습니다. 우리는 물론 많은 불신자들도 "나는 마음이 온유하고 겸손하다"[17]라는 그의 자기 평가를 그대로 받아들입니다. 신약성경에서 표면적으로든 의도적으로든 신성에 집중하고 인성에는 가장 적게 관심을 기울이는 구절마저도 우리를 그의 개성에 맞닥뜨리게 합니다. 오히려 그런 구절들이 더 그 개성을 보여 주는 게 아닌가 싶습니다. "우리가 그의 영광을 보니 아버지의 독생자의 영광이요 은혜와 진리가 충만하더라……우

16) Frances Burney, 1752~1840년. 영국의 여류 소설가.
17) 마 11:29.

리가 들은 바요 눈으로 본 바요 자세히 보고 우리의 손으로 만진 바라." "의미심장하게도 초대교회가 주님의 속성이라고 인정할 수밖에 없었던 것" 등의 말로 이와 같은 놀라운 인격적 접촉의 직접성을 흐리거나 없애 버리려 해서 얻는 유익이 무엇입니까? 그것은 도저히 피할 수 없는 사실입니다. 그들이 인정할 수밖에 없었던 것이 아니라 그 사실 때문에 인정하게 된 것입니다. 불트만 박사가 말하는 '개성personality'은 제가 비인격성impersonality이라고 생각하는 바로 그것이 아닌지 저는 의혹이 들기 시작합니다. 그러니까 영국의 인명사전에 나오는 항목, 부음 기사, 혹은 사진과 함께 세 권의 책으로 출간된 빅토리아 시대의 《예수아 바 요세프의 생애와 편지*Life and Letters of Yeshua Bar-Yosef*》에 나오는 내용과 같은 것 말입니다.[18)]

이것이 제 첫 번째 '매애' 소리입니다. 이 사람들은 저더러 자신들이 옛 문서의 행간을 읽어 낼 수 있다는 것을 믿으라고 합니다. 그러나 저는 그들이 행 자체를 (어떤 의미로든 논의할 가치가 있게) 읽어 내는 능력도 없다는 증거들을 봅니다. 그들은 겨자씨를 본다고 하면서 대낮에 10미터쯤 떨어져 있는 코끼리는 보지 못합니다.

이제 제 두 번째 '매애' 소리를 시작하겠습니다. 모든 자유주의 부류의 신학은 어느 시점에 가서는 반드시—그리고 종종 처음부터 끝까지—이렇게 주장합니다. 그리스도의 진정한 태도와 목적과 가르침은 후대로 오면서 아주 빠르게 오해되고 잘못 대변되었으며 현대에

---

18) 살아 있는 인격으로 느끼기 어려운 것들을 의미함.

와서야 비로소 바로잡혔거나 발견되었다는 것이죠. 제가 신학에 관심을 갖기 오래 전에 이런 종류의 이론을 다른 곳에서 본 적이 있습니다. 제가 그레이츠[19]를 읽을 당시에는 조웨트[20]의 전통이 여전히 고대 철학 연구를 지배하고 있었습니다. 당시 학생들은 플라톤의 진정한 의미를 아리스토텔레스는 오해했고 신플라톤주의자들은 크게 왜곡했으며, 현대에 와서야 비로소 바로잡혔다고 믿도록 배웠습니다. 그런데 그렇게 회복되고 보니 (참으로 다행스럽게도) 플라톤은 사실상 처음부터 영국의 헤겔주의자, 그러니까 그린[21]과 같은 부류의 사람이었다는 것입니다.

이와 같은 이론을 저는 제 전공 분야에서도 만났습니다. 매주 똑똑한 학부생이, 분기마다 둔한 미국인 연구원이, 셰익스피어의 어떤 희곡이 정말로 의미하는 바가 무엇인지 처음으로 발견해 냅니다. 그러나 셰익스피어에 관한 경우는 다행히도 제가 말할 수 있는 분야입니다. 저 자신의 인생에서 사상과 감성의 혁명적 변화가 무척 컸기에 저는 정신적으로 이들 근래의 해석가들보다도 셰익스피어의 세계에 훨씬 많이 속해 있다고 할 수 있습니다. 그들이 내리는 대부분의 해석들이 말도 안 된다는 것을 저는 알 수 있고, 피부로 느끼며, 논쟁의 여지 없이 확신합니다. 그들의 해석에는 1914년에는 알려지지 않

---

19) Greats. 옥스퍼드 대학 고전학 과정의 하나. 로마와 그리스의 고대 및 현대 역사와 철학을 자세히 연구했다.

20) Benjamin Jowett, 1817~1893년. 옥스퍼드 대학교 교수, 신학자. 플라톤을 번역하고 가르쳤다.

21) Thomas Hill Green, 1836~1882년 영국의 철학자. 독일 관념론 철학, 특히 헤겔의 영향을 받았다.

았던 관점이 들어 있고, 제임스 1세 시대에는 더더군다나 알려지지 않았던 시각들도 있습니다. 이와 같은 사실은 플라톤이나 신약성경에 그런 식으로 접근하는 것을 미심쩍어 할 만도 하다는 것을 날마다 확인해 줍니다. 어떤 사람이나 작가의 사상이, 그들과 같은 문화 속에 살면서 같은 언어를 사용하고 습관처럼 쓰는 비유나 무의식적인 생각도 같았던 사람들에게는 불투명하고, 이와 같은 이점이 하나도 없는 현대의 사람들에게는 투명하다는 생각은 제가 보기에 터무니없는 것입니다. 이는 어떤 논증이나 증거로도 상쇄시킬 수 없는, 선험적으로 불가능한 생각입니다.

세 번째로, 저는 이 신학자들이 기적은 일어나지 않는다는 원칙을 고수하는 것을 보게 됩니다. 그래서 옛 사본에 우리 주님이 하신 말씀으로 기록되어 있는 것들은, 정말로 주님이 하신 말씀이라면 미래에 대한 예언은 그 예언된 사건들이 일어난 후 기록되었다고 보는 것입니다. 영감에 따른 예언이란 결코 존재하지 않는다는 것을 토대로 접근하기 시작한다면 이런 관점은 매우 현명한 관점일 것입니다. 마찬가지로, 일반적으로 기적이라는 것은 결코 일어나지 않는다는 것을 토대로 시작한다면 기적의 사건들을 서술하는 모든 본문들의 역사성을 거부하는 것도 현명한 일일 것입니다. 기적이 가능한가 하는 문제를 여기서 논의하고 싶지는 않습니다. 제가 여기서 지적하고 싶은 것은, 이것이 순전히 철학적인 문제라는 점입니다. 학자들이 이 문제에 대해 이야기할 때는 학자로서 다른 사람보다 더 많은 권위를 가지고 이야기하는 것이 아닙니다. '기적이라면 그것은 비역사적인 것이다'라는 규정은 그들이 텍스트를 연구할 때 전제하는 것이지 텍스트 연구를 통해 배운 사실이 아닙니다. 누군가가 이 문제를 놓고 권위에 대해 이야기한다면, 세상에 있는 모든 성경 비평가들의 권위를 합한 것도 여기서는 아무 소용이 없습니다. 이 문제에 대해 그들은 단순히 인간으로서 이야기할 뿐이며, 자신들이 자라난 세대의 정신에서 영향 받은 것이 분명하고, 어쩌면 그 정신에 대해 충분히 비판적이지 못하다고 할 수 있습니다.

하지만 아직도 저의 네 번째 '매애' 소리가 남았습니다. 이것은 제 가장 크고도 긴 울음소리이기도 합니다.

이와 같은 종류의 비평은 모두 자신이 연구하는 텍스트의 기원을 재구성하려고 합니다. 각 저자가 어떤 소실된 문서를 사용했는지, 언제 어디서 어떤 목적으로 기록했는지, 어떤 영향 하에서 기록했는지 등, 텍스트의 배경과 정황[22] 전체를 구성하려고 합니다. 이와 같은 작업은 엄청난 박식함과 놀라운 재주의 산물입니다. 그리고 첫눈에는 매우 설득력 있어 보입니다. 그것을 물리치는 부적—마법의 풀[草]—을 지니지 않았다면 저도 거기 설득당했을 것입니다. 잠시 제 이야기를 하는 것을 양해해 주시기 바랍니다. 제가 지금 하는 이 말은 직접 경험한 일차적 증거여야만 가치가 있기 때문에 그렇습니다.

이러한 모든 재구성을 경계하게 된 이유는 제가 다른 극단에서

22) *Sitz im Leben*. 성경 비평 용어. '삶의 자리 혹은 정황setting in life'으로 해석한다. 특정 성경 본문의 기록 목적, 장르 등 그 본문을 둘러싼 여러 가지 요소들, 맥락들을 의미한다.

그것이 어떻게 일어나는지 보았기 때문입니다. 제가 쓴 책들에 대해 비평가들이 바로 그런 방식으로 책의 기원을 재구성하는 것을 보았습니다.

비평가들이 엄격한 의미에서의 일반적인 비평, 그러니까 실제로 기록된 책에 대한 평가, 칭송 혹은 비난은 거의 하지 않는다는 사실을, 본인의 책이 비평을 받아 보기 전까지는 믿기 어려울 것입니다. 비평 내용의 대부분을 차지하는 것은 그 책을 기록한 과정에 대한 상상의 이야기들입니다. 비평가들이 그 책을 칭송하거나 비난하는 데 사용하는 용어 자체가 종종 그와 같은 이야기를 암시합니다. 그들은 한 본문에 대해서는 "자연스럽게 흘러나왔다"라고 칭찬하고 다른 본문에 대해서는 "애쓴 흔적이 보인다"라고 비난합니다. 그러니까 그들은 당신이 어떤 본문은 거침없이 써 나갔고 또 어떤 본문은 재능이나 영감 없이 쓴 것을 안다고 생각합니다.

그와 같은 재구성의 가치를 저는 일찌감치 배웠습니다. 저는 에세이집 한 권을 낸 적이 있는데, 그 책에서 제가 정말로 마음을 다해서 썼고, 정말로 아끼고, 진지한 열정을 쏟은 글은 윌리엄 모리스에 대한 것이었습니다.[23] 그런데 거의 맨 처음 비평에서 저는 그 책에서 제가 별 관심 없이 쓴 글은 이것 하나밖에 없음이 분명하다는 말을 들었습니다. 오해하지 말기 바랍니다. 이제는 저도 그 책에 실린 에세이

---

23) 윌리엄 모리스William Morris에 대한 루이스의 에세이는 《갱생 및 기타 에세이들*Rehabilitations and Other Essays*》(Oxford, 1939)에 나와 있다.—편집자.

중에서 그것이 최악이었다는 그 비평가의 판단이 옳았다고 생각합니다. 어쨌거나 모든 사람이 그 비평가의 말에 동의했습니다. 그가 전적으로 틀린 곳은 그 글이 그처럼 재미없는 이유에 대해 자기 나름대로 상상의 이야기를 만들어 낸 부분이었습니다.

이 사건은 제 귀를 쫑긋 세우게 했습니다. 그때 이후 저는 제 책에 대한 그와 같은 상상의 이야기와, 제가 실제로 알고 있는 제 친구들의 책에 대한 상상의 이야기를 주의 깊게 살펴보았습니다. 비평가들은 호의적이건 적대적이건, 크게 확신하며 그와 같은 이야기들을 순식간에 써냅니다. 어떤 공적인 사건들이 작가의 생각을 이리저리 움직이게 했는지, 어떤 작가들이 그에게 영향을 미쳤는지, 그의 전반적인 의도가 무엇이었는지, 그가 생각하는 주요 독자들이 누구인지, 왜 그리고 언제 그가 이러이러한 일들을 했는지 다 말해 줍니다.

이런 글에 대한 저의 인상을 먼저 말해야겠습니다. 그러고서 그것과는 별개로, 제가 분명히 말할 수 있는 것을 말하겠습니다. 제가 이런 글에서 받는 인상은, 제 모든 경험을 통틀어 비평가의 어떠한 추측도 옳은 적이 없다는 것입니다. 이와 같은 방법은 100퍼센트 실패의 기록을 보여 줍니다. 확률로만 따지더라도 틀리는 횟수만큼이나 맞기도 하리라고 생각할 수 있습니다. 하지만 제가 보기에는 전혀 그렇지 않습니다. 저는 그런 추측이 전혀 맞지 않는다는 인상을 받았습니다. 꼼꼼하게 써가며 확인한 것이 아니므로 그 인상이 실제와 다르게 느낀 것일 수도 있습니다. 하지만 그런 추측이 대체로 틀리다는 것은 확실히 말할 수 있습니다.

그러나 그것은 종종, 진실을 모르는 사람에게는 매우 그럴 듯하게 들립니다. 많은 비평가들이 톨킨의 《반지의 제왕》에 나오는 반지가 원자폭탄에서 암시받은 것이라고 했습니다. 이보다 더 그럴듯한 말이 어디 있겠습니까? 그 불길한 발명품에 모든 사람이 몰두하던 무렵 그 책이 출판되었습니다. 그런데 그 책에는, 버리는 것은 미친 짓이지만 사용하면 치명적일 수밖에 없는 무기가 핵심으로 등장합니다. 그러나 사실 그 책의 저작 연대를 보면 그와 같은 이론은 불가능합니다. 불과 일주일 전에 어느 비평가가 제 친구 로저 랜슬린 그린이 쓴 동화가 제 동화에서 영향 받았다고 했습니다. 그것만큼 그럴듯하게 들리는 말도 없을 것입니다. 저는 인정 많은 사자가 나오는 상상의 세계를 그려 냈고, 그린의 동화에는 인정 많은 호랑이가 나옵니다. 그린과 저는 서로의 작품을 읽는 것이 사실이고, 실제로 여러 면에서 우리는 서로 매우 가까운 사이라 할 수 있습니다. 작고한 작가들의 경우, 비평가들은 그와 같은 친분 관계에 대해 우리가 확실하다고 알고 있는 것보다 훨씬 강하게 주장합니다. 어쨌거나 그렇다고 해도 그린과 제 동화에 대한 그 비평가의 주장은 여전히 사실이 아닙니다. 저는 그 호랑이와 그 사자의 기원에 대해 알고 있고 그 둘은 서로 아무 연관이 없습니다.[24)]

이런 사실 앞에서 우리는 잠시 멈칫할 수밖에 없습니다. 어떤 텍스트의 역사를 재구성했을 때, 그 텍스트가 오래된 것이라면 그것은 매우 설득력 있게 들립니다. 그러나 그것은 결국 아무 쓸모없는 어림짐작으로 길을 가는 것입니다. 그와 같은 어림짐작은 사실을 통해 점검받을 수 없습니다. 그 방법이 얼마나 믿을 만한지 알기 위해, 똑같은 방법을 사용하면서 그 내용을 확인할 수 있는 사실도 주어진 경우를 보여 달라고 하는 것만큼 좋은 방법은 없을 것입니다. 그것이 바로 제가 지금 한 일입니다. 여기서 우리가 알게 되는 것은, 그렇게 사실 확인이 가능한 경우 그 결과는 항상 혹은 거의 항상 틀리다는 것입니다. 고대의 책들이 기록된 방식에 대해 '현대 학문이 제시하는 확실한 결론들'은, 사실을 아는 사람들이 이미 죽었고 그래서 그 비밀을 누설할 수 없다는 이유만으로 '확실한' 것이라고 우리는 결론 내릴 수 있습니다. 제 전공 분야에서 《농부 피어스의 꿈 *Piers Plowman*》[25]이나 《선녀여왕 *The Faerie Queene*》[26]의 역사를 재구성하는 방대한 분량의 에세이는 순전히 환상에 불과할 가능성이 큽니다.[27]

---

24) 루이스는 〈타임즈 문학 부록 *The Times Literary Supplement*〉(28 November 1958), p. 689에 나오는 "Books for Children"에서 다음 편지로 그와 같은 오류를 바로잡았다. "귀하, 귀사가 발간하는 잡지의 11월 21일자에서 그린 씨의 《고귀한 호랑이 경의 나라 *Land of the Lord High Tiger*》에 대한 서평에 (지나가는 말로) 저에 대한 이야기가 나왔는데 참으로 좋게 이야기해 주셔서 그 내용에 대해 제가 이유 없이 트집 잡고 싶은 마음은 없습니다. 다만, 그린 씨 입장에서는 정당하지 못한 이야기이기에 이 말을 합니다. 그 비평가는 그린 씨의 이야기에 나오는 호랑이가 제 동화에 빚진 부분이 있다고 주장했습니다. 그러나 사실은 그렇지 않으며 저작 연대로 봐도 그것은 불가능합니다. 제가 글을 쓰기 시작하기 오래 전부터 그 호랑이는 이미 그린 씨의 상상력에 자리 잡고 있었고, 그가 만들어 낸 세계도 이미 오래 전부터 구상한 것이었습니다. 이러한 사실은 비평가로서 우리 모두에게 주는 교훈이 있습니다. 옛 문학에 대한 우리의 연구에서, 작품의 근원에 대한 연구들 *Quellenforschung*[*quellen*(source)와 *forschung*(research)의 합성어. 문학 작품의 근원에 대한 혹은 문학 작품이 받은 영향에 대한 연구를 뜻함-옮긴이] 가운데 얼마나 많은 것들이 단지 사실을 알고 있는 사람들이 이미 죽었고 그것에 대한 반대 의견을 제시할 수 없다는 이유만으로 신뢰할 만한 것처럼 보이는지 저는 궁금합니다."—편집자.

25) 영국 작가 윌리엄 랭글런드(William Langland, 1330?~1400?년)의 작품.

26) 영국 에드먼드 스펜서(Edmund Spenser, 1552~1599년)의 작품.

27) 서평에 대해 좀더 충실하게 다룬 글을 보려면 루이스의 에세이 '비평에 대하여 On Criticism'를 보시오. 《다른 세계에 대하여: 에세이와 이야기들 *Of Other Worlds: Essays and Stories*》, ed. Walter Hooper, (Bles, 1966), pp. 43~58.—편집자.

그렇다면 제가, 오늘날 주간지에 서평을 쓰는 온갖 애송이들과 신약성경 연구에 평생 심혈을 기울인 위대한 학자들을 비교하려 드는 것입니까? 전자가 늘 틀리기 때문에 후자도 그보다 나을 수 없다는 말입니까?

이 질문에는 두 가지 답이 있습니다. 첫째는, 위대한 성경 비평가들의 학식을 제가 존중하기는 하지만, 그들의 판단도 존중해야 하는지에 대해서는 아직 유보적이라는 것입니다. 그러나 둘째로, 일반적인 비평가들이 처음 작업을 시작할 때 누리는 엄청난 혜택을 한번 생각해 보십시오. 그들은 모국어가 같은 사람이 쓴 책의 역사를 재구성하고 있습니다. 그들이 다루는 작가는 그들과 같은 교육을 받은 동시대인이고, 그들과 비슷한 지적·정신적 분위기에서 살고 있는 사람입니다. 그들은 자신의 작업에 도움이 될 모든 것이 갖추어져 있습니다. 성경 비평가들이 일반 비평가들보다 부지런하고 판단력이 뛰어나다는 평가를 받으려면 그들은 거의 초인적이어야 할 것입니다. 왜냐하면 현시대 사람은 어떤 학문을 통해서도, 저의 비평가가 제 배경을 알듯 확실하고 친밀하게 그리고 본능적으로 고대의 관습, 언어, 인종적 특징, 계급적 특징, 종교적 배경, 작문 습관, 기본적 가정을 알 수 없기 때문입니다. 그런데 우리가 기억해야 할 것은, 바로 그와 같은 이유 때문에 성경 비평가들이 어떠한 재구성을 고안해 내든 그것이 틀렸음을 적나라하게 밝혀 낼 수 없다는 사실입니다. 성 마가는 이미 죽었습니다. 그들이 성 베드로를 만나게 된다면 논의해야 할 시급한 문제들이 더 많을 것입니다.

물론 자신들이 직접 쓰지도 않은 책을 다른 사람이 어떻게 썼는지 추측하려 드는 비평가들을 어리석은 사람들이라고 할 수도 있습니다. 비평가들은 자신들이 이야기를 쓰려는 방식과 같은 방식으로 작가가 이야기를 썼다고 추측합니다. 그들이 그런 방식으로 이야기를 쓰려 하기에 아무런 이야기도 써 내지 못한 거라고 여러분은 말할 것입니다. 그런 면에서 성경 비평가들은 정말로 더 낫습니까? 불트만 박사도 복음서는 하나도 쓰지 않았습니다. 그의 학식과 전문성과 공적이 이미 오래 전에 죽은 사람들의 생각을 들여다볼 수 있는 능력을 그에게 정말로 주었단 말입니까? 그 망자들은 어느 모로 보더라도 모든 인류의 핵심적인 종교적 체험이라고 할 수밖에 없는 것에 사로잡힌 사람들이었습니다. 불트만과 복음서 저자들 사이에는 모든 면에서 저와 제 비평가들 사이에 있는 것보다 훨씬 큰 장애물—지적일 뿐만 아니라 영적인 장애물—이 있다 해도 전혀 무례한 것이 아니며, 불트만 자신도 그것을 인정하리라 생각합니다.

한 평신도가 비밀리에 간직하는 소망과 때로 자신의 기분을 돋우기 위해 간직하는 그의 순진한 생각에 대해 제가 이야기를 좀 해야 이러한 신학에 대한 그 평신도의 반응—제 생각에는 드물지도 않은 반응—을 제대로 설명하는 것이 된다고 봅니다.

그는 현재의 신학 사상의 학파가 영원할 거라고 생각하지 않는다는 사실을 여러분은 받아들여야 합니다. 그는 이 모든 것이 다 지나가고 잠잠해지리라 생각합니다. 어쩌면 그러기를 바라는 건지도 모릅니다. 다른 연구의 영역에서도 저는 '현대 학문의 확실한 결과들'이 얼마나 덧없는 것인지, 학문에서 최신이라고 하는 것이 얼마나 빨리 낡은 것이 되는지 보았습니다. 신약성경을 다루는 확신에 찬 방식은 더 이상 세속의 텍스트에는 적용되지 않습니다.《헨리 6세》[28]라는 작품을 여섯 명의 저자가 기록한 것으로 보고 그것을 분해해서 각 저자에게 해당하는 부분을 나누어 보려는 영국 학자들이 있었습니다. 하지만 이제는 더 이상 그렇게 하지 않습니다. 제가 어렸을 때는 호메로스가 실존 인물이라고 생각하는 사람은 웃음거리가 되었습니다. 해체주의자들이 영원히 승리하는 것처럼 보일 때가 있었습니다. 그러나 오늘날 호메로스는 다시 등장하는 듯합니다. 미케네인들이 그리스어를 사용하는 자신들의 선조였다고 하는 고대 그리스인들의 믿음도 놀라운 지지를 받고 있습니다. 아서가 실존 인물이었다고 믿어도 망신당하지 않을 날이 올 수도 있습니다. 신학을 제외하고는 다른 모든 분야에서 회의주의 자체에 대한 회의가 강하게 일고 있습니다. 우리는 "이미 죽었던 많은 것들이 다시 살아날 거야*multa renascentur quae jam cecidere*"라고 웅얼거릴 수밖에 없습니다.

또한 제 또래 사람이라면 청년기 때 유행했던 이상주의적 철학이 얼마나 순식간에 그리고 철저하게 무너져 내렸는지 결코 잊을 수 없을 것입니다. 맥태거트,[29] 그린, 보잔켓,[30] 브래들리[31]가 영원히 다스릴 줄 알았는데, 그들은 바스티유 성이 함락되듯 순식간에 무너져

---

28) 셰익스피어의 역사극.

29) John Ellis Mctaggart, 1866~1925년. 영국의 철학자로, 신헤겔학파.

30) Bernard Bosanquet, 1848~1923년. 영국의 정치철학자. 관념론적 이상주의 국가론을 제창한 T. H. 그린이나 스승 F. H. 브래들리와 함께 옥스퍼드학파를 대표함. 옥스퍼드학파는 헤겔적 국가관에 가장 근접했다.

31) Francis Herbert Bradley, 1846~1924년. 영국의 이상주의 철학자. 신헤겔학파.

버렸습니다. 재미있는 것은 제가 그 철학자들의 왕조에서 살기는 했지만, 겉으로는 감히 표현하지 못할 다양한 어려움과 반론을 느꼈다는 것입니다. 그들의 오류는 너무도 자명해서 저는 그저 제가 이해하지 못한 것이리라고 확신했습니다. 그처럼 위대한 사람들이 제 반론이 암시하는 것과 같은 초보적인 실수를 할 리가 없다고 생각했습니다. 그러나 결국 득세하게 된 비판들 중에는 제 생각과 매우 비슷한 반론들이 있었습니다. 물론 제가 할 수 있는 것보다 훨씬 설득력 있게 표현되었지만 말입니다. 그런 반론들은 오늘날 영국 헤겔주의에 대한 일반적인 답변이 되었습니다. 오늘 여기 있는 사람들 중 위대한 성경 비평가들에 대해 주저하면서도 조심스런 의구심을 가져 본 적이 있다면, 자신이 어리석기 때문에 그런 의구심이 든 거라고 생각하지 않아도 될 것 같습니다. 그런 의구심에는 자신이 생각지도 못했던 전망이 있을 수도 있습니다.

우리는 수학자들에게서도 다소 위로를 받을 수 있습니다. 비평가가 텍스트의 기원을 재구성할 때는 대개 가설의 연결linked hypotheses이라는 것을 사용해야 합니다. 그래서 불트만은 베드로의 고백이 "예수님의 생존 시기로 시간적으로 거슬러 투사된 부활절 이야기"라고 말합니다.(같은 책, p. 26.) 여기서 첫 번째 가설은 베드로가 그와 같은 고백을 한 적이 없다는 것입니다. 그런 가정 하에서, 그렇다면 그가 그런 고백을 했다고 하는 거짓 이야기가 어떻게 생겨나게 되었는지에 대한 두 번째 가설이 세워집니다. 저는 결코 인정하지 않지만, 첫 번째 가설이 90퍼센트의 확률이 있다고 해봅시다. 그리고 두 번째 가설도 90퍼센트의 확률이 있다고 해봅시다. 하지만 두 가설을 합치면

90퍼센트의 확률에 도달하지 못합니다. 두 번째 가설은 첫 번째 것의 가정 하에서만 이루어지는 것이기 때문입니다. 여기서 우리는 A 더하기 B가 아니라, AB 복합체를 갖게 됩니다. 그런데 수학자들은 AB가 81퍼센트의 확률만을 갖는다고 말합니다. 저는 이 문제를 풀 만큼 셈을 잘하지 못하지만, 복합적인 재구성에서 이렇게 가설에 가설을 덧붙이면 결국 각각의 가설 자체는 어떤 의미에서 높은 확률이 있지만 그것의 복합체 전체는 거의 아무런 의미도 없게 됩니다.

하지만 그렇다고 해서 너무 비관적으로 생각해서는 안 됩니다. 우리는 근본주의자들이 아닙니다. 이와 같은 종류의 신학에 있는 서로 다른 요소들은 서로 다른 강점을 지닙니다. 옛날에 하던 식의 텍스트 비평, 즉 라흐만[32]식의 단순한 텍스트 비평에 가까울수록 우리는 그것을 더 쉽게 믿게 됩니다. 단어 구성이 거의 똑같은 본문은 서로 개별적인 것일 수 없다는 데는 우리도 당연히 동의합니다. 이러한 비평에서 떠나 좀더 미묘하고 야심적인 재구성으로 흘러갈 때 그 방법에 대한 우리의 믿음이 흔들리는 것입니다. 그리고 기독교에 대한 우리의 믿음의 확신도 그에 비례하게 됩니다. 우리가 현대 신학의 비평 방식에 가장 회의를 품게 되는 부분은, 복음서에 나오는 어떤 내용이 그토록 이른 시기에 나타나기에는 너무도 발전된 신학 혹은 교회학을 보여 주기 때문에 역사적 사실일 리 없다는 주장입니다. 이

32) Karl Lachmann, ? ~1851년. 독일의 고전 문헌학자. 1831년 여러 가지 이문異文들에 본문 비평을 적용한 헬라어판 성경 발행.

말은 우선 거기에는 발전이 있었음을 우리가 안다는 것을 암시하며, 둘째로는 그것이 얼마나 빨리 진행되었는지 안다는 것을 암시하기 때문입니다. 그것은 그 발전이 매우 특이하게 동질적이고 연속적임을 암시하기도 합니다. 그러니까 누구도 다른 누군가에 대해 크게 차이나게 예측할 수는 없다는 것을 암묵적으로 인정하고 있습니다. 이와 같은 주장은 마치 이미 오래 전에 죽은 몇몇 사람들—어쨌거나 초대 기독교인들이 사람이었던 것은 사실이니까—에 대해, 우리가 그들과 함께 살았어도 명확하게 이야기하기 힘든 것들을 지금 우리는 안다고 하는 것 같습니다. 당시의 토론, 설교, 그리고 개인의 종교적 체험의 온갖 과정을 다 알고 있다는 것처럼 말입니다. 저는 제가 주로 속해서 살았던 집단에 대해서도 그와 같은 확신을 가지고 말할 수 없습니다. 저 자신의 사상의 궤적에 대해서조차도 그들이 초대교회 사상의 궤적을 설명하는 것만큼이나 확실하게 이야기할 수 없습니다. 그리고 누구도 그렇게 할 수 없으리라 확신합니다. 예를 들어 미래의 어느 학자가 제가 십대 때 기독교를 떠났는데 또한 십대 때 무신론자 선생에게 배웠다는 사실을 알았다고 합시다. 1세기와 2세기 동안 기독교 신학이 어떻게 발전했는지에 대해 우리가 가진 대부분의 증거보다 이것이 훨씬 좋은 증거가 되지 않겠습니까? 그 미래의 학자는 저의 변심이 제 스승 때문이었다고 결론 내리지 않겠습니까? 그리고 그 선생에게 배우기 이전의 저를 무신론자로 그리는 이야기는 전부 "시간적으로 거슬러 투사된 것"이라고 보고 거부하지 않겠습니까? 하지만 그의 그런 결론은 틀린 것입니다. 여기서 다시 한 번 제 이야기를 해서 미안합니다. 하지만 역사상의 기준으로 볼 때 자기 생애에서 전혀 있을 법하지 않은 일에 대한 성찰은 모든 사람이 해볼 만한 일입니다. 그러한 성찰은 당연히 불가지론을 부추깁니다.

왜냐하면 어떤 의미에서는 제가 바로 불가지론을 말하는 것이기 때문입니다. 저는 여러분의 생각에 있는 회의적인 요소를 덜어내고 싶지 않습니다. 단지 그것을 신약성경과 사도신경에만 국한시킬 필요가 없다는 것을 주장하는 것입니다. 다른 것도 한번 의심해 보십시오.

그와 같은 회의주의는 우리 시대의 비신화화 이면에 깔려 있는 사상에서 출발하는 것 같습니다. 그 사상은 오래 전에 티렐이 이렇게 표현한 바 있습니다. 인간은 진보하면서 "종교적 개념에 대한 이전의 부적절한 표현들에 반항한다. ……상징적으로 보지 못하고 문자적으로 본다면, 그런 표현들은 인간의 필요를 채워 주지 못한다. 인간이 그와 같은 자신의 필요가 어떤 조건으로 존재하고 어떻게 채워질 수 있는지 자신에게 명확하게 그려 내라고 하는 한 회의에 빠질 수밖에 없다. 그의 그림들은 자신이 현재 경험하는 세계에서 가져올 수밖에 없기 때문이다."[33]

물론 어떤 면에서 티렐의 말은 전혀 새로운 것이 아닙니다. 위僞디오니시우스[34]의 부정 신학Negative Theology도 그 정도의 말은 했습니다. 그러나 그 신학은 티렐과 같은 결론을 내리지는 않았습니다. 아마도

33) George Tyrrell, "The Apocalyptic Vision of Christ" in *Christianity at the Cross-Roads* (Longmans, Green & Co., 1909), p. 125.—편집자.

34) Pseudo-Dionysius. 5세기 말과 6세기 초의 익명의 신학자이자 철학자였다. 그의 책이 아레오파구스의 디오니시우스라는 필명으로 알려졌다.

옛 전통에서는 우리의 관념이 하나님께 부적절하다고 본 반면, 티렐은 그것이 '종교적 개념'에 부적절하다고 보았기 때문일 것입니다. 티렐은 그것이 누구의 개념인지는 말하지 않습니다. 그러나 안타깝게도 그의 말은 인간의 개념을 의미합니다. 인간으로서 우리는 우리가 무슨 생각을 하는지 압니다. 그런데 부활, 승천, 재림의 교리가 우리의 생각과는 맞지 않습니다. 하지만 만약 그것들이 하나님의 생각을 표현한 것이라면 어떻게 하겠습니까?

그렇다 해도 "상징적으로 보지 못하고 문자적으로 본다면" 그 표현들은 적절하지 않은 것이 여전히 사실일지도 모릅니다. 거기서부터 일반적으로 내릴 수 있는 결론은 그것을 문자적으로가 아니라 상징적으로, 즉 완전히 상징적으로만 받아들여야 한다는 것입니다. 모든 세부 사항들도 상징이고 유추라는 겁니다.

하지만 여기에는 분명 결함이 있습니다. 여기서의 논증은 이런 식으로 진행됩니다. "모든 세부 사항은 우리의 현재 경험에서 파생되는 것이다. 그러나 실재는 우리의 경험을 초월한다. 따라서 모든 세부 사항은 똑같이 상징적이다." 이와 같은 논증을, 어떤 개가 인간의 삶에 대한 개념을 가져 보려 한다는 가정을 예로 들어 설명해 봅시다. 그 개가 그리는 인간의 삶에 대한 모든 세부 사항은 개의 경험에서 파생된 것입니다. 따라서 그 개가 상상한 모든 것은 기껏해야 인간의 삶에 대한 유추된 진실일 수밖에 없습니다. 그 결론은 틀린 것입니다. 만약 그 개가 인간의 과학 연구를 자신이 하는 쥐잡기 놀이의 관점에서 시각화한다면 이것은 유추가 되겠지요. 그러나 그 개가 유추의 의미에서만 먹는 것을 인간의 속성으로 단정할 수 있다고 생각했다면 그 개는 틀린 것이 됩니다. 불가능한 일이기는 하지만 만약 개가 실제로 인간의 삶 속으로 하루라도 들어올 수 있다면, 그 개는 지금까지 상상도 못했던 차이점에 놀라는 것만큼이나 지금까지 생각하지도 않았던 유사성에도 놀랄 것입니다. 그 개가 경건한 개였다면 충격을 받을 것입니다. 만약 그 개가 근대주의 개라면 자신의 모든 경험을 믿지 못하고 수의사에게 데려가 달라고 할 것입니다.

그러나 개가 인간의 삶으로 들어올 수는 없습니다. 결과적으로, 그 개가 인간의 삶에 대해 아무리 잘 생각해 냈다 하더라도 그것은 비유와 상징으로 가득할 뿐이라고 확신할 수 있겠지만, 그중 하나라도 집어내어 '이것은 전적으로 상징이다'라고 할 수는 없을 것입니다. 어떤 대상을 재현해 낸 것이 전부 상징임을 확신하려면, 재현되는 그 대상에 재현과는 별개로 접근할 수 있어야 하고, 그 대상과 그 대상의 재현을 비교할 수 있어야 합니다. 승천 이야기가 자신의 종교적 개념에는 부적합한 것이라고 티렐 박사가 말할 수 있는 이유는, 그가 자신의 개념을 알고 있고 그것과 승천의 이야기를 비교할 수 있기 때문입니다. 하지만 만약 우리가 초월적이고 객관적인 실재에 대해 묻고 있는데 그 실재에 접근할 수 있는 방식이 그 승천 이야기밖에 없다면 어떻게 하겠습니까? "우리는 알지 못한다. 참으로 알지 못한다"고 말할 따름입니다. 그렇다면 우리는 우리의 무지를 진지하게 받아들여야 합니다.

물론 "상징적으로 보지 않고 문자적으로 본다"라는 말이 "단순한 물리학의 관점에서 본다"라는 뜻이라면, 이 이야기는 종교의 이야기도 아닙니다. 지구에서 멀어지는 움직임—승천이 물리적으로 의미하는 바가 바로 이것입니다—은 그것 자체로는 영적인 중요성을 갖는 사건이 아닙니다. 따라서 여러분은 영적인 실재는 승천 이야기와 유추 관계만 있다고 주장합니다. 하나님과 하나님의 연합 그리고 인간과 신인神人과의 연합은 공간 문제와는 아무 상관이 없으니까요. 여러분에게 이것을 가르쳐 준 사람은 누굽니까? 여러분이 정말로 의미하는 바는, 어떻게 그것이 서로 연관이 있을 수 있는지 도대체 모르겠다는 것입니다. 그것은 종전의 입장과는 퍽이나 다른 주장입니다. 하나님이 나를 아시는 것처럼 나도 알게 될 때 나는 어느 부분의 이야기가 순전히 상징적이고 어느 부분이 그렇지 않은지 말해 줄 수 있을 것입니다. 그때가 되어야 초월적 실재가 어떻게 공간성을 배제하고 몰아내는지, 혹은 상상할 수는 없지만 어떻게 그것이 공간성을 담아내고 거기에 큰 의미를 부여하는지 알게 될 것입니다. 그때까지 기다리는 게 좋지 않겠습니까?

여기까지가 '매애'거리는 한 평신도가 현대 신학에 보이는 반응입니다. 여러분은 그 소리를 들어야 합니다. 그런 소리를 자주 듣지는 못할 것입니다. 여러분의 교구민들이 그렇게 솔직하게 여러분에게 말하는 경우가 많지 않을 것이기 때문입니다. 한때 평신도들은 자신이 목사보다 너무도 믿음이 적다는 사실을 숨기려고 애를 썼습니다. 그러나 이제는 그가 목사보다 훨씬 많은 것을 믿는다는 사실을 숨기려는 경향이 있습니다. 자기 교회 목회자에게 선교사가 된다는 것은 참으로 당황스런 역할입니다. 하지만 그와 같은 선교 사역이 곧 행해지지 않는다면 영국 교회의 미래 역사는 매우 짧을 것이라는 끔찍한 생각이 듭니다.

14 보는 눈

러시아인들이 우주 공간에서 하나님을 발견하지 못했다고 전했다는 이야기를 들었습니다. 그런데 여러 시대 여러 나라에 걸쳐 수많은 사람들이 바로 이 지구 상에서 하나님을 발견했거나 하나님께 발견되었다고 주장합니다.

어떤 사람들은 이런 사실로부터 우리가 하나님은 존재하지 않는다는 결론을 내리기를 바랍니다. 그러면 지구 상에서 하나님을 만났다고 생각하는 사람들은 필시 망상에 빠져 있는 것이 되겠지요.

하지만 다른 결론들을 내릴 수도 있습니다.

1. 우리는 아직 우주에서 충분히 멀리 가보지 않았다. 미 대륙이 발견되기 훨씬 오래 전부터 배들은 대서양을 항해했지만 그때는 미 대륙을 발견하지 못했다.
2. 하나님은 존재하지만 지역적으로 이 지구 상에만 국한되어 있다.
3. 그 러시아인들은 하나님을 감지하는 데 꼭 필요한 장치가 없었기

때문에 우주에서 하나님을 발견하고도 알지 못했다.

4. 하나님은 존재하지만 우주의 특정 부분을 차지하거나 흩어져 있는 대상이 아니다. 한때 우리는 에테르[1]가 전 우주에 흩어져 있다고 생각했다.

이 가운데 앞의 두 결론에 대해선 저는 관심이 없습니다. 그런 정도로 변호될 수 있는 종교라면 그것은 미개인들을 위한 종교일 것입니다. 그러니까 특정 사원이나 섬이나 숲에 국한될 수 있는 지역 신을 믿는 것입니다. 러시아인 혹은 일부 러시아인과 서구의 많은 사람들이 종교를 믿지 않는다 할 때는 바로 이런 종교를 두고 하는 말이 아닌가 합니다. 어떤 우주 비행사도 그와 같은 종류의 신을 발견하지 않았다는 사실에 우리는 전혀 불안하지 않습니다. 만약 그들이 그런 신을 발견했다면 정말 불안한 일이 되었을 것입니다.

세 번째와 네 번째 결론이 저를 자극하는 것들입니다.

우주 탐험으로 하나님이나 천국을 찾는 것은 마치 셰익스피어의 모든 희곡을 읽거나 그 공연을 보며 등장인물들 가운데서 셰익스피어를 찾으려 하거나 배경 장소 가운데서 스트랫포드[2]를 찾으려 하는 것과 같습니다. 셰익스피어는 어떤 의미에서 자신이 쓴 모든 희곡에 매 순간 현존하고 있습니다. 그러나 결코 폴스타프나 맥베스 부

1) ether. 대기 밖의 공간에 차 있는 정기.
2) Stratford. 셰익스피어의 생가가 있는 곳.

인처럼 존재하지는 않습니다. 기체처럼 희곡 전체에 퍼져 있는 것도 아닙니다.

희곡이 (배우들, 연출가, 매니저, 무대 담당 등은 말할 것도 없고) 작가 없이 저절로 존재한다고 생각하는 바보가 있다면, 그가 셰익스피어의 모든 희곡을 연구했지만 셰익스피어는 결코 발견하지 못했다고 아무리 정직하게 말한들 셰익스피어에 대한 우리의 믿음이 흔들리지는 않을 것입니다.

그러나 다른 사람들은 자신의 지각 능력에 따라 다양하게 그의 희곡에서 '셰익스피어를 발견'했습니다. 하지만 그런 '발견'은 앞의 예의 그 불쌍한 친구가 생각하는 것과는 사뭇 다른 종류의 발견입니다.

심지어 그 사람도 실제로는 자신도 알지 못하는 사이에 셰익스피어의 영향을 받았습니다. 다만 셰익스피어를 감지하는 데 필요한 장치가 없었을 뿐입니다.

물론 이것은 유추일 뿐입니다. 하나님의 존재가 셰익스피어의 존재만큼 쉽게 입증된다고 주장하는 것이 아닙니다. 제 말은, 만약 하나님이 존재한다면 하나님과 우주의 관계는 우주 속의 한 대상과 또 다른 대상의 관계보다는 작가와 희곡의 관계에 더 가깝다는 뜻입니다.

하나님이 우주를 창조했다면 그분은 시공간을 만드신 것이며, 시공간과 우주는 운율과 시 혹은 음조와 음악의 관계와 같습니다. 하나님을, 하나님 자신이 고안해 낸 틀 안에 있는 한 요소로 생각하고 찾는 것은 터무니없는 짓입니다.

어떤 종교든 성숙한 종교가 믿는 그런 신이 존재한다면, 우주 공간에서 그저 이동한다고 해서 지금 바로 이 순간 우리가 있는 곳에서 신에게 조금이라도 가까워지지도 멀어지지도 않을 것입니다. 켄타우루스 자리의 알파별이나 심지어 그 밖의 다른 은하로 여행한다고 해서 신에게 이를 수 있는 것도, 그를 피할 수 있는 것도 아닙니다. 바닷속 물고기는 천 킬로미터를 헤엄쳐 간 후에도 처음 출발할 때처럼 여전히 바닷속에 있습니다.

그렇다면 어떻게 해야 우리는 하나님께 이르거나 하나님을 피할 수 있을까요?

하나님을 피하는 것은 무척이나 어렵다는 것이 여러 시대와 장소에 걸쳐 입증되었습니다. 인류 가운데 참으로 많은 사람들이 하나님을 피하지 못했지요. 그러나 우리 시대와 장소에서는 그것이 너무나 쉽습니다. 침묵을 피하고, 고독을 피하고, 관습에서 벗어난 일체의 생각을 피하십시오. 돈, 섹스, 지위, 건강 그리고 (무엇보다도) 자신의 불만에 집중하십시오. 라디오를 틀어 놓으십시오. 군중 속에서 사십시오. 진정제를 많이 복용하십시오. 책을 읽어야 한다면 아주 신중하게 골라서 읽으십시오. 가능하면 신문을 읽는 것이 더 안전할 것입니다. 광고가 도움이 될 것이고, 특히 야하거나 속물적인 매력을 호소하는 광고들이 도움이 될 것입니다.

반대로 하나님께 도달하는 부분에 대해서는 제가 썩 신뢰할 만한 안내자가 되지 못합니다. 저는 한 번도 하나님을 찾아본 경험이 없기 때문입니다. 오히려 그 반대였습니다. 하나님은 사냥꾼이었고—적어도 제게는 그렇게 보였습니다—저는 쫓기는 사슴이었습니다. 하나님은 아메리카 인디언처럼 저를 몰래 추적했고, 확실하게 겨냥해서

적중시켰습니다. 하나님과 저의 첫 번째 (의식적인) 만남이 그렇게 일어나서 저는 무척 감사하고 있습니다. 덕분에 그 모든 것이 소망 충족에 불과했다는 두려움이 그 만남 후에 따라올 수 없었기 때문입니다. 자신이 바라지도 않은 일이 이루어진 것을 소망 충족이라고 부를 수는 없는 노릇이니까요.

하지만 오랫동안 회피해 온 그 만남이, 제가 제 양심을 따르려고 진지하게 노력하고 있던 그때 일어났다는 것은 의미심장합니다. 물론 그러한 노력이 실제로는 생각보다 훨씬 덜 진지했겠지만, 그래도 오랜만에 참으로 진지하게 했던 노력이었습니다.

그와 같은 노력의 첫 번째 결과로 실제 모습에 좀더 가깝게 자신을 바라보게 됩니다. 그렇게 되면 이내 자신이, 온전한 의미에서 정말로 사람인가 하는 의문을 갖게 됩니다. 자기 자신을 '나'—이것은 신성한 이름입니다—라고 부를 권리가 있는지 의문을 갖게 됩니다. 그렇게 하다 보면 그 과정은 마치 정신분석을 받는 것 같습니다. 다만 좀 싸게 먹힐 뿐이지요. 비용 면에서만 그렇다는 말입니다. 다른 면에서는 오히려 더 비쌀 수도 있습니다. 그와 같은 의문을 갖다 보면 자신이라고 부르던 그것이 깊이를 알 수 없고 위험한 바다의 표면에 덮인 얇은 막에 불과하다는 것을 알게 됩니다. 그러나 위험하기만 한 것은 아닙니다. 부글거리는 분노와 떠날 줄 모르는 탐심뿐만 아니라 번뜩이는 기쁨과 영감들도 표면에 나타납니다.

그렇다면 일상적인 자아는 외관*façade*일 뿐입니다. 그 이면에는 보이지 않는 방대한 영역이 있습니다.

게다가 물리학자들의 말을 들어 보면 우리 주변의 모든 사물도 마찬가지라는 점을 알게 됩니다. 이 탁자와 의자들, 잡지, 나무, 구름과 산도 다 외관일 뿐입니다. (과학적으로) 그 안을 들여다보면 상상도 못할 원자의 구조를 발견하게 됩니다. 그러니까 결국에 가서는 수학 공식을 발견하게 되는 것입니다.

당신이—'당신'이라는 말의 의미가 무엇이든—앉아서 책을 읽고 있습니다. 거기에는—'거기'의 의미가 무엇이든—하얀 종이에 검정색 기호들이 찍혀 있습니다. 둘 다 외관입니다. 그 이면에는, 그러니까 그 무엇인가가 있습니다. 비록 서로 다른 상징들을 사용하기는 하지만, 심리학자들과 신학자들은 '당신'이라는 외관 이면에 있는 심연을 탐사하려고 할 때 동일하게 상징을 사용합니다. 그러니까 '이것은 이러하다'라고 할 수는 없지만, '이것은 다소 이러이러한 것과 같다'라고 할 수는 있습니다. 그리고 검정색 기호들이 찍힌 하얀 종이의 이면을 탐사하려는 물리학자들이 줄 수 있는 것은 수학 공식뿐입니다. 그러나 수학 공식이 실재에 대한 진실을 말해 줄 수는 있겠지만, 실재 그 자체일 수는 없습니다. 등고선이 진짜 산일 수 없는 것처럼 말입니다.

이런 정황에 대해 어떤 전문가라도 제가 비난하려는 것이 아닙니다. 그들은 발전하고 있습니다. 그들은 늘 무엇인가를 발견해 내고 있습니다. 정부가 물리학자의 발견을 오용한다고 해서, 소설가나 전기 작가들이 심리학자들의 발견을 오용한다고 해서 그 전문가들을 비난할 수는 없습니다. 어쨌거나 여기서의 요지는 모든 새로운 발견은 신비를 흩어 버리는 것이 아니라 오히려 더 깊게 만든다는 것입니다.

만약 당신이 존재하는 모든 것은 반드시 통일성을 가져야 한다고 믿어야 하는 부류의 사람이라면, 하나의 외관 이면에 궁극적으로 존재하는 것은 또 다른 외관의 이면에도 궁극적으로 존재한다는 것이 무척이나 당연해 보일 것입니다. 또 만약 당신이 그런 부류의 사람이라면, 당신이 자기 자신이라고 부르는 영역에서 그 궁극의 신비와 접촉하는 것이 당신이 물질이라고 부르는 것을 통해 그 신비와 접촉하는 것보다 훨씬 가깝다고 생각하게 될 것입니다. 왜냐하면 '나'라는 하나의 사례case에서는, 일반적이고 의식 있는 '나'가 미지의 심연과 이어져 있기 때문입니다.

그러고 나면 당신은 당신의 양심에 대고 말하는 그 목소리—다른 사람들처럼 저도 상징적으로 말할 수밖에 없습니다—그리고 당신의 가장 강렬한 기쁨 속에서 말하는 그 목소리, 때로는 고집스럽게 침묵하고 때로는 너무 쉽게 묻혀 버리지만 또 어떤 때는 너무도 시끄럽고 단호한 그 목소리가, 실은 당신이 그 신비에 가장 가까이 접촉하는 것이라 믿게 되고, 따라서 끝내 다른 어떤 것보다도 그 목소리를 신뢰하고, 순종하고, 두려워하고, 갈망해야 한다고 믿게 될 수 있습니다.(그렇게 믿게 되는 사람들이 더러 있습니다.) 그러나 당신이 다른 부류의 사람이라면 이런 결론에 이르지 못할 것입니다.

우리가 출발점으로 삼았던 우주 비행사들과 관련된 질문과 이것이 어떻게 연관되는지 모두가 이해할 수 있기를 바랍니다. 제가 지금까지 묘사한 발견의 과정은 당신이 어디에 있건 똑같이 이루어질 수도 있고, 이루어지지 않을 수도 있습니다. 종교를 믿는 모든 사람과 그렇지 않은 모든 사람이 이 과정을 거쳤거나 이 과정을 거부한 것이라고 말하는 것이 아닙니다. 일단 종교와 그것에 반대되는 것이 세상에 존재하게 되면—게다가 둘 다 아주 오랫동안 세상에 존재했으므로—두 진영 어디든 그곳에 속한 다수의 사람들은 단순한 순응주의자들일 것입니다. 그들의 신앙 혹은 불신앙은 자신이 받은 가정교육과 그들이 속한 사회의 지배적인 분위기의 결과로 생긴 것입니다. 그들은 스스로 하나님을 찾아 나서거나 하나님을 향해 돌진하는 일을 한 번도 해보지 않았을 것입니다. 그러나 이와 같은 일을 스스로 해본 소수가 존재하지 않는다면 체제에 순응하는 다수도 존재하지 않을 거라고 저는 생각합니다.(제가 그 다수를 경멸한다고 생각하지 말기 바랍니다. 그 다수 중에는 저보다 나은 그리스도인들이 있고, 그 소수 중에는 과거의 저보다 훌륭한 무신론자들이 있다고 저는 확신합니다.)

사실 우주여행은 이 문제와 아무 상관이 없습니다. 어떤 사람들에게 신은 어디서나 발견할 수 있는 존재이고, 또 어떤 사람들에게는 아무데서도 발견할 수 없는 존재입니다. 지구 상에서 신을 찾지 못하는 사람은 우주에서도 찾지 못할 것입니다.(사실 우리는 이미 우주에 있지 뭡니까. 해마다 우리는 우주에서 거대한 원을 그리며 여행합니다.[3]) 그러나 성인聖人을 우주선에 태워 보내면 그는 지구에서 그랬던 것처럼 우주에서도 신을 발견할 것입니다. 많은 것이 보는 눈에 달려 있습니다.

이것은 특히 제가 믿는 종교가 확인해 주는 바이기도 합니다. 저는 기독교를 믿습니다. 신을 신 자신이 만든 작품, 즉 우주 속에서 찾으려는 것은 터무니없는 일이라고 좀 전에 제가 말했을 때 일부 독자

3) 지구의 공전을 뜻함.

들은 항의하며 이렇게 말하고 싶었을 것입니다. "하지만 기독교에 따르면 바로 그런 일이 한 번 일어났다고 하지 않습니까? 기독교의 핵심 교리는 신이 인간이 되어 팔레스타인에 사는 다른 사람들과 함께 다녔다는 것 아닙니까? 이것이 바로 자신의 작품 속 한 요소로 나타나는 일이 아니라면 무엇이란 말입니까?"

이런 반론은 타당한 것입니다. 거기에 대응하기 위해 저는 희곡을 들어 설명한 저의 유추를 다시 조정해야겠습니다. 극작가가 자신이 쓴 희곡의 한 인물로 자신을 소개하고 있는데 다른 인물들에게 뻔뻔한 사기꾼으로 몰려 무대에서 떠밀리는 희곡을 상상해 볼 수 있을 것입니다. 이런 희곡은 참 재미있는 작품이 될 수도 있습니다. 만약 제가 극작에 조금이라도 재능이 있다면 직접 써 보려고 했을 것입니다. 하지만 (제가 아는 한) 그런 희곡은 존재하지 않기 때문에 내러티브 작품으로 바꾸어 생각하는 게 더 나을 것입니다. 저자가 자신을 등장인물 중 하나로 내세우는 이야기 말입니다.

단테의 《신곡》에서 실제로 이런 경우를 볼 수 있습니다. 단테는 이 모든 것을 만들어 내며 시 바깥에 존재하는 시적 영감이면서, 다른 등장인물들이 그를 만나 함께 대화를 나누는 시 안의 인물이기도 합니다. 이와 같은 유추가 실재와 맞지 않는 부분은 이 시에 있는 모든 내용이 상상에 불과하다는 점입니다. 즉 이 등장인물들에게는 자유의지가 전혀 없습니다. 그들(등장인물)은 단테(시인)가 시키는 말만 단테에게 할 수 있습니다. 저는 우리 인간이 신과 그런 식의 관계를 맺는다고 생각하지 않습니다. 저는 신이, 시인이나 소설가의 등장인물처럼 부분적으로 독립적인 인생을 사는 것처럼 보이게 무엇을 만들 수 있을 뿐만 아니라, 실제로 그렇게 독립적인 인생을 살게도 할 수 있다고 생각합니다. 이 유추는 두 가지 면에서 거칠게나마 성육신에 대한 모델을 제시해 줍니다. 첫째, 시인 단테와 등장인물 단테는 어떤 의미에서는 하나지만 또 다른 의미에서는 둘입니다. 이것은 신학자들이 그리스도 안에 있는 '두 가지 본성(신성과 인성)의 연합'이라고 하는 것의 의미를, 다소 감이 떨어지기는 하지만 희미하게나마 연상시켜 줍니다. 둘째, 그 시에 나오는 다른 인물들은 단테를 만날 수 있고, 볼 수 있고, 그의 말을 들을 수 있습니다. 하지만 그들은 자신들이 존재하는 세계 전체를 단테가 만들어 내고 있으며, 단테는 그 세계 밖에서 그 세계와는 독립적으로 단테 자신의 인생을 살고 있다는 사실을 전혀 알아차리지 못합니다.

이 두 번째 점이 가장 상관성 있는 부분입니다. 왜냐하면 기독교 이야기를 보면 그리스도를 하나님으로 인식한 사람은 정말이지 거의 없었습니다. 어쩌면 오직 베드로만이, 그나마도 아주 잠시 알아보았을 뿐인데, 그는 이 지구에서뿐만 아니라 우주에서도 똑같은 이유에서 신을 발견했을 것입니다. 왜냐하면 그리스도가 베드로에게 "이것을 너에게 알리신 분은 사람이 아니다"라고 말씀하셨기 때문입니다. 과학적 방법으로는 그와 같은 종류의 사실을 발견할 수 없습니다.

우주에서 신을 발견할 수 있을 것이라는 우주 비행사들의 기대 자체가 실은 그리스도의 피를 표본 추출하거나 그리스도를 해부해서 그의 신성을 증명 혹은 반증하려는 시도와 흡사합니다. 그들 나름대로는 그 두 가지를 다 시도했습니다. 그래도 여전히 그들은 이해하지 못했습니다. 여기서 필요한 것은 인식의 특정 기능입니다.

당신이 하나님을 전혀 모른다면, 예수 안에서건 우주에서건 하나님을 알아보지 못하는 것은 당연합니다.

그렇다면 우주에서 하나님을 발견하지 못했다는 사실에 저는 전혀 개의치 않습니다. 미국과 러시아의 '우주 경쟁'에 대해서도 그다지 신경 쓰지 않습니다. 그들이 그 경쟁에 더 많은 돈과 시간과 기술과 열정을 쏟으면 쏟을수록 무기에는 관심을 덜 쏟아도 되리라고 바랄 수 있겠지요. 강대국들의 힘은 비싼 물건들을 만들어서 외부로 내던지는 것보다 훨씬 유용하게 쓰일 수 있겠지만, 그보다 덜 위험하게 쓰이는 경우는 없는 듯하니까요. 행운을 빕니다! 그것은 열기를 발산하기에는 탁월한 방법입니다.

하지만 우주여행이 대부분의 사람들이 기대하는 수준에 도달하게 되면 제가 신경 쓰일 부분이 세 가지 있습니다.

첫째는, 단순히 감상적인 혹은 미학적인 부분입니다. 어느 달밤에 희미한 달을 올려다보면서 '아 그래, 저기 왼쪽이 러시아 영역이고, 저기 오른쪽이 미국 영역이지. 그리고 저기 위쪽이 바로 현재 위기 상황이 발생할 조짐이 보이는 부분이지'라고 생각해야 한다면 그 달밤은 결코 예전과 같지 않을 것입니다. 신화와 시인과 연인들의 달, 그 태고의 달은 영원히 우리 곁을 떠나게 될 것입니다. 우리 정신의 일부가, 우리의 정서적인 부유함의 거대한 덩어리가 사라지게 될 것입니다. 아르테미스라 불리든 다이애나라 불리든, 그 은빛 행성은 그렇게 모든 인류에게 속한 것이었습니다. 그 달에 가장 먼저 도달하는 사람은 우리 모두에게서 무엇인가를 빼앗아가는 사람이 될 것입니다.

둘째로, 만약 다른 행성에서 이성적 존재들을 발견한다면 더 실제적인 문제들이 생길 것입니다. 제 생각에는 이런 일이 일어날 확률은 거의 없습니다. 그 가능성은 태양계의 다른 행성에 생명체가 있을 가능성과 비례합니다. 그런 생명체가 항성들보다 더 가까운 곳에 있지는 않을 것입니다. 그리고 우리가 달에 도달한다 해도 항성으로의 여행은 개헤엄으로 강을 건넌 최초의 사람이 태평양을 건너는 과제를 앞둔 상태와 마찬가지일 것입니다.

이런 생각은 제게는 참으로 반가운 것인데, 왜냐하면 솔직히 말해서 인류가 다른 외계의 지적 존재와 만나는 것이 저는 별로 내키지 않기 때문입니다. 저는 지금까지 백인들이 어떻게 흑인들을 다뤄왔는지를 보았으며, 심지어 문명화된 사람들 사이에서도 강자가 약자를 어떻게 다루었는지 보았습니다. 우리가 우주의 깊은 곳 어디에서, 순진하고 호감은 가지만 기술적으로 우리보다 뒤진 종족을 만난다면, 똑같은 역겨운 역사가 반복될 것을 저는 의심하지 않습니다. 우리는 그들을 노예로 삼고, 속이고 착취하고 멸절시킬 것입니다. 하다못해 우리의 악으로 그들을 타락시키고 우리의 질병을 그들에게 감염시킬 것입니다.

우리는 아직 다른 세계를 방문할 상황이 아닙니다. 우리는 우리의 세계를 대학살과 고문과 매독과 기근과 사막화 등 보고 듣기에 끔찍한 온갖 일들로 가득 채웠습니다. 우리가 새로운 영역마저도 그렇게 감염시켜야겠습니까?

물론 우주에서 우리보다 더 강력한 종을 만날 수도 있습니다. 그렇다면 우리는, 만약 그것이 우주에서 하나님을 만난 게 아니라면, 적어도 하나님의 심판을 만난 셈이 될 겁니다. 하지만 그때도 마찬가지로 그러한 현실을 감지하는 장치가 제대로 작동하지 못할 것입니다. 의로운 존재들이 자신들을 비참하게 만들려고 온 적들을 파멸시키는 게 정당하다 해도 우리는 그러한 파멸을 심판이 아니라 그저 우리의 불운으로 여길 것입니다.

공상과학 소설에 제 나름의 자그마한 기여를 하고자 했던 첫 번째 동기는 바로 이와 같은 생각에서였습니다. 당시 그 장르의 글을 쓰는 사람들은 거의 자동적으로 다른 세계의 주민들은 괴물로, 그리고 지구를 점령한 자들은 선한 존재로 그렸습니다. 그때 이후로는 그 반대의 설정이 비교적 흔한 일이 되었습니다. 만약 그와 같은 변화에 제가 조금이라도 기여했다고 생각할 수 있다면 저는 무척 자랑스러울 것입니다.[4)]

참고로 말하자면, 돌고래와 관련해서도 같은 문제가 우리를 위협하고 있습니다. 그들이 지적 존재라는 것은 아직 증명되지 않은 것 같습니다. 그러나 만약 그들이 지적 존재라면 우리는 동료 인간을 노예화할 권리가 없는 것처럼 돌고래를 노예화할 권리도 없습니다. 그리고

---

4) 여기서 언급하는 소설은 루이스의 우주 소설, 《침묵의 행성 밖에서*Out of the Silent Planet*》, 《페렐란드라*Perelandra*》, 《그 가공할 힘*That Hideous Strength*》입니다. 그는 타락한 지구의 점령자들이 다른 행성에서—그의 책에서는 화성과 금성에서—구원받을 필요도 없고 우리에게서 배울 것이 하나도 없는 타락하지 않은 지적 존재를 발견한다는 생각을 처음으로 제시한 작가일 것이다. 그의 에세이 '우주에 가면 우리는 하나님을 잃을 것인가?Will We Lose God in Outer Space?' *Christian Herald*, vol. LXXXI(April, 1958), pp. 19, 74~76도 보라.—편집자.

몇몇 사람들은 계속 그렇게 말하겠지만 조롱당할 것입니다.

셋째는 바로 이것입니다. 단 하나의 지적 종족이 아니라 수없이 많은 지적 종족이 우주 여기저기 흩어져 있는 것을 발견한다는 생각에 어떤 사람들은 걱정하고 어떤 사람들은 기뻐합니다. 두 감정 모두 그와 같은 발견이 기독교 신학에 치명적일 것이라는 생각에서 나온 반응입니다. 사람들은 신학이 하나님의 성육신을 인간의 타락, 구원과 연관시킨다고 말할 것입니다. 이와 같은 신학은 우리의 종과 이 작은 행성을 우주 역사의 중심에 놓게 해주는데, 만약 수백만 개의 행성에 지적 존재들이 살 경우 그러한 신학은 신뢰할 수 없게 됩니다.

구세대 독자들은 이와 같은 관점에 포함된 천문학적 고찰이 과거와는 얼마나 크게 다른지 눈치 챌 것입니다. 우리가 어렸을 때는, 제가 아는 한 모든 천문학자들이 우주의 어떤 영역에서도 생명체의 존재는 불가능하다고 단언했습니다. 무생물이 지배하는 이 우주에서 지구만이 유일한 예외라는 생각은 있을 법하지 않은 생각이 아니었습니다. 그런데 이제는 호일 교수[5]와 그 외의 많은 사람들이 우주가 이처럼 광대하니만큼 셀 수 없이 많은 시간과 장소에서 생명체가 생겨났던 것이 분명하다고 말합니다. 흥미롭게도 저는 이 두 가지 의견 모두가 기독교를 반대하는 논증으로 사용되는 것을 들었습니다.

---

5) 프레드 호일Fred Hoyle(1915~2001년)을 일컫는 것 같음. 천문학자이자 공상과학 소설가였으며, 케임브리지 대학 천문학 연구소에서 주로 일했다.

제가 보기에는 지적 존재를 발견할 경우 생길 수 있는 신학적 추론이나 난제가 무엇인지 말할 수 있으려면 먼저 지적 종족에 관한 가설에 대해 우리가 현재 알 수 있는 것—현재로서는 아는 것이 전혀 없으므로—보다 더 많은 것을 알아내야 합니다.

예를 들어 우리는 우리처럼 지적이지만 우리와 달리 무죄한 종족을 발견할 수도 있습니다. 전쟁도 없고 아무런 사악함도 없이 오직 평화와 좋은 친구 관계만 있는 종족이 있을 수 있습니다. 그런 종족이 성육신이나 구원의 이야기에 대해 전혀 아는 바가 없다 해도, 심지어 그들이 우리 이야기를 이해하거나 받아들이기조차 힘들어한다 해도 당혹스러워할 그리스도인은 없을 거라고 저는 생각합니다. 그런 세계는 구원이 필요하지 않기 때문에 구원이 없었을 것입니다. "건강한 자에게는 의사가 쓸 데 없고"[6]라고 우리 주님은 말씀하셨습니다. 한 번도 길을 잃은 적이 없는 양은 찾아 나설 필요가 없는 법입니다. 그런 종족으로부터는 배워야 할 것이 많을 터이며 그들에게 가르칠 것은 하나도 없을 것입니다. 우리가 현명하다면 그들의 발 앞에 엎드릴 것입니다. 하지만 우리는 그런 사실을 '받아들이기가' 힘들 것입니다. 우리는 그들을 멸절시킬 만한 이유를 만들어 내고야 말 것입니다.

아니면 우리처럼 선과 악이 모두 있는 종족을 만날 수도 있습니다. 그리고 그들에게도 우리처럼 어떤 구원의 길이 마련되어 있다는

---

6) 마 9:12.

것을 발견할 수 있습니다. 그들 역사의 어느 시점엔가 그들을 개선시키기 위한 위대한 간섭이 있었을 것이고, 일부 사람들은 그것을 초자연적이라고 믿었을 것이며, 그와 같은 간섭의 효과는 종종 방해받고 곡해되기도 하지만 여전히 그들 가운데 남아 있을 것입니다. 제 생각에는 그와 같은 구원의 이야기가 반드시 성육신, 수난, 죽음, 부활의 형태를 따를 필요는 없습니다. 하나님은 다른 방식으로 잃어버린 세계를 구원하실 수 있습니다. 제가 어떻게 그것을 상상할 수 있겠습니까? 그리고 우리와는 다르게 진행되는 그와 같은 구원 방식은, 우리의 무신론자들은 말할 것도 없고 우리의 선교사들도 쉽게 알아채지 못할 것입니다.

우리는 우리처럼 구원이 필요하기는 하지만 그 구원이 주어지지 않은 종족을 만날 수도 있습니다. 하지만 그런 경우가, 어느 그리스도인이든 그가 그리스도를 모르는 새로운 야만인 부족을 처음으로 만나는 경우보다 근본적으로 더 어려울 이유가 있겠습니까? 그럴 경우에는 그들에게 복음을 전하는 것이 우리의 의무일 것입니다. 그들이 죄를 지을 수도 있고 회개할 수도 있는 이성적인 존재라면, 그들의 모습이 어떻든 그들은 우리의 형제일 것이기 때문입니다. 인간을 통해 지구로부터 이러한 복음이 퍼져 나간다고 해서 지구와 인간이 더 탁월하다는 것을 의미합니까? 진정한 의미에서 그렇지는 않습니다. 어떤 일이 시작되려면 어느 시점과 공간에서 시작될 수밖에 없습니다. 그리고 그 시기와 장소에 대해서도 '왜 하필 그때 그곳이었는가?' 하는 질문은 있기 마련입니다. 기독교가 우주로 찬란하게 뻗어 나가서 그 이야기에서 지구가 차지하는 자리는 서곡에 불과할 것이라는 생각도 해볼 수 있습니다.

마지막으로, 우리는 극도로 악마적인 종족을 만날 수도 있습니다. 선함이 조금이라도 빛을 발할 수 있을 만큼의 최소한의 불꽃도 감지될 수 없고, 모두가 철저히 뼛속까지 왜곡되어 치료 불가능한 종족이 있을 수 있습니다. 그럴 경우에는 어떻게 해야 합니까? 그리스도인들은 실제로 그런 존재가 있다는 말을 늘 들었습니다. 물론 우리는 그런 존재는 모두 육체가 없는 영적인 존재라고 생각했지요. 그렇다면 그 사소한 부분만 다시 조정하면 될 것입니다.

하지만 이 모든 것은 환상적fantastic 추측의 영역에 속한 것들입니다. 우리는 다리에 도달하기도 전에, 심지어 다리를 놓아야 할 강이 있는지 알기도 전에 다리부터 건너려 하고 있습니다.

편집자의 말

1929년 회심한 지 얼마 되지 않아 C. S. 루이스는 친구에게 이렇게 편지를 썼다. "기독교의 분열에 대해 이런저런 말들을 한다 해도 (그리고 그 말들이 사실이라 해도), 하나님의 자비로 기독교 안에는 방대한 공통 기반이 남아 있습니다."[1] 그때 이후로 루이스는 믿지 않는 이웃들을 위해 자신이 할 수 있는 최선의 섬김은, 어느 시대건 거의 모든 기독교인들에게 공통되었던 신앙—그가 종종 '순전한mere' 기독교라고 표현한 '방대한 공통 기반'—을 설명하고 변호하는 것이라고 생각했다.

그는 철저한 초자연주의자로서 창조, 타락, 성육신, 부활, 재림을 믿었고, 종말과 관련해 죽음, 심판, 천국, 지옥이 있음을 믿었다. 그는 상당히 다채롭게 '순전한' 기독교를 변호했는데, 변호가 필요한 부분이 어디냐에 따라 다르게 접근했다. 그는 가장 취약하다고 느껴지는 부분을 변호했고, 청중에 맞게 다양한 전략을 구사했다. 다소 이질

1) 성 베네딕트 수도회 수도사 비드 그리피스Bede Griffiths에게 보낸 미출간 편지글에서. 1933년경.—편집자.

적인 글들을 모아 놓은 이 기독교인의 '숙고'에서 그러한 사실이 잘 나타난다고 나는 생각한다. 연대순으로 배열하고자 한 이 열네 편의 글은 루이스 생애의 마지막 이십여 년에 걸쳐 기록된 것들이다. 정기 간행물에 기고한 글들도 있고, 이 책을 통해 처음으로 출판되는 글들도 있는데, 후자의 글들은 옥스퍼드 대학, 케임브리지 대학과 관련된 여러 학회에서 발표된 것들이다. 일부 초기 논문들에는 루이스의 후기 작품들을 예고하는 듯한 글들이 있는데, 그러한 중복은 불가피하다고 본다.

통일된 하나의 세트로 구입할 수 있는 〈C. S. 루이스 전집〉 같은 것은 아직 없다. 하지만 만약 전집이라는 것을 구할 수 있어서(루이스의 거의 모든 작품이 낱권으로는 쉽게 구할 수 있다) 누군가 그의 '종교적인 작품'으로 분류되는 모든 책을 처음부터 끝까지 다 읽는다면, 내가 루이스의 신학적 작업의 핵심적 전제로 꼽는 것에 깊은 인상을 받을 것이다. 종교적이지 않은 주제들을 다룬 책에서까지도 은연중에 나타나는 그 전제는 바로 모든 인간은 불멸한다는 것이다.

이 사실을 별도로 강조해야 하는 이유는, 루이스가 이해하는 '순전한'(즉 '순수한') 기독교에서 그것이 그토록 중요한 요소이기도 하지만, 인간이 불멸한다는 사실이 오늘날 많은 사람들에게 뉴스거리이기 때문이다. 그리고 (이 점은 루이스도 나를 지지하리라 생각하는데) 현대의 자유주의 신학자들 대부분이 '시기적절한' 신학을 하느라 (혹은 유행하는 풍조가 무엇이든 그것을 따르느라) 너무도 바쁜 나머지 '순전한' 기독교—영원한 복음—를, 그리스도께서 대신하여 죽어 주신 사람들에게 전혀 효과적으로 제시하지 못하기 때문이다.

루이스가 끊임없이 강조했던 이 정통 기독교의 특징을 설명하려면, 그의 유명한 저서인 《스크루테이프의 편지》를 언급하는 것만으로도 족할 것이다. 루이스 자신은 이 책의 유명세가 책의 실제 가치에 어울리지 않는다고 생각했다. 그는 자기 작품 중에서 《페렐란드라*Perelandra*》를 가장 좋아했고, 그 책이 《스크루테이프의 편지》와 같은 책 스무 권에 해당하는 가치가 있다고 보았다. 그가 그 책을 썩 만족스러워하지도 않았고, 또 그 후 출간된 대다수의 그의 책 커버에 언제나 '《스크루테이프의 편지》의 저자'로 명시되는 것을 짜증내기도 했지만, 거기 실린 내용을 철회하는 듯한 발언을 하는 것은 들은 적이 없다.

악마 스크루테이프가 조카 웜우드에게 했던 조언을 읽고 수백만 독자들이 유익한 교훈을 얻었다고 나는 생각한다. 하지만 유명한 책들이 그렇듯이 그 책에도 악평이 따라다녔는데, 대부분의 악평은 그 근거가 비슷했다. 최근 어느 비평가는 이렇게 썼다. "해협 하나만 건너면 포로수용소가 건재하고 이 땅에서는 공습이 일어나고 있는 마당에, 스크루테이프는 비교적 사소한 표적을 겨냥하고 있는 듯 보이며, 역사적 상상력이 확실히 부족한 듯하다. ……루이스는 자신이 생각하는 것보다 일상의 삶에서 배우는 것이 많은 사람이지만, 자신이 속한 세상을 벗어나 불타는 성벽을 과감히 넘어서 볼 준비는 덜 되어 있는 것 같다."[2] 또 다른 작가는 루이스의 작품에서 "영구적인 가

2) Graham Hough, 'The Screwtape Letters', *The Times* (10 Feb. 1966), p. 15.—편집자.

치가 있는 것과……일시적인 가치만 있는 것을 구분해 내는" 시도를 하는데, 《스크루테이프의 편지》가 "전반적으로 매우 사소한 도덕적 문제들을 다룬다"고 지적하면서 이렇게 덧붙였다. "아우슈비츠를 만들어 낸 세대에 인간의 멸망과 관련된 그런 사소한 주제들을 다룬다는 것은 불쾌감을 준다."[3]

그러한 비평에 대해 루이스라면, 인간의 멸망은 그 멸망과 관련된 주제보다 훨씬 더 불쾌할 것이라고 대답했을 것이다. 하지만 멸망으로 이끄는 것이 무엇이건 그것이 '사소한' 것일 수 있을까? 아우슈비츠에 필적할 만한 인간의 악과 고통이 거의 없다고 말할 수 있긴 하지만, 아우슈비츠는 루이스의 목적과 관련한 예로서는 부적절했을 것이다. 어떤 의미에서 그것은 잘못된 종류의 예일 것이다. 말하자면 아우슈비츠는 그 '크기'와 사건의 독특함 때문에 죄에 대한 보편적 유혹의 사례로는 적절치 못한 것이다. 그런 비평가들에 대한 루이스의 대답은—그러니까 《스크루테이프의 편지》가 무엇에 대한 책인가에 대한 그의 대답은—어린 악마를 훈련시키는 스크루테이프의 주의사항에 잘 나타나 있다.

> 이런 건 죄다 사소한 죄가 아니냐고 말하고 싶겠지. 다른 젊은 유혹자들처럼 깜짝 놀랄 만한 죄악[아우슈비츠?]을 보고하고 싶어 안

3) W. W. Robson, 'C. S. Lewis', *The Cambridge Quarterly*, vol. 1 (Summer, 1966), p. 253.—편집자.

달 난 꼴이 보이는구나. 하지만 명심하거라. 중요한 것은 네가 환자를 원수에게서 얼마나 멀리 떼어 놓느냐 하는 것 한 가지뿐이다. 아무리 사소한 죄라도 그것이 쌓여 인간을 '빛'으로부터 '아무것도 아닌 것'으로 조금씩 조금씩 끌어올 수 있으면 그만이야. 만약 도박으로 그런 효과만 낼 수 있다면 살인을 유도하는 것보다 못할 게 없다. 사실 가장 안전한 지옥행 길을 한 걸음 한 걸음 가게 되어 있다. 그것은 경사도 완만하고 걷기도 쉬운 데다가, 갈랫길도, 이정표도, 표지판도 없는 길이지.[4]

루이스가 《스크루테이프의 편지》뿐만 아니라 《고통의 문제》(그중에서도 특히 8장)와 다른 책들에서도 지옥의 실재를 강조했다는 이유로 그가 거기 몰두해 있었다는, 그러니까 지옥이 진짜로 있기를 그가 원했다는 결론을 사람들은 종종 내린다. 하지만 이것은 루이스를 오해하는 것일 뿐 아니라 기독교 신학 자체를 오해하는 것이다. 루이스에게 진짜 문제가 되었던 것은, 하나님이 그토록 자비하신데도 여전히 지옥이 있다는 사실이다. 기독교가 어떠했으면 좋겠다는 우리 모두의 바람과 상관없이, 그는 이 끔찍한 교리가 이성의 지지("어떤 경기를 한다면 지는 것도 반드시 가능해야 합니다.")[5]뿐 아니라 성경의 지지(특히 우리 주님이 직접 하신 말씀이 그 사실을 뒷받침한다)도 받고 있다는 사

4) *The Screwtape Letters*, London: Geoffrey Bles Ltd.(1942), pp. 64~65.(《스크루테이프의 편지》, 홍성사 역간, p. 76.)—편집자.

5) *The Problem of Pain*, London: Geoffrey Bles Ltd. (1940), p. 106.(《고통의 문제》, 홍성사 역간, p. 182)—편집자.

실을 알고 있었다.

어느 더운 날 나는 루이스와 함께 그의 서재에서 책을 읽다가 좀 큰 소리로 이렇게 말한 적이 있다. "휴! 지옥같이 덥군!" 그러자 루이스는 이렇게 대꾸했다. "자네가 그걸 어떻게 아나? 그런 말은 안 하는 게 좋을 걸세." 그때 나는, 무엇보다도 그의 어조 때문에, 그가 지옥을 일부 사람들이 실제로 가게 될 장소로 언급하고 있음을 단번에 알아차렸다. 많은 현대인들이 '개인의 자유'와 '권리'에 몰두한 나머지 자기 나름의 신학을 만들어 낼 수 있다고 착각하게 되었기 때문에, 천국과 지옥에 대한 정통 신앙을 드러내는 루이스의 다음과 같은 글은 거의 광신적인 것으로 다가온다. "저 위쪽에 보기만 해도 더할 나위 없는 기쁨을 주는 얼굴이 하나 있듯이, 저 밑바닥에는 보는 것만으로도 고통이고, 본 사람은 그 고통에서 헤어날 수 없는 얼굴이 있다. 또 사람이 세상을 헤치고 나갈 수 있는 천 갈래의 길이 있을 것 같다는 것은 분명하지만 어느 길이나 머잖아 지복 혹은 고통을 보는 곳으로 다다르게 마련이다."[6)]

이쯤 언급하는 것으로 이 문제를 넘어가기에는 충분치 않다. 내가 들은, 그리고 물론 읽은 루이스의 모든 말을 통해 그에게 '저 위쪽에 있는 얼굴'은 모든 실재 중에서도 가장 실제적이고 가장 갈망할 만한 분이었다는 사실을 나는 안다. 그러나 그는 또한 모든 인간의

6) *Perelandra*, London: The Bodley Head (1943), p. 126, (원문의 시제를 바꾸었음).(《페렐란드라》, 홍성사 역간, p. 160.)—편집자.

영혼이 궁극적으로는 지복이나 고통 가운데 하나를 보게 될 것임을 결코 잊지 않았다. '영광의 무게'라는 설교에서 그는 이 문제의 핵심을 건드린다. 이 설교와 비교하면 현대 자유주의 신학은 당혹스러울 정도로 지루하게 느껴진다.

> 신이나 여신이 될 수 있는 사람들과 어울려 산다는 것은 보통 일이 아닙니다. 우리가 만나는 더없이 우둔하고 지루한 사람이라도 언젠가 둘 중 하나가 될 것입니다. 미래의 그 모습을 우리가 볼 수 있다면 당장에라도 무릎 꿇고 경배하고 싶어질 존재가 되거나, 지금으로선 악몽에서나 만날 만한 소름끼치고 타락한 존재가 되거나. 이 사실을 꼭 기억하고 살아야 합니다. 하루 종일 우리는 서로가 둘 중 한 목적지 쪽으로 다가가도록 어느 정도 돕고 있습니다. 우리는 이 두 가지 엄청난 가능성을 염두에 두고 모든 사람을 대해야 합니다. 서로에게 합당한 경외심과 신중함을 갖고 모든 우정, 사랑, 놀이, 정치 행위에 임해야 합니다. **평범한** 사람은 없습니다. 우리가 대화를 나누는 이들은 그저 죽어서 사라질 존재가 아닙니다. 국가, 문화, 예술, 문명과 같은 것들은 언젠가 사라질 것이며 그것들의 수명은 우리 개개인에 비하면 모기의 수명과 다를 바 없습니다. 그러나 우리가 농담을 주고받고, 같이 일하고, 결혼하고, 무시하고, 이용해 먹는 사람들은 불멸의 존재들입니다. 불멸의 소름끼치는 존재가 되거나 영원한 광채가 될 이들입니다. 그렇다고 우리가 언제나 엄숙해야 한다는 뜻은 아닙니다. 우리는 놀 줄 알아야 합니다. 하지만 우리의 유쾌함은 처음부터 서로를 진지하게 받아들이는 사람들이 나누는

유쾌함이어야 합니다.(사실 그래야 가장 유쾌합니다.) 경박하거나 우월감을 갖거나 주제넘은 생각을 해서는 안 됩니다. 그리고 우리는 죄인은 사랑하되 죄는 더없이 미워하는 실질적이고 희생적인 사랑을 해야 합니다. 유쾌함을 흉내 낸 경박함이나 사랑을 흉내 낸 묵인이나 방치는 안 됩니다. 우리의 오감이 경험할 수 있는 가장 거룩한 대상은 성찬의 빵과 포도주이고, 그다음은 우리의 이웃입니다. 그 이웃이 그리스도인이라면 거의 성찬만큼이나 거룩합니다. 그 안에 참으로 숨어 내주하시는*vere latitat* 그리스도가 계시기 때문입니다. 그의 안에는 영광스럽게 하시는 분이자 영광을 받으시는 분, 영광 자체께서 참으로 숨어 계십니다.[7)]

내가 루이스와 나눈 대화에서 짧은 예를 두 개 정도 제시한다고 해서 루이스가 강조했던 기독교 신앙의 그런 충격적인 갈림길을 불필요하게 반복하는 것은 아닐 것이다. 여기서 그 예를 제시하는 가장 큰 이유는, 루이스가 강연할 때나 한창 글을 쓸 때만 아니라 '일상생활에서도' 그 실재를 얼마나 굳건하게 믿었는지를 강조하기 위해서다.

우리 두 사람 모두 아는 따분하기 짝이 없는 사람에 대해 이야기할 때였다. 그 사람에 대한 전반적인 인식은 정말 너무 따분한 사람

---

7) 'The Weight of Glory', *Theology*, vol. XLIII (Nov. 1941), pp. 273~274. (《영광의 무게》, 홍성사 역간, p. 33~34.)—편집자.

이라는 것이었다. 나는 그 사람이 정말로 따분하다는 사실 때문에 오히려 흥미가 생긴다고 했다. 그러자 루이스는 이렇게 말했다. "맞네. 하지만 우리 주님은 '이 따분한 소자 중 하나에게 한 것이 곧 나에게 한 것이다'라고 말씀하셨을 게 분명하다는 사실도 잊지 말아야 하네." 이 말을 하는 그의 눈이 익살맞게 빛났고 둘 다 웃었지만, 그의 말이 실없는 농담만은 아니라는 것도 우리는 알고 있었다. 또 한 번은 내가 "여기 잘 차려입었으나 갈 곳은 없는 한 무신론자가 누워 있다"고 적힌 묘비를 보았다고 하자 루이스는 이렇게 대답했다. "그 비문이 사실이길 그 사람은 바랄 걸세."

이제 이 책에 실린 글들을 소개하기에 앞서, 루이스가 자신의 신학적 작업에서 실천했던 긍정적인 차원의 금기에 대해 말하는 것은 그의 장점을 드러내 줄 것이다. 루이스는 오로지 '순전한' 기독교에 대해서만 글을 쓰고자 주의를 기울였고, 신앙의 차이에 대한 글은 한결같이 거부했다. 그는 교리나 의식의 차이에 대한 논의(논쟁이라는 말이 더 적합할지도 모르겠다)가 덕이 되는 경우가 드물다는 사실을 잘 알고 있었다. 그것이 적어도 자신이 누리기에는 너무 위험한 일이라고 생각했으며, 그 '방대한 공통 기반'에만 전념하는 것이 훨씬 낫다고 본 것이다.

그는 일상적인 대화에서도 그 원칙을 지켰는데, 부끄럽게도 나는 경험으로 그 사실을 알게 되었다. 루이스 앞에서 내가 처음으로 (그리고 유일하게) 저교회파low church[8]와 고교회파high church[9]에 대해 말한 적이 있는데, 그때 그는 마치 내가 독이라도 준 것처럼 쳐다보더니, "그런 것에 대한 논의는 결코 해서는 안 되네" 하고 부드럽지만 단호하게 말했다. 또 한 번은, 미국에서 《신에게 솔직히*Honest to God*》가 출간되기 직전에 유명한 미국 잡지의 편집인이 루이스에게 그 책에 대한 비평을 부탁했다. 루이스는 이렇게 답장을 썼다. "제가 정말로 비평을 쓴다면 당신은 저에 대해 어떻게 생각하시겠습니까? ……제가 작가로서 쓸모 있는 이유는, 여러 '기독교' 사상 유파 간의 난투에 끼어들지 않았기 때문입니다. 저는 그렇게 끝까지 자제하는 쪽을 택하겠습니다."

그런 '자제'가 신앙에 대한 우리의 이해를 결코 약화시킨 것이 아니다. 그의 건전한 외곬은, (내 생각에) 기독교 변증가들이 거의 보여주지 못했던, 그 나름의 균형과 진정한 색채를 오히려 보여 주었다. 루이스는 우리 주님이 베드로에게 "내 양을 먹이라"고 명령하셨을 때 어떤 식사를 염두에 두셨는지 아주 잘 이해했던 것 같다.

이 책에 루이스의 논설들을 싣도록 허락해 준 모든 이들에게 감사드린다. (1) '기독교와 문학'은 옥스퍼드 대학의 종교 학회에서 발표된 글이고 《갱생 및 기타 에세이들*Rehabilitations and Other Essays*》(Oxford, 1939)에 실렸었다. (2) '기독교와 문화'라는 제목 하에 내가 모아 놓은 세 편의 논설은 〈신학*Theology*〉이라는 잡지의 칼럼에 처음 등장한 논쟁 중에서 루이스의 글만을 모아 놓은 것이다. 이 논쟁의 전문은 다음 논문들로 구성되어 있다.

---

8) 교회의 의식보다 말씀을 더 중시하는 성공회의 교파.

9) 가톨릭의 전승을 강조하여 교회의 의식과 권위를 중시하는 성공회의 교파.

1. C. S. 루이스, '기독교와 문화', 〈신학〉, vol. XL (1940년 3월), 166-179쪽.

2. S. L. 베셀, E. F. 캐리트, '기독교와 문화: 루이스 씨의 글에 대한 답변', 같은 곳, vol. XL (1940년 5월), 356-366쪽.

3. C. S. 루이스, '기독교와 문화'(편지글), 같은 곳, vol. XL (1940년 6월), 475-477쪽.

4. 조지 에브리, '비평에 대한 옹호', 같은 곳, vol. XLI (1940년 9월), 159-165쪽.

5. C. S. 루이스, '에브리 수사와 베델 씨에 대한 평화적 제언', 같은 곳, vol. XLI (1940년 12월), 339-348쪽.

루이스의 신학적 작업에서 '기독교와 문화'는 상당히 초기의 것임을 염두에 둘 것을 독자들에게 부탁드린다. 그의 영적 순례의 초기 단계—그러나 결코 종착지는 아닌—로 보는 것이 가장 좋을 것이다. 이 글에서 그는 영spirit이 혼soul을 점진적으로 조명하고 변화시키는 것으로 보기보다는, 둘 사이의 관계를 엄격한 '양자택일'의 관점에서 그리는 것 같다. 혼은 칼뱅이 말하는 '자연'으로, 영은 칼뱅이 말하는 '은혜'로 상정하고, 혼이 끝나는 바로 그 지점에서 영이 시작되는 것으로 그리고 있다. 나중에 가서는 영과 혼의 관계를 훨씬 심오하게 다루었는데, '변환Transposition'이나 《네 가지 사랑》 등이 그 예다. '변환'에서 루이스는 이렇게 말한다.

성령 체험이 아무리 초월적이고 초자연적이라 해도, 신을 뵈옵는 일이 아무리 친밀하고 모든 이미지와 감정을 완전히 뛰어넘는다 해도, 감각적 차원과 적절한 대응 관계가 있을 거라고 우리가 유추할 수 있지 않겠습니까? 그 관계는 기존에 없는 새로운 감각에 의해서가 아니라, 지금 우리가 갖고 있는 감각들에 완전히 새로운 의미 부여와 가치 변화가 이루어지면서 나타날 것입니다.[10]

(3) '종교: 실재인가 대체물인가?'는 지금은 폐간된 〈세상 통치*World Dominion*〉, vol. XIX (1941년 9~10월)에 실린 글인데, 자서전적인 네 번째 문단과 아홉 번째 문단의 일부는 그로부터 몇 년 후 추가된 것이다. (4) '윤리에 대하여'는 이 책을 통해 처음 출간되었다. 각주에서도 말했듯(88쪽), 이 글은 루이스가 《인간 폐지》(1943)보다 먼저 쓴 것이라 생각한다. 내 생각이 옳다면, 이 에세이가 이 책에 배치된 연대적 순서는 정확하다. (5) '허무에 대하여'는 2차 세계대전 중 (당시 모들린 칼리지 학장이었던) 헨리 티저드 경의 초청으로 옥스퍼드 대학의 모들린 칼리지Magdalen College에서 한 연설이다. 이 글도 처음으로 이 책에 실렸다. (6) '주관주의의 독'은 〈종교와 삶*Religion in Life*〉, vol. XII (1943년 여름)에 실린 글이다.

(7) 이 책에서 처음으로 활자화된 '위대한 신화의 장례식'은 신학의 영토를 침범하는 침입자로 보일 수도 있다. 이 글을 포함시킨 이

---

10) 'Transposition', *Transposition and Other Addresses*, London: Geoffrey Bles Ltd. (1949), p. 20. 이 에세이를 더 발전시킨 글은 *Screwtape Proposes a Toast and Other Pieces*, London: Fontana Books (1965)에 나옴.—편집자.

유는 여기서 논의하는 '신화'가, 루이스가 쓴 '신학은 시인가Is Theology Poetry?'[11]라는 글에서 그가 기독교 신앙에 비유한 신화 중 하나에서 발전된 것임이 비교적 분명해 보이기 때문이다. 〈소크라테스 다이제스트〉에 실린 그 에세이와 이 글의 밀접한 관계 때문에 이 책에 싣기로 했다. 이 글은 유신론 사상과도 연관이 있다. (8) '교회음악에 대하여'는 〈영국의 교회음악English Church Music〉, vol. XIX (1949년 4월)에 실린 글이다. 루이스 자신은 찬송가를 별로 좋아하지 않았는데, 이 글은 전적으로 그의 친구이자 당시 〈영국의 교회음악〉 편집자였던 레너드 블레이크 씨의 특별한 부탁으로 쓴 덕분에 남게 된 글이다. (9) '역사주의'는 〈월간The Month〉, vol. IV (1950년 10월)에 처음 실렸다.

(10) 두 부분으로 된 에세이 '시편'은 이 책으로 처음 선보이는 글이다. 필체로 미루어 볼 때(루이스는 모든 작품을 친필로 썼다), 이 글과 《시편 사색》(1958)의 출판 시기는 대략 일치한다. 참고로 덧붙이자면, 루이스와 T. S. 엘리엇은 1961년 람베스 플레이스Lambeth Place에서 처음 만났는데, 그곳에서 그들은 '시편 번역 개정을 위한 캔터베리와 요크의 대주교 위원회'에 속하여 함께 일했다. (11) '종교의 언어'는 사본의 두 페이지 분량이 없어졌지만, 다행히도 그 누락이 이 논문의 주요 논제에 심각한 영향을 미치지는 않는다. 이 글은 이 책에 처음으로 실렸다. (12) '청원 기도: 해답 없는 문제'도 마찬가지다. 이 글은 원래 1953년 12월 8일 옥스퍼드 대학 성직자 협회에서 발표한 글

11) *The Socratic Digest*, No. 3(1945), pp. 25~35.—편집자.

이다. (13) '현대 신학과 성경 비평'은 루이스가 1959년 5월 11일 케임브리지 대학의 웨스트콧 하우스에서 발표한 글에 내가 제목을 붙인 것이다. 이 글도 이 책에 처음 실렸다. (14) '보는 눈'은 원래 미국의 정기간행물인 〈쇼*Show*〉, vol. III (1963년 2월)에 '그리스도인 우주인이여, 전진하라Onward, Christian Spaceman'라는 제목으로 실렸다. 〈쇼〉의 편집자들이 붙인 그 제목을 루이스가 매우 싫어했기 때문에, 다른 제목을 붙이는 것이 옳다고 생각해서 내가 제목을 바꾸었다.

여기 실린 글들은 루이스가 출판을 목적으로 쓴 글들이 아니기 때문에 내 재량으로 참고 설명이 도움이 되겠다 싶은 곳에는 각주를 달았고, 같은 주제를 다룬 루이스의 다른 글도 찾아볼 수 있도록 제목과 출처를 명시했다. 루이스가 붙인 각주와 내가 붙인 각주를 혼동하지 않도록 내가 붙인 각주는 '—편집자'로 표시했다.

작고한 루이스의 편집자로 일하는 명예를 누리게 된 것에 그의 형 루이스 소령에게 감사드린다. 참으로 큰 도움과 친절을 베풀어 주신 오웬 바필드 씨와 오스틴 패러 박사 부부께 빚진 바가 큼을 밝힌다. 타이핑으로 나를 도와준 재키 깁스 양에게도 감사드린다. 끝으로 이 책의 교정쇄를 꼼꼼하게 보아 준 같은 대학의 윌리엄스 씨에게 고마움을 전한다.

1966년 미가엘 축일[12]에

옥스퍼드 대학 워덤 칼리지에서

월터 후퍼

12) 9월 29일.

옮긴이 **양혜원**

서울대학교 불문과를 졸업했으며 이화여자대학교 대학원에서 여성학을 수료하고, 2013년 도미하여 클레어몬트 대학원대학교에서 종교학 석·박사를 취득했다. 한국 라브리선교회 협동간사로 1995년부터 6년간 섬겼으며, 통역과 번역 일을 해왔다. 역서로 《이디스쉐퍼의 라브리 이야기》, 《대천덕 자서전: 개척자의 길》, 《예수원 이야기: 광야에 마련된 식탁》, 《거북한 십대, 거룩한 십대》, 《우치무라 간조 회심기》, 《너를 사랑하기 때문에》, 《아주 특별한 모자》, 《쉐퍼의 편지》(이상 홍성사)가 있으며, 저서로 《교회 언니의 페미니즘 수업》, 《교회 언니, 여성을 말하다》(이상 비아토르), 《유진 피터슨 읽기》(IVP)가 있다.

기독교적 숙고

Christian Reflections

지은이 C. S. 루이스
옮긴이 양혜원
펴낸곳 주식회사 홍성사
펴낸이 정애주
국효숙 김의연 박혜란 손상범
송민규 오민택 임영주 차길환

2013. 2. 15. 양장 1쇄 발행 2017. 2. 7. 양장 3쇄 발행
2020. 6. 19. 무선 1쇄 발행 2024. 9. 19. 무선 2쇄 발행

등록번호 제1-499호 1977. 8. 1.
주소 (04084) 서울시 마포구 양화진4길 3 전화 02) 333-5161 팩스 02) 333-5165
홈페이지 hongsungsa.com 이메일 hsbooks@hongsungsa.com
페이스북 facebook.com/hongsungsa 양화진책방 02) 333-5161

ISBN 978-89-365-1433-4 (03230)